园本课程理论与实践探索丛

YISHU JIAOYU CUJIN YOUER KUAILE FAZHAN DE SHIJIAN TANSUO

艺术教育促进幼儿快乐发展的实践探索

北京市教育委员会 总主编
学前教育杂志社 承编

王恩侠 武红华 主编

北京师范大学出版集团
BEIJING NORMAL UNIVERSITY PUBLISHING GROUP
北京师范大学出版社

图书在版编目(CIP)数据

艺术教育促进幼儿快乐发展的实践探索／王恩侠，武红华主编.—北京：北京师范大学出版社，2009.6（2014.11重印）
（园本课程理论与实践探索丛书）
ISBN 978-7-303-10210-5

Ⅰ.艺… Ⅱ.①王… ②武… Ⅲ.艺术－教学研究－学前教育 Ⅳ.G613.5

中国版本图书馆CIP数据核字(2009)第065747号

出版发行：北京师范大学出版社 www.bnup.com
北京新街口外大街19号
邮政编码：100875
印　刷：保定市中画美凯印刷有限公司
经　销：全国新华书店
开　本：148 mm × 210 mm
印　张：9.875
字　数：252千字
版　次：2009年6月第1版
印　次：2014年11月第3次印刷
定　价：19.00元

责任编辑：谢　影　　美术编辑：孙　琳
责任校对：张春燕　　责任印制：陈　涛
装帧设计：诺梵广告　　封面插图：魏　虹

编 委 会

序一

近年来，随着人们对幼儿园课程及其影响的日益重视与关注，幼儿园课程的理论与实践研究在不断深入。尤其是《幼儿园教育指导纲要（试行）》（以下简称《纲要》）颁布以来，以幼儿园为基地进行园本课程的开发与研究成为当前幼儿园课程改革的重要途径。

北京作为全国首善之区，拥有一批办园条件优良、文化积淀深厚的名园。多年来，他们以“尊重幼儿个性特点、促进幼儿终身发展”为己任，努力践行《纲要》精神，并结合园所自身的组织文化、历史积淀、办园理念、办园特色，努力开展园本课程的实践研究，取得了令人瞩目的成果：有些园所自“八五”“九五”起，就承担着国家级、市级课题研究的任务，长期以来，他们在健康、语言、社会、科学、艺术领域开展了广泛深入的研究，积淀起非常丰富的经验；有些园所立足园所自身特点，在行政教研、家园合作、幼小衔接、0～3 岁早教方面进行深入探究，取得了长足的进展；有的区域依托深厚的教研底蕴，以学习共同体的形式促进教师的专业成长，从而提高教育质量和办园质量；等等。为了充分挖掘和系统整理这些研究成果，推动区域内园际间的交流与互动，并率先垂范，将全国各地不同地域的园本课程研究引向深入，充分发挥首都幼教的龙头、示范作用，北京市教育委员会学前处特别组织编写了本套园本课程理论与实践探索丛书，与全国广大的幼教工作者共享。

本套丛书共 22 本，真实记录了北京市关于园本课程开发与研究、园本教研制度建设的现阶段进展。每本书稿都凝结了各园所多年来付出的劳动和心血，是他们长期研究、探索、实践的生动展现和经验总结。各书稿的主编大多是各幼儿园的园长，我们也能由此领略到新时期幼儿园园长的风采：他们在引领园所践行园本课程的过程中已成长为业务型、专家型的幼教管理者。正是他们，秉承着“一切为了孩子”的理念，和自己的教师团队一起，研究幼儿、研究教师、研究教学、研究课程，为我们的幼儿园课程更适合幼儿的发展贡献着自己的智慧和力量。

为了做好丛书的编辑、整理工作，我们特别责成学前教育杂志社承担这项任务。一直以来，他们肩负着报道教育部基础教育课程中心重点项目的工作，自“九五”“十五”期间即对北京园所进行追踪报道，从“《纲要》行动计划在行动”到“‘以园为本教研制度建设’在行动”，与广大幼儿园建立了良好的互动关系，丛书的终成离不开他们的辛勤劳动。同时，北京师范大学出版社的编辑们也为丛书的出版做了大量工作，使丛书得以在2009年的六一儿童节前顺利出版。

伴随着新中国的成长，北京市幼教也历经了60年的风风雨雨，坚持“普及与提高”“规模与质量”相统一，是我们永恒的主旋律。我们希望这套丛书能为我市的幼儿园课程改革注入新的活力，并能带动更多的幼儿园开展园本课程的实践研究，从而推动首都的幼儿园课程改革迈上新的台阶！

谨以此丛书作为北京市幼教向祖国成立60周年奉上的一份特别献礼。也祝愿全国的广大幼教工作者在园本课程实践与研究的道路上描绘出更多、更美的新篇章！

罗洁

2009年3月

序二

艺术教育是幼儿全面发展教育中不可缺少的、更不能替代的组成部分。幼儿艺术教育既需要理论指导，又是实践性很强的教育活动。幼儿参与听、唱、动作、演奏、绘画、制作、讲故事、说儿歌等艺术实践活动，是幼儿接受艺术教育的基本途径。因此，教师的艺术实践活动能力和艺术教育教学工作能力，是从事艺术教育工作的基本需求。

幼儿园提高办园质量，是办园的根本。注重提高办园质量，应当重视办园特色，特色就是优势，突出特色，最重要的是在特色的带动下，全面提高教育工作质量。

怀柔区第二幼儿园（以下简称怀柔二幼）从 1997 年开始以研究音乐教育为其办园特色，这种音乐教育特色不是从学习某种乐器入手，而是从培养和发展幼儿的音乐素质和音乐实践活动能力入手，面向全体幼儿，以提高幼儿园的音乐教育工作质量，促进幼儿的全面发展为宗旨。为此，怀柔二幼首先重视教师教育，以园内的教育教学研究为主要研究方式，培养、提高教师的音乐素质和音乐教育工作能力，使教师有能力培养幼儿的音乐素质和能力，从而达到提高全园音乐教育工作质量的目的。在幼儿音乐教育活动中，教师的“教”和幼儿的“学”，都需要有基本的音乐理论知识为指导，有一定的音乐技能、素质和音乐实践活动能力。怀柔二幼注重培养教师的音乐实践活动能力、音乐教育工作能力和音乐教育研究能力，从多方面采取措施，培养和提高教师的音乐素质和综合教育工作能力，目的是为全园幼儿提供高质量的音乐教育，通过与多方面教育内容的有机整合，促进幼儿均衡、全面的发展。

怀柔二幼的领导重视音乐教育教学研究，制定了具体措施，坚持定期开展研究活动，包括教学观摩、理论提示、教育教学方法研讨等，在这活动中对教师帮教、督促、检查。教师们认真努力学习、研究音乐教育教学工作，注意积累教育教学经验、体会，利用业余时间练习弹琴、唱歌、舞蹈等基本功，并且用于教育教学与研究工作中，在音乐教育教学的理论与实践上，取得了良好效果。

2004 年以来，怀柔二幼扩展研究领域，增加美术、语言等方面的研究，构建主题教育活动，进行多种教育内容的有机整合，实施全面发展教育。以艺术教育为出发点，实施教育整合的有利条件：艺术活动的内容来源于生活，艺术活动的教材可以涉及幼儿生活的方方面面，便于与多种教育内容进行有机整合；艺术教育活动有激励情感和审美的特点，易于激发幼儿的兴趣，吸引幼儿喜欢参与艺术活动。如果教师善于把握并充分发挥艺术教育的特点，就可以使幼儿从愉快的情绪和美的享受中受到教育，获得在快乐中得到发展的良好教育效果。

怀柔二幼立足于园内的艺术教育教学研究，使幼儿教师在教育教学工作实践中学习、研究、成长。书中从音乐教育、美术教育、语言文学教育等方面积累的教育经验、教育案例、典型主题活动等，是他们多年来工作、学习、研究成果的积累。有辛勤的耕耘，就会有丰厚的收获。这本《艺术教育促进幼儿快乐发展的实践探索》的出版，就是具体的明证。

李晋瑗

2008 年 12 月于北京

前 言

回顾北京市怀柔区第二幼儿园“艺术教育促进幼儿快乐发展实践探索”的历程，在不经意间已走过了11个春秋。这个历程凝聚着领导的匠心、专家的引领、教师的智慧、家长的支持、幼儿的创造……

一、立足艺术教育，促进幼儿快乐发展的研究历程

1958年建园的怀柔二幼作为怀柔区的第一所幼儿园，经历了以北京市特级教师梅永勤为代表的6任园长的呕心沥血，累积了丰厚的文化底蕴，使怀柔二幼成为了怀柔区的窗口园和北京市一级一类示范幼儿园，几十年来，怀柔二幼始终在传承优良文化，不断寻求在教育创新中持续发展。“八五”期间参与了“开展家园同步教育，创设良好教育环境”市级重点课题的研究，进行了“优化幼儿园一日活动”区级重点课题的研究，在研究中形成了我园“以园本研究促发展，创办教育特色”的管理思路，教师的教育研究能力得到了培养和提高。在“文化立园，以学论教，主体育人，优质发展”办园理念的形成过程中，我园立足艺术教育，促进幼儿园快乐发展的实践研究经历了以下三个主要阶段。

1. 探索初期（1997—2000年），以音乐教育为切入点。也就是“九五”期间，作为贯彻《幼儿园工作规程》试点园，需要教师在幼儿教育观念、教育方式、教师素质等方面进行根本转变。在寻求贯

彻《幼儿园工作规程》的核心思想“促进每个幼儿在不同水平上的发展”的突破口中，我们得到了北京市特级教师王继芬老师的支持，她和我们一起分析了幼儿园的现状。一所优质的幼儿园应该有自己的教育特色，我们有“八五”的研究基础，有一支喜欢音乐的教师队伍，而音乐又是幼儿喜欢的、能够给幼儿带来欢乐、促进幼儿全面发展的教育。因此，音乐教育就成为了我园贯彻《幼儿园工作规程》的突破口。在王继芬老师的帮助下，我们请来了北京师范大学的李晋瑗教授作指导，进行了“以音乐教育为突破口，实施幼儿素质教育”区级重点课题的研究，生动的音乐教育活动的开展使幼儿的性格更加活泼开朗，自主学习能力、表达表现交往能力增强，思维灵活性得到发展，幼儿的音乐素质和审美能力得到了培养，创造潜能得到激发。研究中，教师在理解和体会《幼儿园工作规程》精神、更新观念，在树立全面育人观、确立以幼儿为主体的思想，促进幼儿成为生活、游戏、学习的主人，发展与新的儿童观、教育观相适应的教育行为能力方面打下了厚实的基础。尤其是教师的音乐教育素质在李教授从理论到实践的指导下得到了很大的提高，教育整合思想初步确立，初步形成了我园音乐教育特色。

2. 研究中期（2001—2006 年），音乐研究向艺术领域扩展。《幼儿园教育指导纲要（试行）》（以下简称《纲要》）颁布后，我园干部教师在互动式、思辨式、反思式的学习研讨中体会理解《纲要》所蕴涵的教育新理念，同时也共同思考着一个问题——贯彻《纲要》我们应该怎样做？在反复的学习研讨和思考中，我们认识到贯彻《纲要》应该立足幼儿园实际、注重幼儿园的基础和特色。随着李教授指导的音乐教育特色研究的不断深入，教师们深刻地体会到艺术教育在促进幼儿身心发展方面有着其他教育不可替代的作用，在发挥其审美功能的同时，能为幼儿的发展提供更多自主学习和创造表现的机会和条件，能让幼儿在感受到童年生活的快乐中而获得有益于身心发展的经验。因此，“十五”期间，我们的研究从音乐向美术、表演扩展，经历了两个阶段：2001—2003 年进行了“在艺术教育中培养幼儿主体性与创造性”的研究；2004—2006 年进行了“以艺术教育为核心，构建主题教育活动”的研究。这些研究取得了可喜的收获，构建了“让艺术教育回归幼儿生活；艺术切入，领域整合；艺术教育中的主体性、创造力发展；艺术教育和谐发展观”的艺术教育基本思想，总结出了立足艺术教育、促进幼儿快乐发展的六条原则，即主体性发展原则、互动性原则、融合性原则、体验性原则、赏拙性原则、游戏性原则和尝试操作、情景体验、多通道参与、相互作用、反思教学五个教育策略，教师们初步具有了园本课程意识，教育观念发生了很大改变，专业化水平不断提升：改变了过去教师重技能、重结果、不重情感体验、不重过程和审美感受的做法，初步把握了审美创造与技能培养的关系；在情感共鸣中，丰富和发展幼儿的情感体验以及感知、理解、表现、创造能力；改变了过去只重视发挥教师的主导作用，忽视幼儿主体性的意识，初步形成了教育中教师与幼儿的双主体思想；改变了艺术教育中教师对幼儿主观的评价方式，能以赏识的眼光接纳和鼓励幼儿稚拙的表现和创作；改变了教育仅局限于室内的几十分钟的集体教育活动形式和以传授知识为主的学科课程，将艺术教育扩展到幼儿的一日生活中等，并进行了初步的以艺术活动为切入点的主题课程实践。

3. 研究不断深化（2006 年至今），构建以艺术教育为主题的园本课程。观念的改变，新的教育理念的逐步形成，尤其是园本教研项目的实施，幼儿园研训一体化，建构学习共同体、研究共同体，教师们在自我反思、同伴互助、专业引领中发展着，观念和创新意识、创新行为不断涌现，更深刻地认识到，贯彻《纲要》应该深化和凸现我园的特色，对《纲要》中“幼儿园的教育活动应该从本地、本园的条件出发，结合本班幼儿实际情况，制订切实可行的工作计划并灵活地执行”这一要求有了深刻的领悟。幼儿园应该构建形成适合本地区、本园实际的园本课程，在这样的共识中，我园的艺术教育研究进一步深化为立足艺术教育，构建园本课程。将艺术教育与区域游戏、幼儿园环境、社区环境相结合，尝试着艺术领域内的相互渗透和艺术领域与各领域内容的相互渗透。

如把儿歌配上节奏，帮助幼儿理解和感受语言的音韵特点；把故事配上音乐，帮助幼儿理解故事的内容和情节；把节奏练习与体育活动中的走、跳、跑结合起来等，引导幼儿发现科学中有美、语言中有韵味、数字就是音符、歌声中有画面。

从幼儿学习特点、年龄特点出发，以选择贴近其生活的艺术教育内容为主题活动的切入点。如主题活动“蛋宝贝”，在孩子们学唱歌曲《小鸡出壳》后，孩子们关于什么动物像小鸡一样是从壳里钻出来的谈论引发了教师将这一活动拓展的思路，根据孩子们的兴趣点，老师介入了孩子们的讨论中，把活动拓展到了科学领域“什么动物会生蛋”“我见过的蛋”“生蛋和熟蛋”；健康领域“我做蛋食品”“请您品尝”；艺术领域舞蹈“小鸡出壳”“蛋壳画”……由此展开了“蛋宝贝”的主题系列活动，既有艺术领域间的相互渗透，如舞蹈“小鸡出壳”“蛋壳画”等活动，又有领域间的相互渗透，如“蛋排序”“谁有蛋”“蛋的营养多”“请您品尝”等，又有环境和区域游戏活动的结合，如在美工区投放蛋的制品、蛋的艺术品、蛋壳画、碎蛋壳以及蛋舞蹈表演的服装制作等，在科学区投放生蛋和熟蛋，在图书阅览区投放有关蛋的书和图片，在表演区老师和孩子们共同编演小鸡出壳的舞蹈。

随着实践研究的不断深入，教师们对开放的生态教育观有了更进一步的理解，感受到社会环境和社会文化、民族民间民俗艺术同样是实施艺术教育的资源，能够更加丰富我们的教育内容。因此，自 2007 年 9 月，研究进一步深化为“挖掘民间、民族文化资源，构建以艺术教育为主题的园本课程”，从音乐、美术、文学三个方面探索形成艺术主题课程，教师们带领幼儿到大自然和社会生活中积累感性经验，寻找艺术美的要素和教育要素，然后鼓励幼儿大胆地用语言、表情、舞蹈、手工、拓印、绘画等形式把自己对环境的理解与感受表现出来。主题活动“可爱的家乡”就是在孩子们学习歌曲《我爱家乡，我爱祖国》时，参观红螺寺、慕田峪回来后生成的。皮影剧场、木偶剧场、京剧脸谱等主题活动是在中国木偶剧团来我园为孩子们演出后生成的。

“挖掘民间、民族文化资源，构建以艺术教育为主题的园本课程”立项为我园“十一五”期间的研究课题，目前正在实施中，尤其是以语言文学为切入点，构建主题教育的活动，正在北京师范大学祝士媛教授和北京市特级教师王继芬教师指导下刚刚起步。

二、立足艺术教育，促进幼儿快乐发展的实践研究感悟

立足艺术教育，促进幼儿快乐发展的实践研究，探索是艰难的，超越是欣喜的，不断创新是我们的生命力。在立足于我园实际的研究中，使艺术教育从最初的教师分不清什么是音乐的节奏和节拍到现在的构建艺术主题的园本课程研究实践，有了一个令人振奋的质的飞跃，这之中我们有以下感悟。

1. 关于园本研究

凝聚集体的智慧，在行动中研究，在案例中反思，在整理中思考，在专业引领中提升，艺术教育的研究和园本课程的构建，不仅仅是教师教育技能的提升、观念的更新，更重要的是观念与行为的对接和教师的专业自主发展意识的形成，使幼儿园教育特色凸现，使幼儿、教师、幼儿园获得了同步持续的发展，这是我们在园本研究中最深刻的感悟。

2. 关于艺术教育

(1) 艺术教育与全面发展教育

促进幼儿全面发展和个性和谐发展，促使每个幼儿在原有水平上得到最充分的发展是幼儿素质教育的要求。因此，幼儿园艺术课程的设计应以促进幼儿全面发展，提高幼儿综合素质为目的，使艺术教育与全面发展教育互渗，与其他领域教育融合。

(2) 审美创造与技能培养

艺术教育以培养幼儿的审美能力和创造性表现为主要特征。而审美创造活动需要技能技巧参与，一定的艺术技能能使幼儿更好地表达情感，唤起幼儿独立进行创造性活动的兴趣和愿望，更好地、更直接地理解美、表现美和创造美。但是我们在引导幼儿获得知识和技能时必须遵循游戏性原则，让幼儿在乐中学，做中学，从而达到审美创造与技能的和谐统一。没有一定的技能基础，审美和创造

也就成了无本之木。

(3) 充分的情感体验是艺术创造的心理基础

艺术是幼儿心灵的体操，对人的影响经久不会磨灭，丰富多彩的艺术教育活动的开展会促进幼儿的全面发展。而艺术是情感的表现，是内心直接体验的一种宣泄。幼儿在利用某种艺术形式表现时，是通过感知、体验、想象再由实践操作而表现。

在艺术活动中，教师要注重把情感体验贯穿于艺术教育活动的始终。营造一个良好的学习欣赏艺术、快乐和谐的教育环境，针对幼儿的年龄特点和教育活动的难易程度，对能力、性格不同的幼儿给予不同的鼓励，在以情动情中，唤起幼儿的情感共鸣，让幼儿自信地参与艺术活动。

3. 关于园本课程

(1) 以艺术为切入点的园本课程的构建，有利于构建起幼儿间相互学习、共同成长，教师间相互学习、共同提高，家长参加学习、共同发展的学习共同体。

(2) 园本课程的构建弥补了标准课程的缺失，以幼儿兴趣点生成的主题课程与以幼儿发展需要为核心的学科课程相互弥补，应该是实现教育目标的最佳方式。

立足艺术教育，促进幼儿快乐发展的实践研究，凝聚着集体的智慧和汗水。我们难忘朝夕相处的研究共同体，难忘一批批可爱的孩子和可敬的家长们，难忘老园长梅永勤从1997年开始就带领我们进行音乐教育的实践研究，难忘为我们幼儿园发展共同策划的王继芬老师，难忘为我们幼儿园的发展挥洒汗水、时刻牵挂的李晋瑗教授、祝士媛教授、卢珊珊老师，难忘各级领导对我园的发展，尤其在艺术教育研究中给予的支持、指导和关注。

本书共分为三章，第一章是“以音乐教育为切入点实施教育整合”，第二章是“以美术教育为切入点实施教育整合”，第三章是“以语言文学教育为切入点实施教育整合”，分别是几年来教师们在实践研究中积累的教育经验、典型主题活动、教育案例、优秀课例。

本书的形成得到了李晋瑗教授的指导与支持，李教授在1997年指导我们研究时曾语重心长地说："我们的研究不是为了教会孩子唱几首好听的歌，跳几个好看的舞蹈，最终是促进幼儿全面发展，促进教师专业发展，形成幼儿园教育特色……"这使我们的园本研究始终有明确的方向，并不断深入；也感谢李教授在百忙中为本书作序！在北京市教委学前处张晓红处长的全力关注下，才有本书的出版，在此表示深深的感谢！

立足艺术教育，促进幼儿快乐发展的实践研究的第三阶段，"挖掘民间、民族文化资源，构建以艺术教育为主题的园本课程"还在研究中，还存在很多困惑，怎样更深入地探索研究下去，形成我园的园本课程，我们还有很长的路要走，还需要专家的引领，与各位同行的学习探讨，需要我们不断地反思、实践、发展。

王恩侠

2008 年 12 月于北京怀柔二幼

目录

导 论

王恩侠

在立足艺术教育，促进幼儿快乐发展的实践研究中，我们在研究艺术教育学科特点的同时，考虑了课程整合性教育思想，以艺术整合教育为载体，在构建适合幼儿发展的园本课程上尝试着，以促进幼儿全面、和谐、充分发展。在全面提高幼儿素质的基础上，实现幼儿艺术素质的早期培养，通过真、善、美人格的建构教育，塑造幼儿形体美、心灵美、人格美，培养幼儿感受美、表现美、创造美的能力。艺术教育渗透整个幼儿园各项活动之中并与各领域教育同构互渗，让幼儿学会学习、学会生活、学会做人、学会审美，促进幼儿身心全面和谐发展。

一、实践研究的理论依据

（一）瑞吉欧教育理念

教育实践是不断反思、不断提高的丰富而有成效的实践，其主要特点是在新的儿童教育观念引导下，形成有特色的、深入探索的主题活动，其主题活动的重点是项目活动。他们以师生共同感兴趣的问题为背景进行方案教学活动，在方案教学中，无论主题的确立，网络的设计，还是方案活动的展开和实施，整个过程充满了教师与孩子的互动，因此，教学贴近幼儿，促进幼儿主动发展，它是一种既非预定的教学模式，也非一般的教学计划，而是师生共建的弹性课程与探索性教学。瑞吉欧教育体系告诉我们：面临21世纪的挑战，学前教育将由过去偏重智育、技能传授转向促进儿童个性的全面发展，特别是儿童社会性和情感的发展。单一的学科教育难以适应社会快速变迁的需要。新世纪对人才的需求不是单一领域可以承担的，学前教育的课程综合化是时代发展的必然趋势。

（二）加德纳的多元智能理论

加德纳证明了人类思维和认识世界方式是多元化的。他通过大量心理学的实验数据和脑损伤实例的观察分析，认为人类至少存在语言智能、数学逻辑智能、空间智能、音乐智能、人际关系智能、自我认识智能、身体运动智能七种以上的智能思维方式。每一种智能在人类认识世界和改造世界的过程中都发挥着巨大的作用，具有同等的重要性。每个人与生俱来都在某种程度上拥有这七种以上智力潜能，环境和教育对于能否使这些智力潜能得到开发和培育有重要作用。艺术整合教育，给幼儿提供了丰富、生动的教育环境，艺术教育可促进幼儿的空间智能、音乐智能、身体运动智能的发展，在艺术整合教育中，通过合作小组学习、探究式教学等，又可以促进幼儿的人际关系智能和自我认识智能的发展，使其得到全面和谐健康的发展。

（三）阿恩海姆异质同构理论

阿恩海姆认为，物理世界、心理世界、艺术世界和人类社会根本上都是统一的，在本质上都是一种力的作用。而科学与艺术是异质的，一个是表现物理世界力的作用，一个是表现精神世界力的作用，这两种力是同构的。艺术整合教育，要求幼儿用已掌握的知识经验来表现艺术，或者用艺术的手法来表现周围世界。科学的物理世界、艺术的精神世界、人的心理世界三者在“教育”的作用下，可以统一起来。这种教育的形式内容即是“外物的力的图式”，共同作用于幼儿，使幼儿的生理、心理“力的图式”共同感应，取得一致，构成了艺术与其他领域的整合教育的异质同构。异质同构理论已在幼儿综合艺术教育研究中得到论证。如“画音乐”活动等。同样，异质同构理论在艺术整合教育中也是成立的。它为艺术整合教育研究提供了心理学理论依据。

（四）合作学习理论和尝试教学理论

合作学习能够提高幼儿知识建构的能力，有助于儿童形成健康的群体关系，增强孩子的自尊，改进儿童解决问题的技能。它是一种改善教学活动的社会心理气氛，促进幼儿非认知品质即人际交往智能和自我认识智能发展的极好的教学策略。尝试教学理论是我国著名教学论专家邱学华先生创建的，强调的是让幼儿在主动探索，亲自尝试和操作中学习，为我们提供了教学方法的理论基础。

（五）陈鹤琴的“活教育”思想和陶行知生活教育理论

陈鹤琴提倡“大自然、大社会都是活教材”，他提出“学做人”的大目标，他主张“尊重儿童的人格，爱护他的天真烂漫”。他认为，学前儿童是在周围的环境中学习的，应该以大自然大社会为中心组织课程。这样设计的课程才是合理的。我们汲取陈鹤琴先生课程组织的思想，采用主题形式，对教育内容、教育形式进行有机整合、充分考虑儿童的需要和兴趣。

陶行知提出“生活即教育，社会即学校”“行是知之始，知是行的成”，提出要培养孩子具有“健康的体魄，农人的身手，科学的头脑，艺术的兴趣，改造社会的精神”。按照陶行知的生活教育理论，我们把教育与幼儿生活体验结合起来，构建贴近幼儿生活的，以艺术整合为基础，五大领域互相渗透，促进幼儿情感、态度、能力、知识、技能等方面的发展。按照陶行知“教、学、做合一”的生活教育方法，以预成课程为依托，捕捉贴近儿童生活的和与儿童生活密切相关的活动内容，创设生成课程。陈鹤琴的“活教育”思想和陶行知生活教育理论为我们提供了建构课程内容的理论依据。

（六）主题教育活动模式

采用艺术切入的主题形式综合幼儿各领域的学习内容，把主题内容直接和幼儿的真实生活经验联系起来，使主题建构在幼儿已知和想知道更多的知识背景下。这是一种预设和生成相结合的开放性系统，将学习内容和过程联系起来，将不同的学习内容与不同的幼儿参与活动方式联系起来，将不同年龄教育的阶段性与连续性联系起来，形成一个较完整的主题活动网络。

二、实践研究遵循的艺术教育的基本思想

（一）让艺术教育回归幼儿生活

“生活艺术化、艺术存在于生活中”，让艺术教育回归幼儿生活，就是要将知识技能本位的艺术教育变成体验本位的艺术教育，让艺术教育回到真实、鲜活、丰富的生活中。第一，生活是艺术的源泉，艺术根植于日常生活中。艺术中的许多要素，如对称、比例、节奏、音色、旋律等都可以在大自然和社会生活中发现他们的原型，而且许多艺术创作题材也来源于现实生活。在艺术教育中，引导幼儿用自己的各种感官、肢体、心灵观察、感受生活中的千姿百态，聆听大自然的各种声音，发现其中蕴涵的美，丰富幼儿对艺术的感受和体验，提高幼儿艺术感知能力和表现能力，激发幼儿自主创造和表达的欲望。第二，幼儿的学习特点要求幼儿艺术教育要走进幼儿生活。幼儿期的思维以具体形象思维为主，幼儿的学习是在与周围事物的互动中完成的。生活是幼儿教育的内容，也是幼儿学习的重要途径，从生活中学习、在生活中学习是幼儿学习的必然要求，因而幼儿艺术教育不能脱离幼儿的生活而孤立存在。第三，将艺术教育与幼儿特有的、热爱的活动方式——游戏结合起来，艺术与游戏是相通的，用游戏的方式设计、组织幼儿艺术活动，使原本枯燥的技能技巧变得更容易掌握，在游戏中发挥艺术教育功效，在游戏中嵌入艺术的成分。使幼儿在游戏中快乐成长，发挥创造的潜力。德国专家曾说“游戏是激活幼儿艺术创造力的最佳手段，在自由创作的领域里不存在什么具有约束性的规则”。第四，充分利用本土文化资源，幼儿的生活实实在在地根植于他所生活的文化环境，风俗民情潜移默化地影响着一个人的人格，所以民俗文化教育也是幼儿艺术教育的一个重要内容。

(二) 艺术切入，多科综合，自主表达创作

以某一种艺术形式切入，以游戏为基本教学形式构建主题活动，优化组合各项活动内容，促进健康、社会、语言、科学、艺术五大领域互相渗透。以幼儿的生活和体验为中心，建立起学科之间的联系，使不同学科之间互生互补、相互融合、平衡和谐，建构起一种全方位的教育学习环境。在主题下的综合艺术教育，主要是认知经验与艺术表现的整合，审美与个性全面发展的整合。

自主表达创作主要是指幼儿根据自己的需要，通过看、想、做，自觉主动地去感知周围世界，积极地尝试用音乐、美术等多种语言，大胆地表达自己的思想情感，并独创性地、个性化地进行表达表现。

(三) 艺术教育中的创造力发展

艺术与创造是一对密切相关的概念，创造是艺术的生命源泉，艺术没有创造就没有生命价值，艺术是激发幼儿创造潜能，形成幼儿创造意识、积极的创造情感和敢于创造的精神的重要手段。艺术教育中的幼儿创造力，指幼儿在运用各种艺术形式进行表现的过程中，新颖、独特地表达自己情感的一种能力，包括自主探索能力、艺术想象力和艺术横向交流能力。因此，在艺术活动中，幼儿通过对不同信息、不同文化、不同要素的融合，形成一种开放的、共生的、可持续发展的创造性智慧结构，不断通过对事物的主动探索，达到自我更新和自我超越。

(四) 艺术教育和谐发展观

艺术教育和谐发展包括幼儿艺术教育目标的和谐、艺术教育过程的和谐和艺术教育结果的和谐。目标和谐是指幼儿艺术目标体系的建立要考虑幼儿主体内部各种发展之间的和谐、主体与客体之间的和谐及其集体目标内容间的和谐。教育过程和谐是指艺术教学内容的和谐、艺术教学方法和程序的和谐、艺术教学环境和谐（包括物质环境的和谐和精神环境的和谐）。和谐包括两个维度，即教育结果实现教育目标和艺术教育中幼儿个体获得知识、能力和情感体验的和谐发展，幼儿自身获得满足。

三、立足艺术教育，促进幼儿快乐发展的实践研究原则

（一）主体性发展原则

着眼于幼儿的全面发展，一方面注重发挥幼儿的主体性，为幼儿创造自主学习的物质和精神环境，幼儿可以按照自己的兴趣、爱好、需要开展活动，并能自由表达自己的想法，积极参与动手、动脑，使幼儿树立起自信心和成功感，激发幼儿的创造欲望。另一方面，尊重幼儿的个体差异，根据每个幼儿的个体因素，实施个别教育和指导，使每一个幼儿在原有水平上得到充分发展。

（二）互动性原则

互动即相互学习、相互推动，包括三方面的含义。一是师生互动，即幼儿和教师间的相互影响，合作学习。在自主性艺术活动中，教师的引导、情景和材料的提供促进幼儿的理解学习和发展，幼儿的回答、探索激发教师的灵感，促使教师不断丰富环境、调整角色，推动幼儿的探索活动层层深入。二是生生互动，即同伴间的相互学习，教师要为幼儿创造相互学习交流的机会、空间和时间，使幼儿在与同伴的相互作用中开阔思维，获得创造性的发展。三是幼儿与集体、幼儿与环境的互动，良好、宽松、自由的心理环境和与教学内容相匹配的物质环境能推动、影响幼儿的创造。

（三）融合性原则

融合即交融、混合。一方面是情感的融合，教师要尊重幼儿、信任幼儿、亲近幼儿，建立一种平等、和谐、宽松的良好师生关系。另一方面是视点的融合，教师要站在幼儿的视点看世界，不以成人的眼光去衡量和评价幼儿，激励幼儿创造、表现的欲望。第三是言语的融合，教师向幼儿学习，学习他们解释事物的语言，并用这些儿童化的语言设计活动，教师在教幼儿的同时，要向幼儿学习，在师幼的相互学习融合中，共同成长。

（四）体验性原则

艺术教育是一种抒发、表达感情的活动，一方面应选择优秀、

健康的艺术作品感染幼儿，使其陶冶幼儿的情感，在以美感人、以情动人的过程中潜移默化地发展幼儿的艺术感受力和表现力，激发主体意识和创造意识。另一方面，在艺术活动中，把想与说、想与做、说与做结合起来，让幼儿亲身感受、自主探索和发现，使艺术成为激发幼儿积极表达和创作的心灵体操。

（五）赏拙性原则

即教师能用欣赏的眼光来看待幼儿稚拙的表现。幼儿的思维方式与成人不同，他们用自己的思维水平和理解方式去看待周围的一切，解释周围的一切，尽管在成人看来这些理解往往是稚气的。教师要了解幼儿的这一特点，当幼儿大胆地表现时，要以欣赏的态度，鼓励、肯定幼儿一切稚拙的表现，增强幼儿的自信心，激励幼儿创造、表现的欲望，并把幼儿的体验、经验放在首位，让幼儿自己去发现和理解，培养幼儿独立学习的习惯和能力。

（六）游戏性原则

游戏是幼儿的主要学习方式，通过游戏引导幼儿多感受、多创造，并在游戏活动中唤起幼儿参与艺术活动的兴趣，培养幼儿对艺术的审美感知、审美想象、审美创造能力，唤起幼儿学习的主动性。

四、实践研究体会

（一）艺术教育与全面发展教育

促进幼儿全面发展和个性和谐发展，促使每个幼儿都在原有水平上得到最充分的发展是幼儿素质教育的要求。因此，幼儿园艺术课程的设计应以促进幼儿全面发展，提高幼儿综合素质为目的，使音乐教育与全面发展教育互渗，与其他课程融合。

同时要处理好教师指导下的活动与幼儿自主性活动的关系。一方面注意激发幼儿的兴趣，为幼儿的学习和发展提供适宜的物质环境和心理环境；另一方面，教师要为幼儿提供自主活动的时间和空间，鼓励幼儿的创造性艺术活动，让幼儿有充分探索、创造和表现的机会，使幼儿获得自主性发展。

（二）审美创造与技能培养

艺术教育以培养幼儿的审美能力和创造性表现为主要目标。而审美创造活动需要技能技巧参与，一定的艺术技能能使幼儿更好地表达情感，唤起幼儿独立进行创造性活动的兴趣和愿望，更好地、更直接地理解美、表现美和创造美。但是我们在引导幼儿获得知识和技能时必须遵循游戏性原则，让幼儿在乐中学、做中学。如教师在教幼儿感受音的高低时可以与身体谱结合起来；绘画活动“秋天”，可以在幼儿游览观察感受的基础上进行；在培养幼儿节奏感时，让幼儿寻找生活中、自然界中声音的节奏等。以此达到审美创造与技能的和谐统一。没有一定的技能基础，审美和创造也就成了无本之木。

（三）充分的情感体验是培养幼儿主体性和创造性的心理基础

艺术是情感的表现，是内心直接体验的一种宣泄。幼儿在利用某种艺术形式表现时，是通过感知、体验、想象，再由实践操作而表现的。

在艺术活动中，教师注重把情感体验贯穿于艺术教育活动的始终。第一，营造一个良好的学习、欣赏艺术的快乐和谐的教育环境。用教师的语言、动作营造师生情感交流的氛围。活动中教师不失时机地多给幼儿一些爱意，以一个微笑、一个眼神或一个爱抚的动作去安抚幼儿的情绪和心灵。第二，教师针对幼儿的年龄特点和教育活动的难易程度，对能力、性格不同的幼儿给予不同的鼓励，让幼儿自信“我的舞姿最美、我的歌声也动听、我创编的舞蹈动作与众不同、我也能给儿歌配乐、我的画最丰富、我的制作最与众不同”。第三，教师在引导幼儿学习艺术作品时以情打动幼儿的心灵，把自己对艺术作品的理解用歌声、表情、动作、神态、画笔等方式传达给幼儿，以唤起幼儿的情感共鸣，推动艺术表达、想象等活动的开展。第四，在艺术活动中，教师为幼儿提供了丰富的材料和足够的空间，让幼儿多听、多看、多感受，使其逐步积累多种社会经验、生活经验、情感经验，进而独立大胆地表现和创作。

（四）艺术教育中教师的作用

艺术教育强调幼儿自主发展、自主创造，那么教师的作用该如何体现呢？实践中，我们往往容易走两个极端，一是教师精心准备好教学内容，安排好教学环节，给幼儿填充，幼儿跟着老师的既定方向走，幼儿是受控制的，非自主的；另外一种是极端强调幼儿的自主发展，从全盘包办到袖手旁观，完全放任幼儿，儿童过于自主。然而凸显幼儿的主体性与教师作用的发挥是不矛盾的，教师的作用在于不断地创设问题情境，激发幼儿探索音乐与周围世界各种关系的欲望，并向他们提供必要的知识和技能支持。当幼儿想进行创造和表现又缺乏一定的知识技能时，教师的介入和指导是最及时和有效的。另外，在反思评价中，教师的作用也是不能忽视的，教师对自己的教育活动进行反思时，必须引导幼儿对自己、他人在教育活动中的表现和创造进行评价。同时，教师也应从多维度对幼儿的学习给予恰当的、有针对性的评价，从而提升幼儿的音乐素质和审美能力。

此外，实践研究中，教师们还认识到：

第一，预设目标限制了教育内容的广度，在艺术活动中，降低预设目标，提升生成目标，也就提升了幼儿主观能动性的作用，在幼儿自主表现和探索的基础上螺旋式提供活动材料，调整活动目标，使幼儿的发展也呈螺旋式上升的态势。

第二，美感是一种主观体验，对美的欣赏与体验具有较大的个体差异和年龄差异。在艺术活动中，每个幼儿的情感体验、联想、表现、表达是不同的、多元的、可变的、自由的。教学的标准可能只有一个，而“美”的答案却有许多，教师要接受幼儿的差异性、独特性和创造性，使幼儿敢于表达自己的独特认识和感受。教师要提供充足的时间、材料、场地，让幼儿在随心所欲、自由自在的玩耍中感受美、表达美和创造美。

第三，幼儿的发展离不开情感、态度、能力、认知、技能等方面的因素，要处理好知识技能与幼儿自主、开放表达、表现的关系，必须以发展的理念，支持幼儿自主表达、表现的行为，并积极引导幼儿运用已有经验，获取新的经验。

第四，幼儿艺术教育中的创造性表现能力是指幼儿在运用不同艺术形式进行表达的过程中能新颖、独特、有个性地表达自己情感的一种能力。一方面，表现能力不是单纯的模仿，而是用自己的理解新颖独特地表达自己情感的一种能力；另一方面，这种创造性对成人来说未必是新颖的创造，而对幼儿自身却是前所未有的表现；第三，只有具有强烈的创造意识、积极的创造情感和敢于创造的精神，才有可能具备创造性表现的能力。

第五，特定背景下，师生共同营造适合幼儿表达、表现的互动式环境。

第一章　以音乐教育为切入点实施教育整合

第一节　教育经验

立足实际，给幼儿轻松的音乐教育

武红华

音乐是人类社会生活的重要组成部分。它具有潜移默化、美化心灵的作用，是幼儿生活、学习和成长过程中不可或缺的重要元素，不仅能培养和提高幼儿的素质和能力，还是使幼儿身心得到和谐发展、健康成长的重要手段。而音乐教育作为素质教育的重要组成部分，在幼儿全面发展中更有着不容忽视的重要作用。因此，教师必须在尊重音乐教育的艺术特点、幼儿的年龄特点、幼儿发展特点的基础上，有目的、有计划地对幼儿进行音乐艺术的熏陶，提高幼儿的审美能力，促进幼儿的社会性发展和人格的不断完善。怀柔二幼在教育实践中，把音乐教育作为实施素质教育的主要手段，以幼儿的活动兴趣为基础，将集体教育、区域游戏、随机教育及个别指导有效结合，开展全园性的教学实践和教育科研活动，从而促进教师、幼儿、幼儿园的可持续发展，形成幼儿园的音乐教育特色。

一、优化音乐教育目标

在贯彻落实《纲要》的教学改革中，教师只有在教育理念、教育手段和教育形式上取得较大突破，才能使音乐教育符合幼儿的实际发展水平和年龄特点，才能有效地促进幼儿的主动学习。因此，我们立足本园实际，组织教师对我园音乐教育现状进行了认真分析。教师们认为，在教育实践中，教师对音乐教育在促进幼儿发展中的巨大教育价值还缺乏全面的了解和认识，容易割裂音乐教育与其他各领域之间的关系，对音乐教育内容缺乏全面性和统整性的把握，对幼儿接受音乐教育的特点了解还不够深入。要解决以上存在的问题，教师在音乐教育实践中，首先，应把激发幼儿的音乐兴趣、体验音乐作品的情绪情感与音乐教育的道德认识功能结合起来，达到润物细无声的效果；其次，应把幼儿的兴趣需要和音乐的基本技能培养结合起来，注重音乐活动中幼儿主体性发展和创造表现力的培养；再次，应把艺术、语言、科学、社会等领域内容有机结合起来，发挥音乐教育在全面发展教育中的重要作用；最后，音乐教育应面向幼儿的一日生活，面向社会，走入大自然。

针对以上分析，我园确定了以“回归生活和自然，给幼儿轻松愉快的音乐教育”的理念，以尊重本园实际为前提，以幼儿园教学实践为基地，全面开展音乐教育研究，并将研究目标定位于三个方面：

1. 对幼儿进行音乐启蒙，萌发幼儿对音乐的兴趣，在引导幼儿积极参与、大胆表现的过程中，培养和形成幼儿的主体性和创造性。

2. 通过不同的音乐教育形式和内容的融合，使幼儿获得健康情感、美的熏陶和健全人格的发展，形成良好的个性品质。

3. 通过研究丰富和提高教师的教育技能和教育研究能力，促进教师的专业化成长。

二、扩展音乐教育内容和形式

音乐教育的内容应当是最富有审美的意蕴、最能体现童趣和富有时代精神的。随着我园深入开展音乐教育实践研究以及思路的逐步拓宽，音乐教育的价值得到了更好的发挥。

（一）寓教育于一日生活

随着研究的不断深入，我们深刻体会到了幼儿表现能力不能单纯靠模仿，必须在运用已有经验的基础上，提升新的经验，用自己独特的理解方式表现出来。因此，我们带领幼儿到大自然和社会生活中积累感性经验，寻找音乐及其他艺术要素，然后鼓励幼儿大胆地用语言、表情、舞蹈等形式把自己对作品的理解与感受表现出来，同时抓住日常生活中的每一个细小环节对幼儿进行音乐教育。清晨，幼儿在轻松、欢快的音乐伴随下步入幼儿园，给幼儿一天的生活带来一个美好的开始；流畅的轻音乐，使幼儿愉快地进餐；欢快、活泼的乐曲让孩子们在户外活动中玩得更加开心；舒缓的“摇篮曲”伴随幼儿进入甜美的梦乡。同时，自由、灵活地敲打着乐器，让孩子们感知、理解着音乐，从中体验着成为音乐活动小主人的快乐。

（二）注重各领域相互渗透

在研究中我们一方面将音乐教育与区域游戏相结合，充分利用区域游戏、幼儿园大环境对幼儿进行音乐教育。例如，在活动室中设置音乐活动区，音乐区根据音乐活动的不同性质分为音乐发现角、表演角，使幼儿有机会自由地表演。另一方面在努力尝试着音乐与其他领域内容的相互渗透。例如，把儿歌配上节奏，帮助幼儿理解和感受语言的音韵特点；把故事配上音乐，帮助幼儿理解故事的内容和情节；把户外游戏“跳竹竿”配上节奏欢快的音乐，既增加了游戏情趣，又培养了幼儿的节奏感。

（三）与主题活动紧密结合

“幼儿园主题教育活动应从实际出发，因地制宜，充分考虑幼儿的学习特点和认知规律……”这是《纲要》中要求的。而音乐教育作为主题活动中不可缺少的教育活动，我们选择贴近幼儿生活的、回归自然的教育内容，使各领域内容有机联系，相互渗透。增强主题活动的趣味性和游戏性。在大班开展的《春天的旋律》主题活动中，教师以歌曲“春天在哪里”为切入点，激发了幼儿观察春天动植物的兴趣，教师带幼儿走进大自然，到水库、公园、社区中寻找春天，孩子们通过自身的观察和体验，在相互交流的基础上总结出“春天在草地上，春天在花丛中，春天在小鸟的歌声里，春天在小朋友漂亮的衣服上，春天在动听的乐曲里……”此外，教师和幼儿共同选择了与春天有关的大量歌、乐曲，如《草原赞歌》。在这个活动中教师首先请幼儿欣赏歌曲，之后，教师运用现代化的教育手段让幼儿观赏到“春天大草原”美丽的景色，草原上奔腾的骏马、洁白的羊群等，采用视觉艺术的影响进一步激发了幼儿对音乐的理解。教师引导幼儿在分析音乐节奏特点的基础上，进一步感受歌曲所描写的情景，激发幼儿主动运用语言、动作表达歌曲的情绪情感，在相互合作、相互交流和相互欣赏中创编动作，最终形成了一个民族特点突出、富有儿童情趣的舞蹈。

三、转变教师教育观念

学习的过程就是观念更新的过程，研究实践的过程就是从新观念转变为教育行为的过程。在学习和实践中，我们深切地认识到：在教育教学中应将教育目标贯穿于幼儿一日生活之中；充分发挥家长的教育资源；注重幼儿的情感体验和参与教育教学活动的过程；在发挥教师主导作用的同时，充分发挥幼儿的主体性。

（一）我们的转变

我们改变了过去音乐教育活动仅局限于单一的集体课堂教育形式，寓教育于一日生活之中，让幼儿生活中的每个环节都成为他们学习的契机。晨间活动，孩子们在音乐的伴随下自由地律动，愉快地游戏；餐后散步，孩子们哼唱着喜欢的歌曲在院子里观察动植物的变化；饮水环节孩子们在兴奋地交流着表演区每个角色表演的感受。教师则成了他们观察、交流的伙伴，在观察中抓住适当的教育契机对幼儿进行随机教育。

我们改变了音乐教育不注重情感体验、不注重过程的做法。在音乐活动中教师更加注重用自身的语言、动作、情绪感染、带动幼儿，使幼儿深入感受和领悟作品的情绪情感和教育内涵。把深入挖掘音乐作品的情感因素与利用大自然情景有机结合，唤起音乐作品情感与幼儿情感的共鸣，使幼儿真切的情感得到激发。

我们改变了音乐教育忽视幼儿主体性的做法。教师采用小组、集体、区域与一日生活相结合、自然与社会相结合的自由、灵活、丰富的教育形式，将音乐活动与综合活动有机结合，各领域内容相互渗透，引导幼儿主动参与活动。在舞蹈《草原赞歌》活动中，教师带领幼儿走进大自然，充分体会在自然中的欢乐与舒畅，然后运用电化教育手段，带幼儿欣赏“春天大草原”美丽的景色，分析音乐节奏特点，理解音乐作品的情绪情感，在此基础上，引导幼儿用语言、动作表达歌曲的情绪情感。最后幼儿相互合作、交流欣赏、共同创编动作，设计舞蹈图谱，制作表演服装，形成了一个民族特点突出、富有儿童情趣的舞蹈。活动中师生乐在动中、乐在趣中、乐在参与中。

我们改变了家长工作只注重教师汇报的单调形式。请家长走进幼儿的教育生活，走进音乐活动，引导家长了解幼儿园是如何组织幼儿开展互动学习的，以及这种学习对幼儿今后发展产生的影响等。从而改变家长认为只有学加减法、会背诗歌才叫发展的观念。

（二）我们的经验

1. 以情激情——让幼儿把情感凝聚在音乐作品中，把情感挥洒在音乐表现上

在音乐活动中，教师要接受每个幼儿不同的情感体验、不同的联想和表达，根据幼儿的差异性和创造性，支持幼儿大胆表达自己的感受与理解，引导幼儿尽情地表达自己的情感。

2. 因势利导——让幼儿的音乐想象与表现富有活力

教师要以发展的理念，顺应幼儿的兴趣，巧妙运用材料和启发性语言，支持幼儿自主表现，并积极引导幼儿运用已有经验积累，提升新的经验，把幼儿的音乐想象、音乐表现与潜能开发紧密结合起来，这对幼儿的长远发展具有更大的价值。

3. 接纳欣赏——让幼儿在创造性表现中张扬个性，展现自我

教师要以欣赏的眼光去看待、接纳每个幼儿稚拙的表现，引导幼儿发现美、鉴赏美，培养幼儿创造性表现的能力。

4. 相互评价——让幼儿在交流中相互学习，形成良好的个性

评价应放在作品是否反映了幼儿的真情实感、是否有童真、童趣、幼儿特有的浪漫方面。教师要引导幼儿相互交流、相互协商，学习同伴的优点，在相互交流合作中促进良好个性的发展。

5. 师幼互动——让幼儿在鼓励中树立自信，获得快乐与发展

师幼间建立起一种安全、愉快、宽松、有效的交流空间，教师的支持鼓励与肯定能加强师幼间的情感交流，并满足幼儿的成就需要，使幼儿在教师与同伴的鼓励中树立自信，获得快乐与发展。

6. 走向自然——给幼儿轻松的音乐教育

大自然、大社会是幼儿音乐教育生动的活教材，幼儿在自然和社会生活中寻找音乐要素，积累感性经验，教师要鼓励幼儿用不同的方式展示他们敏捷的思路，引发幼儿真实情感的自然流露，从而给幼儿一种轻松愉快的音乐教育。

四、促进幼儿健康快乐发展

音乐教育的研究促进教师教育观念的转变，促使教师们在实践工作中不断改革，幼儿成为教师教育行为转变的最大受益者。

（一）幼儿音乐能力获得发展

通过音乐教育的研究，幼儿的音乐能力增强了，他们听到音乐会翩翩起舞，听到歌声会情不自禁地随着哼唱，他们能够较准确地运用歌声表达歌曲的情绪情感，能用舞蹈动作表现音乐中蕴涵的故事内容。他们不但能够自己改编歌词，创编舞蹈动作，还能给音乐配不同的节奏，幼儿在轻松的环境中对音乐产生了浓厚的学习兴趣，为今后的音乐学习奠定了基础。

（二）幼儿主体意识增强，探究能力不断提高

在音乐教育中，幼儿是学习的主体，音乐作品中的形象、内涵无疑是幼儿喜欢的、感兴趣的。因此，这也使音乐活动成为一种探

索活动。而幼儿在这种探索活动中，通过发现问题、探究问题，运用多种方法解决问题，有效地提高了幼儿学习的积极性、主动性，幼儿的自主性和大胆质疑的能力得到充分的展现，主体意识不断增强。

（三）幼儿良好的学习习惯得以养成

在音乐教育中，教师注重尊重幼儿的兴趣需要及个体差异，使每个幼儿在活动中都能体验成功。因此，在活动中幼儿始终保持浓厚的学习兴趣，从而养成了良好的听、看、画、说的习惯，幼儿爱看书，爱查资料，爱听音乐，爱画画。他们的学习兴趣浓厚，求知欲强，为今后的学习奠定了良好的基础。

（四）幼儿的良好个性得以发展

在音乐教育中，大量艺术作品的熏陶，帮助幼儿树立了正确的是非观，他们懂得关爱小动物，保护环境，尊老爱幼。他们在音乐表现和各种活动中，体验到了自己的成功，增强了活动的自信心，同时提高了幼儿学习的主动性、积极性及发现问题、探究问题的能力，幼儿的性格变得更活泼、开朗、自信。

经过几年的音乐教育研究，教师们逐渐将教育回归生活和自然，给予了幼儿轻松愉快、充满激情的音乐教育，在教师教育理念和教育水平提高的同时，促进了幼儿健康快乐的发展，并逐渐形成了本园的音乐教育特色，推动了幼儿园的可持续发展。

让幼儿享受音乐活动的快乐

梁桂兰

音乐教育是美育的一个重要组成部分。音乐所能起到的教育作用往往是最直接、最动人心扉的，它往往超过其他姊妹艺术而发挥出强大的组织力量和鼓舞作用。音乐的七彩音符包罗了人世间的千万种情感，冼星海对此有过非常精彩的描述："音乐是人生最大的快乐；音乐是生活中的一股清泉；音乐是陶冶性情的熔炉。"然而在当前的幼儿音乐教育中，却出现了这样的景象：

在歌唱活动中，教师为了达到教学目标，一遍遍地教唱歌词，反复练习，使幼儿感到枯燥乏味，失去了学习兴趣；在舞蹈教学中，为了掌握某个难度大的动作，教师反复教，幼儿反复学，整节课都是一个内容，形式单一，消磨了幼儿的学习兴趣，忽视了幼儿的年龄特点，导致幼儿疲倦、厌学；在欣赏活动中，教师给予幼儿充分的表达空间，但是幼儿受语言能力的影响，不能完全表述自己的想法，于是在课堂上出现"旁观者"的角色。节奏是音乐艺术的重要表现手段，在实际教学中，幼儿只是去听、去拍，单纯的模仿，缺乏兴趣的原动力。"享受音乐的快乐"何从谈起？如何让幼儿在音乐活动中体验"快乐"，享受"快乐"呢？下面就是我对音乐活动的几点尝试。

一、在自然与游戏中学习歌曲，让幼儿享受歌唱的快乐

（一）多听

在日常生活中利用晨间活动、过渡环节让幼儿反复听，幼儿在听的基础上，感受乐曲的旋律美，激发幼儿演唱的欲望；学唱新歌前，将重点、难点分解，保持幼儿的学习兴趣。这样不断地听，幼儿学唱的兴趣有了，又提高了他们对乐曲的感受力。

（二）多看

一日生活中多看，可以萌发幼儿初步的感受美、表现美的能力。

利用真实的情境激发幼儿对歌曲内容的理解，创设新鲜的、富有情趣的情境，激发幼儿真实情感的流露。

例如，在教唱歌曲《春天》时，我带领幼儿走进大自然，让他们在大自然中观看春天花草树木的变化，引导他们看一看，摸一摸，闻一闻，感受春天的气息，再结合形象生动的语言引导，带领孩子们走进我为其创设的情境：春天到了，花开了，草绿了，微风吹来了，布谷鸟唱着歌儿飞来了……孩子们被深深地吸引着，在大自然的熏陶下，在抑扬顿挫的讲述中，幼儿很快地理解了歌曲内容。在这种情感激发下，幼儿很快就学会了歌曲，并在其过程中享受歌唱的快乐。

（三）多体验

音乐与幼儿是心心相通的，它能唤起幼儿内心快乐而积极的情绪体验，因此，我尝试着选择贴近幼儿生活经验的内容，以体验的方式激发幼儿唱歌的快乐。

例如，学习歌曲《拉钩钩》前，我先分析这首乐曲所要表达的内容：两个小朋友由生气到和解的过程。通过幼儿之间拉钩钩的细小动作，幼儿就可以理解歌词，从而激发他们对唱歌的兴趣。经过对歌曲中的重点、难点的提炼，我将拉钩游戏先渗透在日常活动中，从而激起班级里高涨的气氛，歌曲的学习便显得水到渠成。在贯彻《纲要》的过程中，我越来越理解了兴趣是最好的老师，兴趣是学习的动力，在自然状态下学习是激发快乐体验的前提。

二、借助多媒体进行舞蹈教学，让幼儿享受歌舞中的快乐

舞蹈是用规范化的、有组织的、有节奏的人体动作表达思想感情的艺术。舞蹈的最大特点是寓教于乐，对幼儿的身心发展起着促进作用。

在舞蹈教学中如何根据幼儿的年龄特点，采用幼儿喜欢的方式进行教学，从而促进幼儿在舞蹈方面快乐发展呢？例如，在教学中我运用多媒体的方法，让幼儿欣赏成品舞，激发幼儿参与的兴趣，让幼儿主动去模仿，在模仿中发现幼儿的难度大的动作，再利用集

体教学，对幼儿的动作进行提炼、美化，帮助他们体验动作美。这样把以前固定时间、强化式被动的学，变成了随时随地渗透、无负担、轻松、主动的学，学习形式的改变一下子减轻了幼儿的负担，师生共同感受到了学舞蹈的快乐，共同获得了发展。

三、运用多种感官欣赏乐曲，让幼儿享受倾听的快乐

在音乐欣赏活动中，我紧紧抓住幼儿好玩、好动的心理特点，运用多种感官，调动幼儿学习的兴趣，把听觉、视觉、肢体运动等巧妙地结合起来，通过多渠道表现音乐，使幼儿在多种感官的参与下，获得体验、感受乐曲的快乐，加深对音乐的理解。

（一）借助生活实践体验作品内容

例如，在欣赏《小乌鸦爱妈妈》这首歌曲之前，我先让幼儿从身边的事情谈起，说一说妈妈平时是怎样爱自己、怎样关心自己的，并向同伴讲一讲妈妈爱自己最深刻的一件事，唤起幼儿内心的情绪体验，产生一种爱的情感。

（二）创设情境激发幼儿的兴趣

兴趣是学习的原动力。教师可以用情境表演的方式，激发幼儿想听的愿望，从而产生主动模仿的兴趣。例如，当幼儿看到小乌鸦叼来虫子喂妈妈时，他们直观地感受着“小乌鸦”爱妈妈的行为。有了这种感知，幼儿就会被情境中的角色所感染，并且产生一种表演的欲望。

（三）通过肢体动作表达对音乐的感受

有了充分的感知体验后，再次欣赏时，教师可以让幼儿自由发挥，用自己理解的动作感受、表达乐曲，因为幼儿对音乐的感知无法用语言表述出来，他们感知音乐最自然最基本的方法是形体动作。这样，也给更多幼儿提供表现、参与的机会，改变了部分幼儿“旁观者”的角色，使每个幼儿都能积极主动地去参与，在体验中获得快乐，获得成就感。

在音乐活动中，应该十分注重为幼儿构建一个积极的应答环境，

活动中为孩子们提供一个交流、争议、分享、探究的平台。幼儿尽情地畅谈自己的想法、感受，也可以倾听同伴的不同发现，和别人分享自己在音乐方面的不同见解，体会解决问题的乐趣。这样孩子就会更大限度地发挥积极性和主动性，成为自主发展的人。

四、采用奥尔夫教学法，让幼儿享受节奏游戏的快乐

我在教学中学习借鉴了奥尔夫音乐教学体系中的节奏练习，这对幼儿的快乐体验发挥了重要作用。奥尔夫教学贴近幼儿的生活，通过一种情境，不断重复，潜移默化中渗透学习内容，由易到难，注重让幼儿自己表现，在体验中获得快乐。

例：2/4　XXXX XX |XX XO|

关上电视 去睡 觉不 要

XXXX　XX |X - X - |

关上电视 去 睡 觉，嗯

XXXX XX |XXXO|

关上电视 去睡　觉不 要

XXXX　XX | X - X - |

关上电视 去 睡 觉，嗯—

情趣能唤起幼儿的学习兴趣。在节奏练习中，我采用有趣的词组语句，把一些较难的节奏融入其中，帮助幼儿掌握节奏的难点、重点，使幼儿在愉悦的情绪中自然习得。另外，我又通过拍手、跺脚、弹指等不同的表现方式，激发幼儿主动学习节奏的愿望，避免单一、枯燥的练习，让幼儿在动作的互换过程中，体验快乐，感受快乐。

艺术课程遵循的一个重要原则是尊重儿童的自然创造能力。教师的作用是基于儿童自己的动作、声音和设计开展启发式教学活动，随时为幼儿提供适当的技术支持和帮助，使幼儿的创造力得到自然迸发。艺术创造与审美愉悦往往成正比关系。当人的自然创造力得到迸发，当人的潜能得到最大限度的开发时，人就会感到无比的快乐和自由。因此，我们除了要尽量创造条件让幼儿参加活动，使他

们感受、体验学习过程之外，让孩子们体验发现的乐趣也是极其重要的。

综上所述，“快乐”是幼儿学习的原动力，教师应利用音乐教育启发感染幼儿，增进幼儿爱美的情趣，引导幼儿在日常生活中学习与创造，激发调动每个幼儿富有个性的经验，多给幼儿自由的空间，让幼儿创造快乐；多给幼儿合作，交流的空间，让幼儿分享快乐。我们共同努力让音乐带给幼儿快乐，让幼儿真正享受音乐的快乐吧！

让歌唱教学回归生活、走进自然

张 剑

歌唱是音乐教育的一种教学手段，也是人们表达情感的一种方式，尤其是幼儿，高兴时，就会情不自禁地唱起歌来，以表达、抒发轻松愉悦的心情。其实，每个幼儿都对歌唱充满向往，但一到歌唱活动时，他们的表现就会很被动。歌曲内容通常是生活经验的提炼和升华，有些歌词幼儿很难理解。因此，学唱时生硬、缺少情绪情感的表现，而教师往往会不知所措，只能一句一句重复地教，这样的歌唱活动枯燥乏味。那么，如何来提高歌唱教学的效率，让歌唱成为孩子们的乐事呢？我尝试让幼儿在生活中体验，在大自然中积累歌唱情感。

一、春天走进自然，在观察和发现中培养幼儿的情感

春天的大自然，处处充满了生机，这个季节带着幼儿走进大自然，会使他们释放内心被冬天的寒冷积压多时的喜悦。让他们在开满梨花、桃花、杏花的果园里追逐，在嫩绿的草地上翻爬，在小河边玩耍，是多么惬意。在教小班歌曲《春天到》（佚名词曲）时，虽然只有短短的四句歌词："小鸟声声叫，它说春天到，满地小青草，抬头微微笑"，但生动描述了小鸟和小草对春天来到的喜悦心情，为了让刚刚年满 3 岁的幼儿用稚嫩的童声唱出歌曲明快、活泼的旋律，我在教唱歌曲之前，首先带幼儿走进春天的公园，观察春天的景色，听小鸟的欢叫，看小草是怎样从泥土中钻出来的，让孩子们抬头感受春天的阳光是多么的温暖，使他们找到了歌词中"满地小青草，抬头微微笑"的感觉。当孩子们沉浸在观察和体验的快乐情绪时，我开始演唱歌曲《春天到》，孩子们追随着我的歌声也开始学唱起来。渐渐地，他们在体验和感受中学会了这首歌，并能把内心的喜悦通过歌声表达出来。

春天的歌曲尤其是幼儿歌曲，一般都是描写自然景物的变化或

者是比较直观的小昆虫、小动物，以此来激发幼儿热爱春天、热爱生命的内心情感。如歌曲《春天》（盛璐德词，马革顺曲）、《布谷》（德国民歌）、《小篱笆》（金波词，佚名曲）、《春姑娘》（潘振声词曲）等，这些歌曲的旋律都非常优美，内容也符合幼儿年龄特点和内心情感需要。因此，只要我们在教唱歌曲前，做好充分的知识经验准备，带他们走进春天，接触春天，认识春天，就会使他们的歌声充满童真和欢快。

二、夏天融入自然，给幼儿感受和体验声音的机会

夏天的大自然，山清水秀、郁郁葱葱，无论是风声、雨声、雷声，还是蛙鸣、鸟唱，都能够吸引幼儿的注意力，在多变的、闷热的季节里，歌唱教学如果还是把幼儿拘泥在室内进行，就会使他们心情烦躁，注意力不集中，学唱歌曲的兴趣也会减弱。所以，应当带他们走进自然，在大自然中体味音乐的存在，感受歌曲的意境。就歌曲《小鸟落落》（范江词，朱家华曲）来说，歌中唱到："小鸟、小鸟落落，请来这里做窝，这儿的风景最美，有山，有树，有河……"如果教唱时，只是让幼儿坐在教室中，他们的演唱就会僵硬。怎样才能激发幼儿的演唱兴趣呢？爱的情感如何去点燃呢？于是，我带他们走进大自然，在小树林里游戏，看小鸟在林间飞舞；在小雨中漫步，放声歌唱……真实的、美丽如画的景物，燃起了他们热爱大自然的情感，激起了他们想唱就唱的欲望。在不知不觉中，随着这美妙的自然音响我哼唱起了《小鸟落落》这首歌。幼儿在一阵专心倾听后也随着学唱起来。我们的歌声在大自然的美妙应和声中融合在一起，吸引了路过的行人，促使他们驻足停留，并和我们一起演唱。在这种潜移默化的渲染活动中，幼儿对大自然、对生活有了更深的理解和认识，对歌曲所描述的情绪情感也能自然地表达了。

三、秋天收获自然，让幼儿在嬉戏中歌唱成熟之美

当秋天来到的时候，大自然就像变魔术一样变换着颜色，树叶从碧绿到金黄，再到一片火红；鲜花从盛开到灿烂，再到凋谢；清

风从凉爽变得萧瑟；果园里挂满香飘四溢的瓜果……为幼儿内心情绪情感的抒发提供了最好的时机。因此，当看到树叶在秋风吹动下，一片片地从树枝上飘落下来像一只只金色的蝴蝶在空中飞舞，慢慢地落满了街道的时候，我带领孩子们一起来到铺满落叶的院子里踩踏落叶，倾听落叶发出“哗、哗”的欢唱；模仿落叶从树枝上摇曳飞舞的样子；到果园采摘红红的苹果、甜甜的葡萄；到田野上收获雪白的棉花、红红的高粱、随风起舞的稻花……就在孩子们用双手接着随风飘落的叶子，用摇摆模仿落叶飞舞、向空中抛洒落叶时，我为他们适时地播放了歌曲《秋天多么美》（曾全星词，卫燕玲曲）和乐曲《秋叶》（佚名词曲）等，为他们的游戏观察和体验活动烘托了气氛，也为他们今后的学唱歌曲做了视听的铺垫。就这样，在游戏中观察，在欣赏中积累，在歌唱中体会，孩子们笑着、听着、唱着：“秋天已经来了，叶子落满地上，叶子都已变黄了，纷纷落在地上，啦、啦、啦……”人与自然、人与歌曲不知不觉中已经融为一体了。

四、冬天畅想自然，为幼儿的歌声插上想象的翅膀

冬天的大自然似乎比其他季节萧条：树枝光秃秃的，风刺骨了，人们都穿上了棉衣，幼儿的活动也相对减少了。那么，在这个季节里我们应该如何丰富幼儿的生活经验和内心情感？如何引导幼儿用歌声表现自然美呢？

首先，选择适合幼儿在冬天观察和认识的歌曲，如《冬天》（佚名词曲），这首歌曲描述了冬天的自然景象和小朋友的活动，宽松的4/4拍节奏为歌曲情绪奠定了愉快、舒畅的基调。为了使幼儿能够理解歌曲健康、活跃的情绪，鼓励他们不怕寒冷、坚持锻炼的精神，我带着孩子们到院子中寻找冬天，认识冬天植物和动物的变化，感受冬天的寒冷，寻找冬眠的小虫，一起蹦蹦跳跳，一起与寒风赛跑，使他们真正体验冬天里也有快乐。有了这样的体验和认识，幼儿对歌曲的演唱就很入情入理了。当演唱歌曲第1～4小节时，他们能够用描述的口吻演唱“冬天里，天气冷，树上叶落树枝摇”；到第5～6

小节“小虫都在睡觉了”，他们能够用“渐弱”的音量来表现小虫睡觉；而唱到描写幼儿不怕寒冷、锻炼身体的第7～8小节“东跑跑，西跳跳，运动运动身体好”时，幼儿就会用稍快、渐强而有力的歌声来表现。在飘雪的日子里，我和孩子们用双手接住洁白的雪花，看着雪花在自己的手心里，从六瓣花变成晶莹的水珠；在雪后，一起堆雪人、打雪仗，倾听踏在积雪上“嘎吱、嘎吱”的声音之美，欣赏小脚踏在雪地里留下的神奇图案……总之，冬天的大自然有着特殊的美丽，只要我们能够选择适宜的歌曲，选择适宜的机会，再适时地走进自然，幼儿的认知经验和歌曲中的情感就会产生共鸣，学唱歌曲时就会把内心的情感融入到歌唱之中，为他们的歌声插上想象的翅膀。歌曲《雪花》（望安词，马成曲）、《堆雪人》（熊芳琳词，韩德常曲）都是描写冬天的景色、冬天的游戏、冬天的动物，很适合幼儿学唱。

四季神奇的变化、明显的特征，会使孩子们在大自然的怀抱中亲身感受和逐渐认知，既能熏陶他们内心的情感和审美情趣，更会激起对大自然的热爱之情和对生活环境的欣赏态度，还会激励他们用歌声来表达对大自然的热爱，使他们的歌声更加充满童真、童趣和积极的情绪情感。《布谷》的歌声唤醒了《小篱笆》上的牵牛花，它用嘹亮的“滴答”声告诉人们《春天来了》、《春雨》下了、《小鸟醒来了》；《夏天的雷雨》会告诉孩子们《知了、蜜蜂不一样》；多变的《秋叶》用“哗啦啦”的声音告诉我们《秋天多么美》；飞舞的《雪花》以清新、舒缓的曲调告诉人们《冬天》来到了。

总之，童年的歌是纯真美好的，属于孩子自己的歌是令人陶醉的。作为教师的我们，应该带着孩子们回归生活，走进自然，在大自然这本没有页码的教科书中，充分体验和积累经验，在丰富的认识体验基础上愉快地放声歌唱，歌唱生活、歌唱自然，唱出自己美好的人生。

浅谈幼儿音乐活动中的情感教育

杜冬雪

在艺术世界里，音乐是最善于表达、激发情感的艺术，它可以使人兴奋，也可以使人镇静。如果说在构成音乐的诸多因素中，节奏是音乐的“骨骼”，旋律是音乐的“肌肉”，那么，情感便是音乐的“灵魂”了。音乐家斯特拉文斯基也说过：“音乐就是情感，没有情感就没有音乐。”可见，音乐对人情感的影响力有多么巨大。而幼儿期是情感由低级向高级逐步发展的重要阶段之一。在这样的年龄阶段中，富有情感性的音乐活动对儿童的情感发展具有明显的促进作用。

幼儿园音乐教育的重点是引导幼儿对音乐情绪、情感的体验，从而最大限度地调动其学习的积极性和主动性。实践也证明，幼儿越是能够有机会接触各种音乐作品，参加各种音乐活动，他们的情感也就越有可能逐步变得丰富起来。作为教师，在教学过程中，我充分利用“情感”这条线索，让音乐拨动孩子的心弦，使之受到美的熏陶，从而产生共鸣。那么，如何在各种音乐活动中，利用音乐来培养幼儿积极健康的情感呢？我想结合几年来音乐教学的实践，谈谈幼儿音乐活动中的情感教育。

一、丰富幼儿现实生活中的感性经验，为幼儿理解音乐作品做铺垫

幼儿的情感来源于幼儿的现实生活，音乐是现实生活的反映。幼儿用音乐抒发情感，用音乐愉悦生活，从而获得现实生活中真情实感的体验，并能尽快理解音乐作品。例如，在学唱《小树叶》前，正是秋风扫落叶的季节。一阵秋风吹过，一片片树叶从树枝上飘落下来。树叶慢慢地旋转着，优美地落在地上。在孩子们眼中，一片片树叶变成了一只只美丽的蝴蝶。于是他们也学着树叶的样子，旋转着飘落在地上。我带着孩子们在树下捡落叶、玩拔根的游戏，他

们玩得高兴极了！风吹过时，树叶发出哗啦哗啦的声音，孩子们把它想象成树叶在说话，他们说："小树叶着急了，它们想早点下来，和我们一起玩游戏。"在幼儿和树叶的游戏中，幼儿丰富了对树叶的感性经验，了解了树叶从树枝上飘落下来的形态，也听到了树叶哗哗作响的声音，这为他们学习这首歌做好了充分的准备工作。

二、创设育情的环境，激发幼儿的情感体验

幼儿的年龄特点决定了幼儿的情绪更易受环境的影响。因此，在音乐教学中创设一定的情景，对幼儿的情感发展会起到导向作用，激发幼儿的情感体验。在欣赏《小树叶》时，我请幼儿作一片片小树叶，然后在《变幻的风》的音乐声中，合拍地飞进教室。由于场景、音乐设计得相得益彰，使孩子们很快就联想到了秋风起、小树叶片片飘落的情景。幼儿用自身的肢体动作再现出树叶从树枝上飘落下来的情形。在有些伤感的音乐声中，幼儿像一片片离开大树妈妈的孩子。这时，教师充当大树妈妈，在风声中小树叶开始慢慢地、不舍地离开了大树妈妈，在风中孤单地漂泊。当音乐中的风声渐弱，幼儿就慢慢地停止了转动，都"堆"在一块，我问他们为什么，孩子们回答："风停后有许多树叶落在了一起。"教师创设源于生活的视听音乐环境，尝试发挥听觉的功能，借助视觉的冲击来感受音乐。采用身临其境体验的方法，为音乐配上生活中的真实画面，使幼儿将抽象的音乐与具体的生活环境进行结合，从中来感受音乐，使生活环境与音乐有了自然的链接。

三、充分挖掘作品的情感因素，调动幼儿的学习积极性

不同的音乐作品体现不同的风格和情感，教师要认真分析作品的旋律、节奏、力度、速度等特点，引导幼儿感受音乐作品的不同特点，从而体会音乐的美，促进幼儿音乐感受力、表现力的提高。

幼儿由于年龄小，对音乐所表现的内容和情感往往不能意会。这时，教师辅以生动、形象的语言帮助幼儿理解作品，从而产生相应的情感体验，更好地表现作品。以歌曲《小树叶》为例，这是一

首由两段歌词组成的歌曲，但每段歌词又表现了不同的感情色彩。第一段歌词表达了小树叶离开妈妈后伤心、害怕的情感色彩，演唱中充满伤感；而第二段歌词则表现了小树叶勇敢的面对现实，憧憬美好的春天，感情的处理也是乐观、向上的，演唱中要体现愉快、兴奋的情绪。对于这样的强烈对比，幼儿自己演唱是不能把握的，这要靠老师用语言来激起幼儿的情感。我先引发幼儿讨论："如果你有一天将要离开妈妈，心里会怎么想？"幼儿各抒己见，谈话中流露出伤感的神情。我适时地引导幼儿进入歌曲的意境："小树叶离开妈妈，是不是跟你们一样的感觉呢？"幼儿以物拟人，在演唱中把歌曲感情真情演绎。而后我继续以语言引导："第二年的春天，万物苏醒，大树妈妈又长出了许多树叶宝宝，小树叶们又回到了妈妈的怀抱，它们高兴地唱歌、跳舞，为自己勇敢地战胜了寒冬而骄傲。"在我的言语诱导启发下，幼儿演唱时流露出了勇敢、兴奋的神情，他们在为小树叶骄傲，为小树叶自豪。经过教师语言的启发，幼儿在演唱中能较轻松自然地把握感情色彩，唱得情感交融。由此可见，挖掘作品本身的艺术情感是激发幼儿学习积极性的重要条件。

四、通过情境化的表演，引发师生间的情感共鸣

幼儿对表演有着特殊的天赋，有的甚至在婴儿时期就表现出一种特有的灵气，会随音乐翩翩起舞。将幼儿感兴趣的表演作为感受音乐的一个肢体环境，让幼儿将在活动中所获得的经验运用到新的音乐情境中，可以使音乐所表现的内容更加鲜活，更能吸引幼儿主动参与。在这一过程中，教师要用简练、生动、准确的语言，富有表现力的演唱，优美的舞姿，饱满的热情去引导幼儿参与活动的全过程，唤起幼儿的美感，激起他们情感的表现，拨动他们的心弦。幼儿的年龄特点决定了他们这个时期非常喜欢模仿，于是在表演活动初期，我较多地运用"教师表演"的方法，激起幼儿的兴趣，引发幼儿真实情感的自然流露。在表演《小树叶》的过程中，教师扮演树妈妈，第一段小树叶都要离开妈妈，教师要表演出那种舍不得自己的树叶宝宝，但又想让孩子们独立的那种表情和动作；第二段，

小树叶对妈妈说"到春天再来装扮妈妈"教师又要用动作表现出既高兴又欣慰的心理，让幼儿从教师的表情和动作感受到树妈妈的心理活动，从而更深刻地理解歌曲的情绪情感，把自己的歌声和动作提升到一个新的高度。这让我深深地体会到，只有让幼儿充分地感受，才能更快地激发他们表演的欲望，促使他们情感的真实流露。看到孩子们那感人的眼神和丰富的动作，我仿佛沉醉在音乐的氛围里。孩子们的表情感动着我，孩子们的动作感染着我，孩子们的情绪让我置身在歌曲中不能离去！正是教师富有感染力的表演带动了幼儿，幼儿的情感感染着老师，使孩子和教师的情感达到了共鸣。

音乐，能给人带来愉快，为人创造联想，更能催人积极向上。只有不断地去引导、激发幼儿的情感，才能使他们感受到生活的真谛。"情感教育"作为音乐活动中的一个重要组成部分，将激励我不断地探索和实践。

在丰富歌舞表演区材料中培养幼儿的自主表现力

杜金凤

歌舞表演区是幼儿在区域游戏中最喜欢和最乐于参与的活动区之一，因为在这里幼儿可以根据自己的喜好自由选择材料、装扮自己、确定内容、尽情地演绎自己对音乐的理解和想象。幼儿的情感会得到最充分和最真实的表达与抒发，生活经验也会通过歌声、肢体动作、材料运用得以最大程度的提升，自主性和表现力也会得到最大限度的发挥。

在幼儿参与歌舞表演游戏的过程中，我们能够发现材料对幼儿表演的内容、效果和表现力起着尤为重要的作用。因为有效的材料能够帮助幼儿更加充分地表达歌舞内容，拓展幼儿歌舞表现的形式和思路，提高幼儿歌舞表现的水平等。可是现在有些表演区的材料，无论是幼儿制作的，还是教师制作的，在活动中没有发挥应有的作用，更多的成为了摆设，被闲置在一边。有时我们会看到，幼儿在教师的指挥下“照本宣科”地使用材料，可教师一走，幼儿就不知所措，这说明材料与游戏之间没有建立联系。仔细分析一下其中的原因，我们不难发现：幼儿选择材料缺乏目的性，不会根据游戏的发展需要选择、制作材料，而教师制作的材料幼儿没有参与其中，使材料与游戏发生了分离。究其主要原因还是教师缺乏游戏指导的经验，使游戏的指导失去了针对性和实效性。

为了让材料能进一步激发幼儿参与表演区游戏的兴趣，帮助幼儿丰富游戏内容，使幼儿在游戏过程不断体会到快乐，获得能力的提高，我从提高教师指导游戏的策略入手，采用了以下几种做法。

一、在观察的基础上，等待幼儿自主探索，满足幼儿自主表现的欲望

教师是幼儿活动的支持者、引导者、帮助者，但是首先要做一个合格的观察者。只有观察到幼儿最迫切的需求、了解幼儿的意图

后，教师的支持和帮助才是有效的，否则将事与愿违。记得幼儿在自由表演《蝴蝶歌》的舞蹈时，我发现白玉把整个化妆箱翻了个底朝天，好像在找蝴蝶的“翅膀”。当她发现了一个发卡，便戴在头上照来照去，接着皱起眉头。于是我马上走过去说：“来，我帮你系上一根彩绸就像蝴蝶了。”当我把系好彩绸的发卡递给白玉时，发现她只是在手里摆弄着，却没有戴在头上。这时我感到自己介入太早了，于是赶紧问白玉：“你要做什么？”原来白玉是想用发卡做蝴蝶的触角，而我却没给她继续尝试的机会。于是我支持她的想法，和她一起探索用不同的材料制作触角。开始用纸，可因为纸软，触角总耷拉着；于是又选硬纸壳，可又不漂亮；最后我们找到吸管，将吸管对折粘到发卡上，白玉终于高兴地投入了表演。在全班的交流会上，白玉自豪地向大家展示她的触角发夹，这个发卡也成为了表演区最受欢迎的道具。因此，我感到，只有教师适时地根据幼儿需求，并和幼儿共同制作游戏材料，才能让幼儿在获得成功快乐的同时更加积极自主地投入表演游戏。

二、在目标的指引下，循序渐进投放材料，丰富幼儿自主表现的内容

《快乐与发展课程》中明确指出“中班幼儿歌舞表演的特点是喜欢自由舞蹈，不喜欢成品舞，幼儿兴趣和持久性在很大程度上取决于游戏材料的投放和使用”。因此，表演区不能只是成品舞蹈的表演和教师小制作的展示厅，而应成为幼儿自主游戏的场所。可是一下子投放许多游戏材料虽然可以吸引幼儿的操作兴趣，可新鲜感一过就再也无法激发他们的欲望，材料也失去了他们应有的价值。所以，目标要一步一步地实现，材料也要循序渐进地投放。首先给幼儿留一定的时间和空间去自己发现、自己寻找，然后老师再适时地投入新材料来引发幼儿对表演游戏的浓厚兴趣。例如，在幼儿表演游戏《猴哥猴哥》中，我先为幼儿提供了一些简单的头饰和服装，随着幼儿表演内容不断丰富和深入，幼儿开始拿着话筒当金箍棒；把许多的头饰戴在一块儿，像在变脸；拿服装上的腰带当金箍……

说明原有材料已经不能满足他们的游戏需要。于是在引导幼儿自己寻找、选择更好的替代物的同时，我为幼儿提供了纱巾、报纸和即时贴等，这些材料大大激发了幼儿的想象，他们用报纸卷了很多根金箍棒，还剪出了许多的桃子，那围巾当做披风可威风了。随着游戏的逐渐深入，幼儿在角色上又出现了七仙女、妖怪等，游戏的内容和材料也随之丰富起来，最后幼儿还制作了节目单和门票，使我们的表演游戏进行得更加充实、饱满，幼儿参与的人数也逐渐增加。

三、根据幼儿差异，分层次准备游戏材料，为幼儿自主表现提供有效支持

每个幼儿都是独一无二的个体，他们之间总会存在年龄、能力上的差异，所以为幼儿提供材料时一定要考虑幼儿的实际接受水平，有针对性地为幼儿提供丰富、有启发性的半成品材料，满足他们各自需要的同时又要提高他们动脑和动手能力。为了能够更好地满足幼儿的需求，准备材料时就要注意：①多样性的材料可以帮助能力弱的幼儿根据自身需要进行选择，更好地进行角色游戏；②挑战性的材料可以激发能力强的幼儿更快地开动脑筋，大胆想象，利用暗示性的材料制作出游戏所需要的道具；③工具性的材料，如和表演有关的图书、各种头饰的制作步骤等，可以支持幼儿通过制作、运用半成品材料在角色游戏中实现自己的想法，使表演游戏更有意思、更好玩。

四、开展系列游戏活动，挖掘自制材料价值，为幼儿自主表现做好准备

幼儿自制的玩具材料在一定程度上能够为幼儿的自主表现提供支持，但是如果教师不给予引导，逐渐也会失去它的作用。因此首先要让自制玩具成为大家认可的玩具，成为汲取大家智慧的产物。当我把白玉的“蝴蝶触角”呈现给全体幼儿的时候，在鼓励白玉了解发卡用途的同时，又激发了其他幼儿制作的兴趣。讨论过程中，幼儿纷纷献计献策，自己动手为表演不同的角色制作出了各式各样的头饰，为全体幼儿参与表演区游戏做好了准备。其次，在表演区设置了自制材料展示区，每个来表演的幼儿都可以自由取放其中的材料，让这些材料更大限度地发挥效能。每个幼儿在使用的过程中还会变换或添加新的材料，并以自制玩具材料为切入点，通过主题活动的形式，丰富幼儿表演游戏的情境，让游戏材料真正成为幼儿自己的玩具，让表演游戏成为幼儿自主的游戏。

五、运用游戏材料，拓展游戏内容，为幼儿的自主表现提供新思路

根据班级幼儿的实际情况，还可以投放特殊的游戏材料，如：电子琴、快板、练功服、化妆品等。因为有经验的幼儿的精彩表演能够吸引其他幼儿参与，并能像小老师一样认真地指导参与游戏者；表演区变成了舞蹈教室，小老师穿上舞蹈服装正教舞蹈“小星星”，还有基本功练习呢；还有的幼儿正认真地学着电子琴，唱着在幼儿园学过的歌曲……每天来表演区的幼儿都络绎不绝。后来幼儿们商量要开晚会，又开起了化妆间，把一部分服装和头饰融进了角色区，还把自制的服饰卖给商场进行租赁等。随着游戏内容的深入，孩子们自己设计门票、海报，将门票发给其他班的小朋友，到各班巡回演出。在与材料的相互作用和活动内容的不断拓展中，表演游戏变得生活化和自然化，整个过程中幼儿体会着自主游戏的快乐，获得了能力的全面提高。

只有教师真情地投入，耐心地引导，有效地支持，适时、适宜的投放材料，引导幼儿运用材料，深入挖掘材料价值，充分调动幼儿活动的自主性，才能使幼儿真正成为表演游戏的主人，幼儿歌舞表演区游戏才会越来越精彩！

音乐欣赏教学中幼儿创造想象力的培养策略

张 剑

美国音乐教育家穆塞尔提出："音乐教育就是欣赏教育，就是为了欣赏而进行的教育。"这种新的教学理念给予我们极大的启示。但是，幼儿的年龄特点决定了他们需要通过更多的直接参与来感知音乐、理解音乐并从音乐中获得审美享受。因此，我在音乐欣赏教学中尝试探索了幼儿创造想象力的培养策略。

一、让幼儿在宽松的精神氛围中，放飞心灵和思维的翅膀

创造是在心灵自由状态下的"无中生有"。这句话道出了创造的特点，那就是人们在自由和精神放松状态下才能创造，宽松和谐的环境会使幼儿的思维处于活跃和兴奋的状态。由于音乐欣赏的"模糊性"，它使得每位幼儿都可以根据自己的理解去想象、发问，都有发表自己不同见解的机会，容易形成一种敢问、敢说、敢干的氛围，而且在轻松、无拘无束的状态下，你一言我一语，每个人都可以从其他人的提问中得到启发。同时，要求教师对每个幼儿的提问、质疑都要给予明确的肯定，接纳幼儿想象的独特性。在启发幼儿多问多讨论的过程中，思维的火花、创新的灵感才能出现。例如，在欣赏《钟表店》时，教师提问："听了这首曲子，你觉得它发生在哪儿?"有的幼儿想象："在森林里，小鸟在唱歌"，有的幼儿说："小鸟在开音乐会……"教师接着启发："为什么每只鸟唱完歌后都要有钟声?"孩子们说："钟声响几下小鸟就得几分。""不对，是让大家安静""不是，是天上的雷声……"面对幼儿的各抒已见，教师肯定每个人的想象，同时也以幼儿同伴的身份说："我听了这首曲子以后，觉得只有钟表店里才会有这么多的钟声，可是为什么还会有许多鸟的叫声呢？我们再听一遍吧，听一听，到底谁说得对呢?"教师用同伴般亲切的话语，为孩子们的想象指引了方向，也使幼儿可以自由地阐述自己的观点、抒发内心的情感，感受到与别人交流的喜

悦，从而获得因自我肯定、教师肯定而产生的愉悦感、满足感。可见，只有在平等、民主的氛围当中，才会有人格的自由与舒展，才会有思维的活跃与激荡，进而才有创造性思维的迸发。

二、让幼儿在生活、游戏中，积累创新、想象的情感体验

欣赏一首音乐作品，是通过人的听觉器官得到的信息，直接与人的生活经历相撞击，实现对作品的理解。而幼儿刚刚步入多彩的世界，任何事物对他们来说都是新奇的、陌生的，对具体事物的认识还需要教师的引导。所以，要让幼儿的内心情感与音乐欣赏相互融合产生共鸣，就需要教师丰富他们的生活经验，使他们对乐曲中的内涵有充分的认识和理解。例如在欣赏小班乐曲《滑梯》（顾嘉林曲）时，我首先带幼儿去玩滑梯，感受在玩滑梯时愉快、活泼的情绪，游戏时适时加入有节奏的语言提示："1、2、1、2、上滑梯，不推不挤向上爬，登上滑梯真高呀，向下出溜儿就到底"。游戏后再请幼儿欣赏乐曲，他们很快就理解了乐曲第1～4小节，是在描写小朋友在一步一步地登上滑梯；而第5～6小节是短促的节奏，旋律从高到低的快速下行，就像他们从滑梯上"出溜儿"一下就滑下来了。在充分体验的基础上，幼儿理解了什么是乐曲的上行，什么是乐曲的下行，明确了声音高与低的区别。生活经验的积累，使幼儿在欣赏音乐时，头脑中有了一定的想象素材和认知基础，为他们的创造性思维发展铺设了基础之路。

音乐欣赏是心理反映的过程，是外部音响感知——想象联想——情感共鸣——理解认识的过程。所以，音乐欣赏教学必须循着由表及里的心理反映过程。别林斯基说："不管哪一种音乐都反映一种情感，只要有情感，机械表达的、可怕的、单调的印象就没有了。"可见，生活经验丰富了，还需要情感的支撑与共鸣。因此，教师还要注意引导幼儿在游戏过程中的情感体验，激发幼儿把内心的情感用语言、行为等方式表达出来。

三、让幼儿在音乐与绘画的相互转换中，展示对乐曲的不同理解

黑格尔在《美学》一书中说："音乐与绘画有较亲密的亲族关系，两门艺术里内心生活的表现都占较大比重，绘画可以越过边境进入音乐的领域。"这充分说明了绘画是凝固的音乐，音乐是流动的绘画。

在欣赏《动物狂欢节》时，我不急于告诉幼儿欣赏的内容名称，而是让幼儿倾听、想象，然后把自己对音乐的想象和理解用绘画的形式表现出来——画音乐。生动形象的音乐主题使幼儿全神贯注地倾听，认认真真地绘画。不一会儿，一幅幅生动、有情节的画面就出现了：茂密的森林里一只老虎在奔跑；一群可爱的兔子们在采蘑菇；还有许多蜜蜂和美丽的蝴蝶在森林中飞舞；一只凶猛的狮子张开血盆大口；更有意思的是王益阳小朋友画了一只驴子在指挥动物们唱歌……

丰富多彩、奇思妙想的绘画，展示了幼儿的自由想象是在对音乐作品的感知和情感体验中产生的，这是他们用"凝固的绘画"展示"流动的音乐"的创新和想象的结果。

四、让幼儿在教师的语言引领下，有目的、有主题地思维创新

音乐欣赏是以形象思维为主的艺术形式。从开始的喜欢听音乐，到用心、用情去聆听音乐，再到联想、思维、想象，最后到理解、评价、分析，使幼儿的欣赏水平逐步提高。创造想象力的培养需要由易到难，由浅入深。因此，在欣赏活动中，可以先告诉幼儿乐曲的主题形象，然后让他们有意识、有目的地去想象，用孩子天真无邪的心灵、充满幻想的思维去感受乐曲的多姿多彩。如欣赏乐曲《小鸡》（刘诗昆曲）时，教师启发幼儿："这是描写一群小鸡的乐曲，你们听一听它们在干什么？"于是，幼儿在倾听音乐中展开想象，有的说："小鸡在草地上啄虫"，有的说："小鸡还用它的爪子挠

地找虫吃呢”“两只小鸡在草地上又蹦又跳，还叽、叽、叽地叫”“有两只小鸡打架了，后来，许多小鸡告诉它们好朋友不打架，它们就又和好了……”

孩子们把自己对小鸡的认识和生活经验，通过想象融进了音乐，同时，又给音乐赋予了新的内涵和意义。虽然孩子们的想象、创新不尽相同，但他们的内心感受与音乐本身的情绪是相符的，符合主题形象的实际，都统一在音乐作品的本意当中。所以，欣赏中教师的语言引领，是激起幼儿创造性思维与想象的有效途径。不同的表达形式也是一种成功和创造性思维的开始。

五、音乐欣赏教学中对教师自身素质的要求

1. 教师需要有不断创新的意识和思维，要根据音乐作品的目标、内容设计符合幼儿心理特点和接受能力的活动形式。

2. 要尊重每个幼儿的想象与联想。由于年龄、特质和已有经验等方面的不同，幼儿对音乐的欣赏能力存在很大的个体差异，对音乐的表现和感悟也有所不同，这就需要教师在组织幼儿欣赏活动中要具有很强的观察力。

3. 具有适宜的评价能力，多给予幼儿支持与鼓励。教师的评价对幼儿的心理发展有着至关重要的作用。

4. 教师的提问和设问要留有充分的想象空间，允许幼儿用自己的方式表现对作品的理解和感悟，例如用色彩、图画、动作、表情、声音等，使他们既有对音乐本身的创造性想象，也有音乐之外的其他创造性想象的培养。

5. 要选择适宜幼儿阶段的音乐欣赏作品，给幼儿充分的想象空间。如李晋瑗编著的《幼儿音乐教育活动教材小、中、大》中的《小鸭的舞》（黄远渝曲）、《娃娃》（韩德常曲）、《啄木鸟》（吴慰云曲）等。同时，不要用书本上的一种答案禁锢幼儿的思维。因为音乐在不同的时代、不同生活阅历的人的倾听下，会有不同的解释，所以，要给予他们自由想象的机会。

贝多芬曾说：“音乐能使人类的精神爆发出火花。音乐比一切智

慧、一切哲学有更高的启示。”也就是说，人们不但可以从音乐中获得心灵的升华，更可以在欣赏音乐的时候放飞思想，展开想象。让我们带着孩子们走进音乐欣赏的海洋，仔细聆听，用心体验，积累创造想象的火花，燃起未来创造之火。

帮助小班幼儿巧记歌词的尝试

阮金燕

新歌教学一直是幼儿园艺术活动中的难题，对于小班的幼儿来说，他们受到知识经验和语言能力的众多限制，在记忆歌曲旋律和歌词内容上表现出了困难。在歌曲教学活动中，由于缺乏教学技巧，教师们往往使孩子陷入死记硬背的境地，特别是碰到内容较复杂的歌词，幼儿便无从学习，增加了幼儿对歌词记忆的负担，削弱了幼儿对歌曲学习的兴趣。经过自己的教学实践，逐渐摸索出几点方法。

一、运用体态律动，帮助幼儿形象地记忆歌词

“体态律动教学法”是由 20 世纪瑞士教育家、作曲家达尔克罗兹首创的，其目的是通过身体动作来体验培养节奏感，从而加强对音乐的记忆与注意。在平时的音乐教育活动中，教师运用最多的就是在学好歌曲后，请幼儿在音乐的伴奏下，边唱边律动，通过身体来表现音乐。

我在教唱《哈巴狗》这首歌时，幼儿对第二段的歌词：“吃完肉骨头，尾巴摇一摇，向我点点头”与第一段歌词“坐在大门口，眼睛黑黝黝，想吃肉骨头”容易混淆，我就很形象地编排了几个动作，让幼儿一边念歌词一边做小狗摇尾巴和点头的动作。这样幼儿只要看见我做摇尾巴和点头的动作就会较容易地回忆起歌词，并且一点也不会唱错。

小班幼儿认识靠行动，他们的认识在很大程度上要依赖于行动。无论是说话还是唱歌，幼儿都是常常以动作相伴来表达自己的意思。根据小班幼儿的这一特点，我们就可以通过动作来帮助幼儿记忆歌词。这样一来，歌词对于幼儿来说就会化难为易。

二、利用图谱符号、化难为易记忆歌词

小班幼儿对具体形象的事物比较感兴趣，在帮助小班幼儿记忆

较复杂抽象和有故事情节的歌词时，我运用具体形象的图片调动幼儿的学习兴趣，为活动增添直观色彩，便于小班幼儿对歌词的记忆和理解。

利用图谱符号来进行小班歌词记忆教学，在视觉上大大激发了小班幼儿的学习兴趣，同时又可以化难为易，形象地帮助小班幼儿来记忆歌词。例如，歌曲《不做妈妈的小尾巴》具有相对完整的故事情节。为了更好地帮助幼儿理解、体验和记忆，我根据歌词内容绘制了完整的故事图片，从讲故事开始，帮助幼儿理解歌词，在此基础上教师清唱歌词给幼儿听，然后幼儿再逐句学唱，但在活动中我发现，在采用了故事导入的方法后，幼儿的学唱积极性虽然提高了，学得也比较认真，但真正的学唱部分仍然没有突破传统学唱的程序，仍旧是幼儿一遍又一遍反复的跟唱，不久幼儿的兴趣就慢慢的淡了。根据以上的认识，我结合填充图片的操作方法，在另一个具有故事情节的歌曲《蚂蚁搬豆》中设计了活动，在组织过程中当幼儿在对故事表现出浓厚的兴趣时，我及时告诉幼儿：老师还有一幅画也讲述了这样一个故事，然后引导幼儿根据教师所唱的内容逐句填充图片，因为活动中幼儿加入了手的操作活动，再加上每贴一张图片就预示着一句新歌词的产生，这样就彻底消除了无目的反复练唱和记忆歌词所带来的枯燥感，使幼儿边玩儿边唱，轻松主动地学会了歌曲，使歌唱活动显得如此自然和顺理成章。在整个活动中，幼儿情绪高涨，兴致盎然，令我也感受到一丝成功的喜悦。

三、引用游戏，加深幼儿对歌词的记忆

小班阶段的孩子大都处于从家庭走向社会的特殊时期，明显地需要情感呵护，需要对成人的依恋；特别喜欢模仿；拟人化心理特征明显。所以，小班幼儿需要游戏伴随始终，把游戏引用到记忆歌词的教学活动中，既可以满足幼儿情感的需要，又能激发幼儿的兴趣，加深对歌词的记忆。

1. 模拟电影配音

在音乐教育活动中，教师都会发现这样一个现象，即在教师范

唱歌曲时，幼儿总是迫不及待地跟着老师唱起来，而这时候往往是曲不成调、错音连篇。如果顺应他们，那将对正确掌握歌曲构成一个障碍。如果在这时模拟电影配音，让幼儿来扮演歌唱演员（即所谓的默唱），老师则给他们配音，这样，既提高了幼儿学习歌曲的兴趣，又给了他们一次表现的机会。在教唱《小鸡出壳》这首歌时，我就采用了这一方法，幼儿在游戏中就把两段比较容易混淆的歌词“奇怪真奇怪，奇怪真奇怪，圆圆蛋壳里钻出一个小脑袋”。和“可爱真可爱，可爱真可爱，小鸡呀一出壳，叽、叽、叽、叽唱起来”记住了。

2. 采用游戏接龙

接龙是最常见的一种幼儿游戏，既简单又有趣，把它引用到歌词的巩固记忆中，可以收到事半功倍的效果。

在学唱歌曲《小蜻蜓》时，由于歌词对幼儿来说既不形象又非常生疏，并且很难用体态律动和图谱符号来帮助幼儿形象地记忆，我就采用了接龙这一方法，教师说：“小蜻蜓”，幼儿对：“是益虫”，“飞到西来”—“飞到东”，“不吃粮食”—“不吃菜”，“是个捕蚊的”—“小英雄”。待幼儿听记清楚后再由幼儿先说，教师接对，这样大大提高了学习效率。

四、利用相关道具，帮助幼儿在体验中理解记忆歌词

针对小班幼儿在音乐活动中喜欢模仿事物形象和动态的特点，我在引导幼儿学习歌曲时，根据歌曲的内容为幼儿提供了相关的操作材料和道具，帮助幼儿在亲身体验中更好地理解歌曲，使幼儿在“玩中学”，在自然的情景中掌握歌曲的内容，从而大大提高了幼儿在歌唱活动中的学习效果。

在教唱歌曲《小蜂窝》时，我先用形象生动的语言讲述“小蜂窝”的故事，帮助幼儿了解歌曲内容，然后在第一遍清唱歌曲时，又运用“小蜂窝”的道具进行生动形象的演示，以激发幼儿学习歌曲的兴趣。当歌曲唱到“五只蜜蜂藏呀藏起来”时，我突然钻进“蜂窝”里，当唱到“瞧一瞧蜜蜂出来了”时，我头戴小蜜蜂的头饰

立即飞出来。丰富有趣的道具演示，立即吸引了幼儿的注意，幼儿马上进入了学习歌曲的情境，睁大了眼睛，一边认真地听，一边入神地看，欣赏着老师的表演。当听到第二遍歌曲时，有的幼儿已经能跟随音乐唱起来了，还有的幼儿学着小蜜蜂的样子飞来飞去，非常生动。为使幼儿更加乐于学习、体验“小蜜蜂”的情境，我为每一名幼儿准备了生动形象的“小蜜蜂”的胸饰，请幼儿佩戴上，还为幼儿准备了剪好十字口的废旧报纸当小蜜蜂的小蜂窝，让幼儿体验一次“小蜜蜂捉迷藏”的感觉。当幼儿随着歌曲的旋律从报纸中一个个飞出来时，甜甜的歌声伴随着孩子们朗朗的笑声，回荡在活动室中……

五、根据幼儿已有经验，创造性地学习歌词

在我从事的音乐教育活动中，我深刻体会到只有教师本人创造性地使用教材，才会更好地培养幼儿的创新能力。因此，在小班的音乐教育活动中，我始终坚持这一做法。在小班学歌曲的教学活动中，我把歌曲中较抽象的歌词部分运用幼儿已有经验进行简单化。这样既激发了幼儿的学习兴趣，又培养了幼儿的创新意识。在教唱歌曲《我家有几口》的歌词“我家有几口，让我扳指头”，因为幼儿对歌词“扳指头”理解起来较困难，幼儿就创编出这样的歌词“我家有几口，让我数一数”。“数一数”对幼儿理解起来就相对容易多了，幼儿在日常生活中经常要接触点数，那我就让幼儿按照他们自己改编的唱，效果也非常好。

当然，在小班幼儿的音乐教育活动中，歌词记忆的方法还有许多，以上只是我的一些点滴尝试与体会。在今后的小班音乐教育活动中，我将继续努力。只要我们老师用心的去探索，孩子们就会在不同的方式方法中受益，更快地记住歌词，从而更好地大胆表现自己。

歌曲教学是一门艺术，永无止境。教师要在歌曲教学中不断更新观念，摸索教学方法，使教学保持新鲜感，让幼儿喜欢歌曲，想唱歌曲，让其在参与歌唱的过程中去体验、感悟，这样，他们就会在歌唱教学中获得别的学科从未有过的快乐感受和心灵的撞击。

让中班幼儿成为音乐活动的主人

杜金凤

随着贯彻落实《纲要》的不断深入，我更加清楚地认识到音乐教育的情感性、形象性、想象性、活动性是充分开发幼儿思维能力、培养幼儿良好情感情绪、促进幼儿个性发展的最佳途径，也是实施幼儿素质教育，促进幼儿健康全面和谐发展的重要手段。但是在以往的音乐教育实践中却不难发现，教师往往将音乐活动局限在30分钟课堂上，更多地注重音乐技能技巧和知识的灌输，忽视了幼儿对音乐的情绪情感体验和幼儿已有知识经验的运用。幼儿内心情绪情感没有得到很好的激发，他们缺乏活动的积极性和主动性，因此音乐教育以情动人，培养审美感情，提高幼儿感受力与表现力、创造力的功能未能得以充分的发挥。

中班幼儿正处在个性形成的关键期，具体形象性的思维特点最为典型，他们对事物有着强烈的探索欲望，活动的自主性和主动性发展迅速。在这期间，教师只有充分调动幼儿参与音乐活动的积极性，为幼儿个性化的发展提供保障，帮助其成为音乐的主人，才能最大限度地开发幼儿音乐潜能，促进幼儿的健康全面发展。所以，对中班幼儿实施音乐教育的关键就在于调动幼儿参与活动的积极性，利用音乐教育特有的教育功能，通过各种途径让幼儿成为音乐活动的主人。

一、从幼儿兴趣出发，让幼儿成为音乐游戏的积极参与者

游戏是幼儿的主要活动，中班幼儿最乐于参与游戏，因为他们最容易进入游戏情境，体验游戏愉悦活泼的情绪；最渴望从游戏中获得现实需要的情感体验；最善于用游戏来充分表达自己的情感和想象。

我打破了音乐游戏一直在教师的高控制下的给予式教学模式，充分发挥幼儿的主动性，从幼儿的兴趣出发，以幼儿年龄特点为基

础，引导幼儿感受音乐，在听、说、玩、编的过程中共同制定音乐游戏的规则，编排适宜的动作，幼儿逐渐投入到音乐游戏中，成为音乐活动的积极参与者。在情趣的带动下，幼儿尽情享受音乐游戏给自己及同伴带来的快乐，在不断丰富游戏内容的同时，获得了感知理解、想象创造能力的提高。

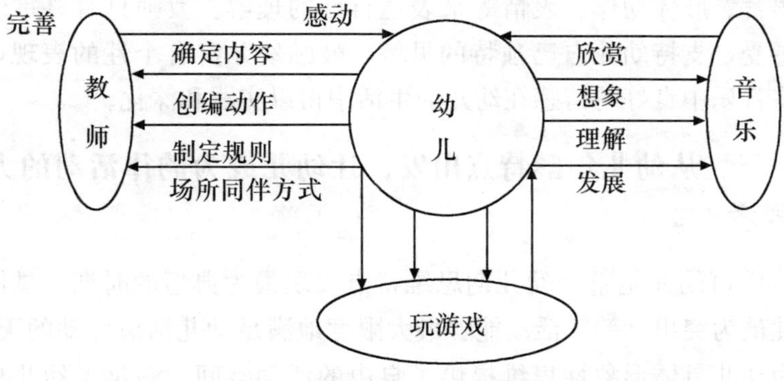

图示　教师带动幼儿积极参与音乐的过程

例如，中班幼儿对各种声音充满了好奇，在玩音乐游戏《谁的耳朵灵》时，我让幼儿在欣赏音乐、感受音乐的同时，引导他们仔细倾听，尝试用自己的肢体语言去表达自己对音乐的感受，并引导幼儿在相互学习、互相评议中，共同美化动作，激发了幼儿继续创编动作的愿望。在活动中幼儿逐渐发现了相应的游戏规则，选择了自己认为合适的乐器，大胆地进行表现。整个游戏过程，幼儿都是在兴趣的吸引下，在音乐的感召下，在同伴的交流中，在发现问题解决问题中体验着快乐与成功。

二、从幼儿情感表达出发，让幼儿成为音乐欣赏的真实体验者

音乐欣赏是一个独特的思维过程，中班幼儿已经具备了独立的思维能力，是音乐感受力、听觉能力、良好情感发展和形成的关键期。因此在引导幼儿欣赏音乐时，就应从幼儿的情感入手，有效提高幼儿的倾听能力，其中最关键的是教师启发性的提问。适时、恰

当的提问会使幼儿在头脑中产生与音乐相关的具体表象，通过细微的音乐旋律的变化，感受音乐要表达的情感。如：你感觉像我们玩过的什么玩具？像发生了什么事……音乐讲了什么故事等，结合幼儿已有的情感经验，引发幼儿对音乐进行自由想象，唤起幼儿内心的情感体验。在感受的同时再通过幼儿内化和思维的加工处理，运用语言、肢体动作、表情等来表达自己的理解。教师只有尊重幼儿的感受，支持幼儿自己独特的见解，鼓励幼儿富有个性的表现，才能将音乐中良好的情感在幼儿的生活中得以实践和深化。

三、从幼儿年龄特点出发，让幼儿成为韵律活动的大胆表现者

中班幼儿是整个幼儿期思维特点表现最为典型的时期，具体形象性最为突出，韵律活动能够最大限度地满足幼儿活泼好动的天性，也为幼儿具体形象性思维提供了自由的活动空间，满足了幼儿自主表现的需要。

在幼儿的生活中，教师要有意识地帮助幼儿积累动作经验，培养幼儿用动作表达自己的想法，使幼儿能够根据音乐，再现生活，在理解、想象的基础上，创造性的运用动作表达内心的感受。教师有目的的引领、鼓励同伴间相互欣赏，支持幼儿自身的不断积累，使幼儿在轻松、舒适、愉快的氛围中掌握相应的音乐表达方式，即动作语言。

创编《小鸭子的舞》的过程，是从幼儿园“小鸭捉鱼”的壁画开始的，幼儿“嘎嘎嘎”地模仿小鸭子捉鱼、游泳、走路的姿态。在全面了解了小鸭子的基础上，幼儿也从音乐上感受了小鸭子的不同表现方式，幼儿逐渐开始尝试把单一的动作和音乐串联起来编成舞蹈，并努力用自己的经验去编排队形，他们对自己编排的舞蹈兴奋地拍手欢呼，有意犹未尽的感觉，想再编一个更好的。虽然幼儿自编的舞蹈很稚拙，但这是幼儿对音乐的诠释，是幼儿自我的“童龄妙舞”。在舞蹈中有充分的选择权和自主权，使他们体验到乐趣、自信和成功。

四、从幼儿日常生活出发，让幼儿成为歌唱活动的主动学习者

演唱是幼儿用自己的声音来表达内心感受最直接的形式，有感而发就说明幼儿是歌曲学习的主动者。感从何来——从生活和音乐作品中来。随着中班幼儿活动能力和范围的扩大，幼儿的经验也会更丰富、更充实，教师只有从他们的生活经验入手、从音乐作品入手，为他们提供丰富的体验机会，设计适宜的活动形式，才能使幼儿获得内心真实的情感体验，才有可能成为学习的主人。

在教育的过程中，我逐渐体会到，歌曲的学习要打破教师教一句、幼儿学一句的生硬方式。结合季节特征，引导幼儿利用已有经验，感受歌曲的主要内容和基本情绪。在活动中充分调动幼儿的多种感官，使幼儿在边看、边听、边做中巩固对歌曲的理解。例如，在学习歌曲《冬天》的活动中，我利用主题活动的组织形式和丰富的活动内容，激发幼儿学习的兴趣。首先带幼儿到户外观察冬天的树、人、动物等，让幼儿充分感受冬天的变化；然后在歌曲《冬天》音乐的伴随下，引导幼儿粘贴、绘画人物、树叶、小动物，表现自己对冬天的理解，巩固幼儿对冬天的认识；最后进行尝试演唱。活动中利用隐性教育，给幼儿创造音乐环境，使幼儿在潜移默化中，学会演唱歌曲，自然地把科学、美术、音乐有机地结合，达到领域互渗的目的。

五、主要体会

（一）将音乐渗透到幼儿一日生活中

寻找音乐与生活的结合点，在生活中不断探索，抓住音乐教育契机，让幼儿在生活中处处体会到音乐带来的快乐。每天幼儿来园，都会像小鸟一样，伴着晨间音乐进入教室；生活过渡、户外活动中都会有不同的音乐伴随。幼儿园的音乐教育是轻松的、快乐的。

（二）让音乐活动成为幼儿最快乐的游戏

将音乐教学游戏化，将游戏和音乐有机地融合在一起，使幼儿

在玩中获得能力的提高，在玩中获得情感的抒发和个性的展示，为幼儿成为主体提供保障。

（三）让情感激发成为音乐教育的主旋律

在尊重、平等、支持、鼓励、赞赏中，引发幼儿与音乐产生情感共鸣，突出教师、同伴间的情感交流，启发幼儿内心情感的表现，努力让幼儿成为活动的主体。

（四）让音乐教育在促进幼儿全面发展中发挥重要作用

紧紧抓住音乐教育情感性、愉悦性、形象性、想象性和活动性等特点，充分挖掘幼儿已有经验，尊重和支持幼儿多种表现方式，通过适宜的音乐活动，促进幼儿创造、表达能力和健全人格的全面发展。

浅谈中班主题活动中的音乐教育

刘　颖

幼儿园的主题活动具有综合性、开放性、自由性等特点，活动中需要教师以关怀、接纳、尊重的态度与幼儿交谈，耐心倾听，努力理解幼儿的想法和感受，支持、鼓励他们大胆探索与表达，关注幼儿在活动中的表现和反应，敏感地察觉他们的需要，及时以适当的方式应答，从而形成合作、探索式的主题活动。它能够促进每一位幼儿主动思考，自主选择，大胆创新，主动学习，能充分调动幼儿的多种智能，使幼儿得到全面发展。而音乐教育就是为所有的孩子都能够亲身参与，并充分表现创造机会，这种音乐教育在主题活动中具有特殊的作用。既符合中班孩子们的特点，也符合“以儿童发展为本”的理念。我们所提倡的真正意义上的音乐教育就是让幼儿的童年充满快乐、充满探索和发现、充满惊讶、惊喜、兴奋和成功的体验。所以说，在中班的主题活动中进行有效的音乐教育，有利于幼儿探索和自主构建知识；有利于不同个性、不同特点的幼儿在活动中寻找到适合自己的学习方式、学习内容和表达形式；也有利于教师针对每个幼儿的“最近发展区”，在细心观察的同时适时点拨，有效提升幼儿的学习能力，促使每一名幼儿都能在活动中得到发展。下面就是我在中班主题活动中进行音乐教育的几点体会。

一、关注幼儿，给幼儿多一点“思考”的权利

首先，教师应该是幼儿的游戏同伴，以朋友的身份与幼儿共同游戏、与幼儿进行积极有效的情感交流；了解、关注、研究幼儿，知道幼儿需要什么，发现每一位幼儿的“最近发展区”，在他们需要的时候，及时给予适当的帮助，唤起孩子们心灵的共鸣。其次，应该结合幼儿园生活环节、幼儿的年龄特点，为幼儿创设一个自然的、温馨的音乐环境，使他们在音乐环境中发展音乐听觉能力，培养音乐素养，潜移默化地接受音乐艺术的熏陶感染。在“寓教于乐”“寓

教于美”的音乐环境中，促进幼儿身心健康发展。因此，教师应该做一位细心的观察者、关注者，倾听幼儿谈论的热点，及时捕捉幼儿的闪光点，激发他们的学习兴趣。只有这样，幼儿才会喜欢你，接纳你，你的教育才有施展的机会。

在开展“春天”的主题活动中，我们通过观察、与家长一起春游、踏青，欣赏着表现春天的歌曲，寻找着春天的脚步。孩子们因此对春天的变化产生了好奇。有的幼儿问：“为什么小麦苗变成了绿色?”“树上为什么长出绿色的叶子?”“小花为什么开花了?”孩子们在提问的同时还不断地猜想，有的幼儿说：“小麦苗是被风刮出来的。”“春天来了，小树发芽了。”“天气暖和了，小麦苗钻出了土地”等。孩子们根据自己的认识、凭借自己的想象寻找答案，并且都认为自己是最正确的。这时，有一股风吹来，我便借着这一情景和幼儿手拉手围着小树随着风转动起来，伴随着音乐《春姑娘》（潘振声曲）尽情地感受着美妙的音乐：“春姑娘来了啊，它走在田野上，小红花、小麦苗都出来张望，欢欢喜喜快来迎接美丽的春姑娘，它给田野带来了美好的春光……”孩子们伴随着深情舒缓的乐曲，感受着春天的到来，表达着对春天的热爱，并且用心感知着音乐，用情感体验着音乐。紧接着，我们又随着音乐自然地唱起了歌曲，虽然有的地方旋律不准，但是，孩子们用心表达着歌曲的情感。回到活动室，我在他们对歌曲充分理解的基础上，又请幼儿分组进行了歌词的对说、旋律的倾听、演唱歌曲等，也就是对幼儿进行了音乐上的梳理、归纳、提升，让他们掌握歌曲的旋律。这样，他们在音乐中不仅找寻到了正确答案，也很自然地学会了这首歌曲，孩子们的脸上洋溢着成功的喜悦与自豪。

二、尊重幼儿，给幼儿多一点“自主”的空间

中班阶段的幼儿具有活泼好动、活动主动性和积极性增强的特点。在生理和心理上比小班有所成熟，他们对音乐活动的兴趣和探索周围环境的愿望也更加浓厚。所以，这就需要我们选择那些既能满足他们活泼好动、积极主动的需要，又能满足他们个性化发展与

自主性游戏的需要，来满足他们爱玩、好玩的心理需求。

在开展主题活动《我会节约》中，我以创编歌曲《悯农》（曾庆清曲）引发幼儿进行活动。在日常生活中请幼儿熟悉音乐，鼓励幼儿大胆想象，并根据想象加以引导，帮助幼儿找到此音乐与其生活经验相符合的现象之间的结合点，加深幼儿对音乐的理解，增强对音乐的表现能力，通过反复思考与分析，我们感受到节约是一种很好的品质。确定此音乐的表现主题后，我们开始了多方面的探索、实践与创作活动，过程包括探索节约什么→为什么要节约→节约的作用→创编音乐表演→幼儿展示。在创编“我会节约”表演中，幼儿根据自己的认识和经验大胆地想象创编了歌曲：《我会节约水》《我会节约纸》《我会节约粮食》等，同时创编了动作。孩子们大胆参与，勇于表现，不断认识自我，在原有的基础上得到了提高，建立了自信心。同时，在合作交流中幼儿相互学习、相互补充，更进一步激发了幼儿创造性潜能的发挥，逐渐使幼儿学会合作、学会探索、学会节约。在音乐活动中感受和体验，在感受和体验中学到好的品质。

三、支持幼儿，给幼儿多一点“选择”的权利

参与就是支持，同伴不是去说教，引导要自然、不露痕迹。音乐艺术在幼儿教育活动中，就是要起到陶冶情操、提高素养、开发智力、丰富精神生活等良好的教育作用。

在春暖花开的季节，孩子们对小动物产生了特别的好奇心，尤其是对忙碌的小蚂蚁给予了很大的关注。针对孩子们这一兴趣，我们开展了一系列主题活动《忙碌的小蚂蚁》：从观察、了解小蚂蚁，到知道了小蚂蚁吃什么、做什么，小蚂蚁的家园是什么样的，再到绘画《小蚂蚁》，最后到手指音乐游戏、体育游戏《小蚂蚁搬豆》等，从而引发了孩子们对歌曲《小蚂蚁搬豆》（佚名词曲）的浓厚兴趣。

活动开始，我与孩子们先欣赏音乐《小蚂蚁搬豆》，鼓励幼儿尝试用各种形式表演；接着师生讨论：“歌曲中一只蚂蚁发现了什么？

在搬豆时，它是怎么搬的?”“后来，它们想了什么办法?”“为什么请大家帮忙?”“它是怎样请伙伴的?”“它们成功了吗?”（鼓励幼儿完整讲话）讨论后，为了加深幼儿对歌词的理解，我又与孩子们玩起了小蚂蚁搬豆的游戏，进一步体验其中的乐趣；最后，孩子们在欢快的音乐声中自然地边唱歌曲边用手指表演着：“一个蚂蚁在洞里，看见一粒豆，用力搬也搬不动，急得直摇头。小小蚂蚁想一想，想个好办法，回洞请来好朋友，抬着一起走。”就这样，教师在活动中的引导、支持，让孩子们在游戏中用心体验着音乐、感受着音乐、自然地学会了歌曲。

在活动的过程中，教师为幼儿创设了宽松的氛围，使幼儿在精神上、物质上都得到满足，也体现了教师对幼儿的尊重与支持，促进了幼儿的主动参与。

四、理解幼儿，给幼儿多一点感受成功的快乐

理解孩子，是构建师幼关系的必要条件。只有走进幼儿的心灵世界，从幼儿的视角去看待他们眼中的世界，并站在幼儿的角度，用一颗童心去理解他们的发现和探索行为，以平等的关系提供情感支持，才最容易与幼儿沟通，也最易被幼儿接纳。在活动中，教师应成为音乐教育环境和材料的创设者和提供者，为幼儿提供多听、多看、多唱、多跳的机会，使幼儿在开放式的学习中，自由感受、主动感受，从中获得成功的乐趣，并得到相应的发展。

在区域活动中，音乐区是孩子们最乐意去的游戏区，也是孩子们表现自我的空间。于是，我和孩子们一起创设了一个舞台，并和孩子们一起准备了丰富的材料：音乐（将幼儿自己在主题活动中创编的歌曲《找蚂蚁》《我会节约水》《我会节约纸》《春姑娘》等录制成磁带）、自制的服装、话筒、乐器、自制的节目单等，满足幼儿的不同需求，引发幼儿主动去感受音乐。文文小朋友最喜欢自编自演歌曲了，并且影响了很多小朋友。一天，赵容杰小朋友也选了音乐区，但她只唱了几句就不唱了，低头想着什么？我走过去问她：“你为什么不唱了?”“老师，我想自己编歌词唱。”“好哇！你自己试一

试吧？”“嗯”说完她拿起话筒，又看了看我，勇敢地唱了起来：“找找找蚂蚁，找到了许多小蚂蚁，一二三，四五六，你们都是我的好朋友。”在音乐区中，幼儿自由、自主地尝试边唱边创编歌曲，积极主动地探索，表现着自己对音乐的情感，大大增加了歌曲演唱的情趣，幼儿也从中感受到了音乐带来的无限快乐，体验了成功的乐趣，幼儿的音乐潜能得到了开发。

总之，在主题活动过程中，教师要关注幼儿、反思活动，积极探究幼儿易于接受的教育形式和方法，只有这样才能更好地发挥音乐教育的作用。音乐教育不是可有可无的，而是至关重要的。它会让幼儿在音乐的环境中学习音乐、理解音乐、感悟音乐、表现音乐，会让幼儿真正有一个展示的舞台，一次锻炼的机会，一份成功的体验，从而促进幼儿的全面发展。

第二节 典型主题活动

我的好妈妈（小班主题活动）

阮金燕 梁风华 陈晓明

主题活动由来

妈妈是幼儿生活中最熟悉、最亲近的人，但是现在的孩子在所有人的呵护和宠爱下长大，更多的只知道享受父母的爱，却不懂得付出自己的爱，爱妈妈和身边的人。因此在妇女节来临之际，我们试图通过系列活动，让幼儿了解妈妈的节日、妈妈一天的工作，感受妈妈和身边所有的人对自己的爱，并通过自己各种力所能及的方式，表达对妈妈的爱，促进幼儿良好情感的形成。

主题目标

1. 了解妈妈一天的工作，感受妈妈在工作中和生活中的辛苦，懂得尊敬和热爱自己的妈妈，并愿意帮助妈妈做事情

2. 知道3月8号是妇女节，也是妈妈的节日，能用喜欢的方式表达对妈妈的爱

3. 能大胆采访妈妈，了解妈妈的爱好及基本情况，学习用绘画、剪贴等方式为妈妈制作档案

4. 学习用连贯、柔和、优美的声音演唱歌曲，能通过声音的快慢、强弱变化表达爱妈妈的情感

5. 复习点数1～10，初步学习一一对应

主题网：我的好妈妈（**图见下页****）**

环境创设

创设“漂亮妈妈”的主题墙饰，幼儿可以根据图示介绍自己的好妈妈。

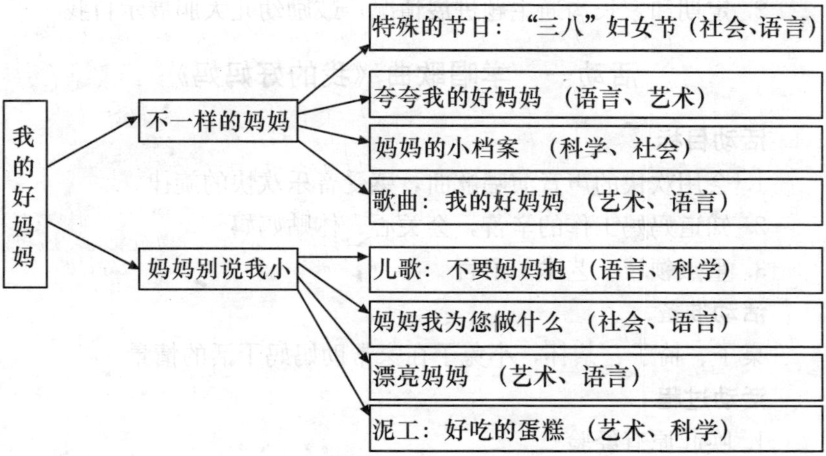

区域融合

1. 美工区

目标：用自己的小手为妈妈制作礼物、装扮妈妈。

材料：毛线、刷子、各种色彩的颜料、皱纹纸，各种废旧材料等。

2. 角色区

目标：学会关爱身边的人，体验做父母的辛苦。

材料：开设“妈妈的一天”的角色表演，妈妈的标牌、娃娃、小衣服、洗衣服的工具、各种食物玩具。

3. 图书区

目标：能够清楚地讲述图书、图片中的内容。

材料：幼儿自制的“妈妈一天”的图画书，关于各种职业的图书、图片。

4. 益智区

目标：学习 1～10 的点数，能按照事物的性质进行分类。

材料：有关职业的图片、不同的服装、不同大小的图形，数字卡片。

家长工作

1. 家长多向幼儿介绍妈妈养育他们的过程，帮助幼儿了解自己的妈妈

2. 定期和家长沟通主题进展情况，鼓励幼儿大胆展示自我

活动一　学唱歌曲《我的好妈妈》

活动目标

1. 会用欢快的声音演唱歌曲，感受音乐欢快的旋律

2. 知道妈妈工作的辛苦，会关心、体贴妈妈

3. 重点领域：艺术、语言

活动准备

桌子、椅子、茶杯，小兔子在家帮助妈妈干活的情景。

活动过程

1. 唤起原有经验

提问：你的妈妈在哪里工作？妈妈工作了一天回到家里很累，你会帮妈妈做什么事呢？

2. 观察出示图片

小兔子：小兔子在妈妈下班时，为妈妈做了什么。教师演示手偶，同时说唱歌曲《我的好妈妈》。妈妈看到小兔子做的事，会怎么说？

3. 教师边操作手偶边演唱，幼儿欣赏

教师用问答的方式帮助幼儿熟悉歌曲。提问：我的好妈妈，下班回到哪儿？妈妈妈妈快坐下，请喝一杯茶……

4. 幼儿用欢快的声音和教师共同演唱歌曲，鼓励幼儿用动作来表现歌曲的内容

老师扮演妈妈，请一幼儿扮演孩子，拉妈妈坐下、给妈妈端茶、亲亲妈妈。并请孩子们观察妈妈和孩子开心的表情。

活动延伸

幼儿在娃娃家表演，巩固幼儿对歌曲的理解，学会关心他人。

活动建议

在“三八”节前夕，鼓励孩子为妈妈做力所能及的事，体验亲子间的情感。

活动二　妈妈的小档案

活动目标

1. 知道妈妈的工作单位和所穿的服装

2. 引导幼儿能用语言说出妈妈的名字和喜欢做什么

3. 重点领域：语言、科学

活动准备

妈妈的照片和妈妈的单位及名字的简单文字介绍。

活动过程

1. 导入

教师以一首歌曲《世上只有妈妈好》引出今天的话题，和幼儿以聊天的形式开始今天的活动。

2. 教师示范

我的妈妈叫××，她在哪儿上班？穿的衣服有什么不同？

3. 幼儿分组介绍自己的好妈妈

指导重点：能当众大胆说出妈妈的名字、单位和爱好。

4. 图片展示

出示妈妈的照片和服装图片、各种物品，请幼儿进行分类，对个别幼儿进行指导，巩固对妈妈工作的认识，体验妈妈的辛苦，知道妈妈的喜好。

活动建议

活动采取分组的形式进行后应有集体分享的环节，这样大部分幼儿在介绍自己好妈妈的同时会更多关注到其他幼儿妈妈的小档案。

活动三　儿歌《不要妈妈抱》

活动目标

1. 乐于参与语言活动，初步学会儿歌

2. 帮助幼儿树立长大的意识，知道自己能做的事情自己做

3. 重点领域：语言、社会

活动准备

小鸟飞的音乐，小鸟飞、小狗跑和小朋友自己走路时的图片。

活动过程

1. 律动：小鸟飞进活动室

"鸟宝宝真棒，飞的真漂亮，自己飞不用妈妈抱。"

2. 幼儿观察图片

小狗是自己跑，还是让妈妈背着跑？

小朋友上幼儿园时是自己走，还是让妈妈抱着走？

3. 欣赏教师朗诵的儿歌，速度慢一些

4. 幼儿尝试自己学说儿歌，教师纠正幼儿发音，能理解图片含义

5. 鼓励幼儿用动作表现儿歌，巩固对儿歌的理解，知道自己的事情自己做

活动建议

让幼儿回家做力所能及的事情，班级内进行统计，定期奖励。

活动四　妈妈我为您做什么

活动目标

1. 学习观察妈妈在家做的事情，能清楚地表达

2. 能用行动表达对妈妈的爱

3. 重点领域：社会、语言

活动准备

幼儿在家帮妈妈干活时的照片。

活动过程

1. 分享

"你看到妈妈在家都做哪些事情"，教师进行记录，了解妈妈的辛苦。

2. 请幼儿分别拿着自己的照片，说一说在家里自己是怎么做的

3. 体验活动——"今天我当妈妈"

请幼儿为小娃娃擦椅子、擦桌子、擦垫子。让幼儿感受干活真

的很累，从而体会妈妈的辛苦。

4. 幼儿将自己带来的照片进行分类，按照类别进行粘贴

引导幼儿说一说，我们还可以为妈妈做什么?

活动建议

这种活动一定要持续进行，同时要延伸到让幼儿做力所能及的事。

活动五　漂亮妈妈

活动目标

1. 鼓励幼儿用自己喜欢的方法装饰妈妈的花衣裳

2. 在粘、画的过程中，发现装饰的规律和美

3. 重点领域：艺术

活动准备

各式剪好的妈妈的衣服、画笔、不同图形的装饰半成品。

活动过程

1. 和幼儿一同欣赏带来的服装，“这些衣服有什么不同”，引导幼儿观察衣服的样式、颜色、花纹和简单的规律等

2. 介绍准备的材料，选择自己喜欢的方式进行装饰

指导重点：幼儿正确的使用工具，能对照实物，有规律的进行简单装饰

3. 鼓励幼儿用简单的图形、颜色装饰衣服，有自己的装饰方法

教师根据幼儿的情况进行适时引导。

4. 欣赏幼儿的作品

活动建议

活动材料的提供要多样化，让幼儿有更多的选择和操作空间。

主题活动反思

本次主题活动开展在“三八”妇女节来临之际，通过主题活动让幼儿了解妈妈的节日、妈妈一天的工作，感受妈妈对自己的爱，并通过各种情景表演、律动、舞蹈等活动表达对妈妈的爱。在“妈

妈的小档案”活动中，幼儿的语言表达能力和交往能力得到了充分的发挥和锻炼。针对小班幼儿以操作为主、具体形象思维的学习特点，我们通过感受与体验的活动方式，让幼儿初步体会到妈妈的辛苦，知道应该做力所能及的事帮助妈妈，培养了爱劳动和关爱妈妈的良好情感。

附

好 妈 妈

1=F　2/4　　　　　　　　　　　　潘振声词曲

前奏　(5 5 6 5 | 3 3 3 3 0 | 5 33 32 | 1 0) |

335 22 | 1 0 | 3 35 66 | 5 0 | 2 3 56 | 3 2 30 |
我的好妈 妈，　下 班回到 家，　劳 动了一 天，

5 6 5 3 | 2 0 | 3.3 32 | 16 50 | 3.3 32 | 1 6 50 |
多么辛苦 呀！　妈妈 妈妈 快坐 下，妈妈 妈妈 快坐 下，

5 6 1 2 | 3 — | 5 35 66 | 53 20 | 535 66 | 5 3 20 |
请喝一杯 茶，　让 我 亲亲您 吧　让 我亲亲您 吧

5 3 3 2 | 1 — | 3. 5 | 20 20 | 1 0 ‖
我的好妈 妈。　我 的 好 妈 妈。

小鸡出壳（中班主题活动）

杜金凤　方　娜　王　丹

主题活动由来

在学习歌曲《小鸡出壳》前，我们班饲养了两只小鸡，在观察、照顾小鸡的过程中，幼儿对小鸡产生了浓厚的探究兴趣，模仿小鸡走路的样子，学着叽叽的叫声，和小鸡一起做游戏，还不停地问："小鸡最爱吃什么？""它绒毛和母鸡的怎么不一样？""它在蛋壳里做什么"等。在幼儿兴趣的引导下，我们鼓励幼儿用多种形式表现小鸡可爱的生长过程，在演唱歌曲和创编舞蹈、制作道具的过程中，激发幼儿对小动物的喜爱、关爱之情，发展幼儿的想象力。

主题目标

1. 在制作和品尝蛋食品的过程中，引导幼儿了解蛋食品与人的关系，乐于接受各种健康食品

2. 饲养小鸡的过程中，了解小鸡的生长过程、生活习性，培养关心、爱护小动物的情感

3. 在制作道具和创编舞蹈动作中，引导幼儿用自己的方式大胆表现，培养幼儿的动手能力，萌发好奇心和求知欲

4. 在交流和分享中，培养幼儿的语言表达能力和合作能力

主题网：小鸡出壳（图见下页）

环境创设

创设"蛋的食品""小鸡爱吃什么""舞蹈图谱"等主题互动墙饰。

区域融合

1. 美工区

目标：能利用蛋壳和各种废旧材料进行装饰画活动。

材料：蛋壳画的图片、蛋壳碎片、吸管、棉花等。

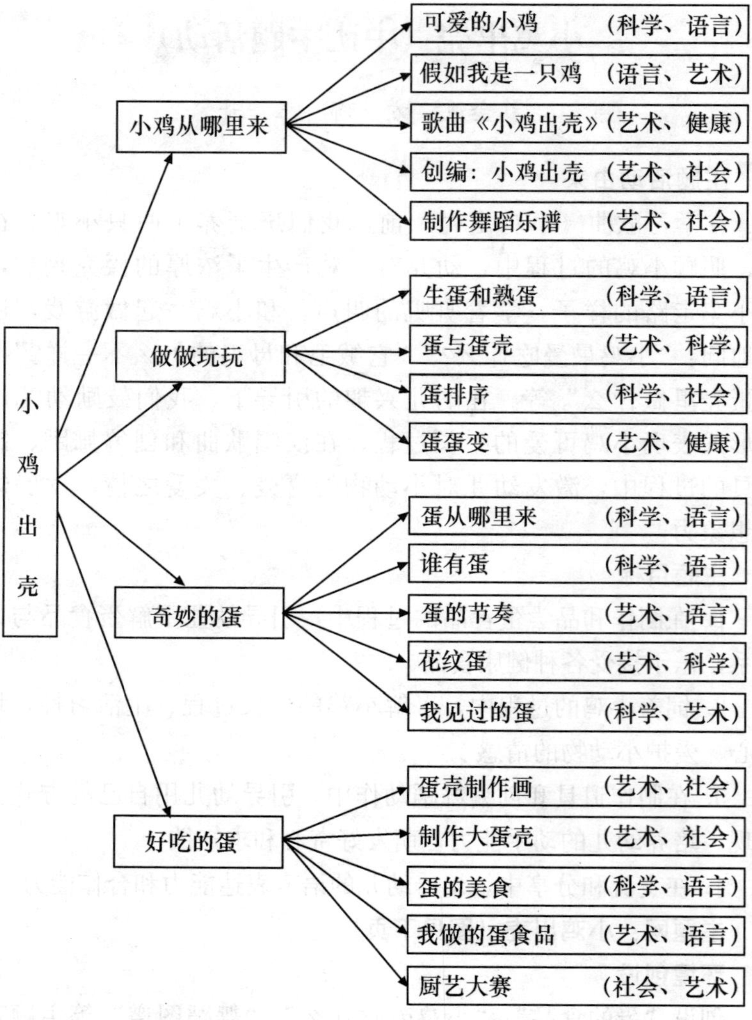

2. 角色区

目标：能用各种材料制作蛋食品，并能将各种食品按类摆放。

材料：自制的蛋食品、橡皮泥、自制的钱币、货架等。

3. 益智区

目标：能够根据物体的大小、颜色、生长顺序有规律地进行排序。

材料：不同颜色的蛋壳、小鸡生长过程的图片、大小不同的圆形玩具等。

4. 图书区

目标：尝试自己制作图书，能完整讲述图片的内容。

材料：幼儿绘画作品、旧图书、剪刀、关于小动物的书籍、图片。

家园工作

1. 多向幼儿介绍关于蛋壳和小鸡的知识，丰富已有经验

2. 定期和家长沟通主题进展情况，展示幼儿自编的舞蹈等

活动一　学习歌曲《小鸡出壳》

活动目标

1. 初步掌握歌词和歌曲基本旋律，体验到小鸡出壳的乐趣

2. 积极参加音乐活动，并能大胆表达自己的想法

3. 重点领域：艺术、健康

活动准备

饲养小鸡的经验、图片。

活动过程

1. 在《小鸡操》音乐伴随下进行律动活动，要求动作合拍轻巧

2. 发声练习《小鸡怎样叫》，重点练习发出轻巧、跳跃的声音

3. 在欣赏图片中熟悉小鸡出壳的过程，初步感受歌曲内容

4. 欣赏歌曲《小鸡出壳》

（1）分段倾听，歌曲里面小鸡在做什么？歌曲的情绪是什么样的？

（2）幼儿随唱，教师发现幼儿演唱过程中的难点。

（3）教师范唱，进一步巩固幼儿对歌曲的理解。

（4）完整演唱，幼儿能用自然的歌声表现歌曲情绪。

5. 鼓励幼儿根据歌曲内容大胆进行表现，进一步感受小鸡出壳的情趣

活动建议

活动前观察、饲养小鸡很重要，引导幼儿用跳跃、有弹性的声

音表现歌曲的情趣。

活动二　创编舞蹈《小鸡出壳》

活动目标

1. 引导幼儿用各种动作合拍地表现歌曲内容
2. 鼓励幼儿大胆运用自己喜欢的方式创编舞蹈
3. 重点领域：艺术、社会

活动准备

日常模仿小鸡的动作，熟悉歌曲《小鸡出壳》。

活动过程

1. 教师和幼儿在音乐《小鸡出壳》的伴随下，一起模仿小鸡吃米、小鸡游戏的动作
2. 鼓励幼儿大胆用动作表现小鸡的姿态

教师："小鸡在蛋壳里做什么?""小鸡出壳后要干什么呢?"

3. 幼儿自由地随音乐创编动作，帮助幼儿提升和美化舞蹈动作
4. 幼儿自由分组或选择伙伴复习舞蹈，相互学习和欣赏美的动作

活动延伸

鼓励幼儿在表演区进一步完善舞蹈表演。

活动建议

在日常生活中有目的地引导幼儿观察小鸡的活动形态，注重以情激情。

活动三　美工——大蛋壳

活动目标

1. 学习用刷子制作舞蹈道具——大蛋壳，培养合作意识
2. 重点领域：科学、社会

活动准备

刷子、胶水、报纸等。

活动过程

1. 幼儿表演舞蹈《小鸡出壳》，引导幼儿制作道具大蛋壳

2. 幼儿开始自己去收集材料，进行尝试

幼儿尝试用积木搭、用球代替、用纸等材料。幼儿和家长共同看一看、选一选，哪一种最像，最好用。

3. 大家分组制作大蛋壳

(1) 教师指导幼儿和爸爸妈妈一起制作。

(2) 学会分工合作，有的刷，有的扶球，有的找纸。

(3) 探索刷的方法，体会合作的乐趣。

4. 感受成功的喜悦

幼儿听着《小鸡出壳》的音乐，围在大蛋壳的周围，跳起舞蹈。

活动建议

1. 向家长介绍活动目的，调动家长参与的热情

2. 活动材料准备要充分、丰富

活动四　熟蛋和生蛋

活动目标

1. 掌握分辨生蛋和熟蛋的不同方法，初步了解统计的作用

2. 增强幼儿大胆操作的信心，激发幼儿探索的兴趣

3. 重点领域：科学、语言

活动准备

生蛋和熟蛋数个。

活动过程

1. 激发幼儿尝试的兴趣："谁能从两个鸡蛋中找到熟鸡蛋？"

2. 共同分享、交流各组的方法，教师进行记录

鼓励幼儿大胆表述自己的想法："你们用的什么方法？是怎么做的？"

3. 分组进行演示

将生蛋、熟蛋放在桌上，然后用手转动鸡蛋。在鸡蛋上做标记，会转的"√"，不会转的"×"。

4. 验证生蛋和熟蛋

打破的两个蛋（一个生、一个熟）分别让幼儿闻一闻、看一看，

引导幼儿用语言描述。

5."还有什么方法能分辨鸡蛋是生的还是熟的?"

鼓励幼儿回家与父母做试验。

活动建议

鼓励幼儿用不同的方式大胆尝试,以充分体现幼儿的主体性和创造性。

活动五　我做蛋食品

活动目标

1. 探讨磕鸡蛋、打鸡蛋的方法,享受做蛋食品的乐趣

2. 能发现蛋在油中、水中加热后的不同状态

3. 重点领域:健康、社会

活动准备

生鸡蛋、各种电锅、蔬菜、调料等。

活动过程

1. 师生共同品尝蛋类食品,相互交流食物的味道,激发制作的愿望

2. 幼儿自由选择做蛋食品的工具、材料,学习简单的操作方法

练习磕鸡蛋、搅拌鸡蛋,提示幼儿注意安全,爱惜食物。

3. 教师引导幼儿观察、探索制作过程中蛋在油中、水中加热后的不同状态

注意幼儿的安全,让幼儿感受劳动的快乐。

4. 大家共同分享、互相品尝自己制作的蛋食品,体会成功的喜悦

活动建议

1. 在探索过程中,提醒幼儿注意安全,学会自我保护

2. 活动前要和幼儿共同讨论制作过程中的卫生问题

主题活动反思

活动从始至终,我们都是以孩子的兴趣为切入点的,进行适时地引导、帮助、解惑、共同学习,从中获得了多方面的知识。兴趣

是幼儿最好的老师，幼儿在亲自饲养小鸡的过程中，感受到了如何去关爱他人，如何保护自己。尤其在舞蹈创编中，幼儿始终利用自己的生活经验，主动地用声音、动作、表情来诠释对音乐的理解，积极性、主动性、想象力和独立思维的能力都有了很大的进步。通过举办别开生面的厨艺大赛，幼儿的动手能力得到了充分的锻炼，从中也体会到了劳动的快乐，以及父母、老师和幼儿园各岗人员的辛苦，学会了珍惜劳动成果，挑食的问题也有所好转。应在语言方面进一步挖掘，从而实现多领域的有效融合，促进幼儿全面发展。

附

小 鸡 出 壳

1=F 2/4
活泼的

张玉庭 词
陈 达 曲
汾生配伴奏

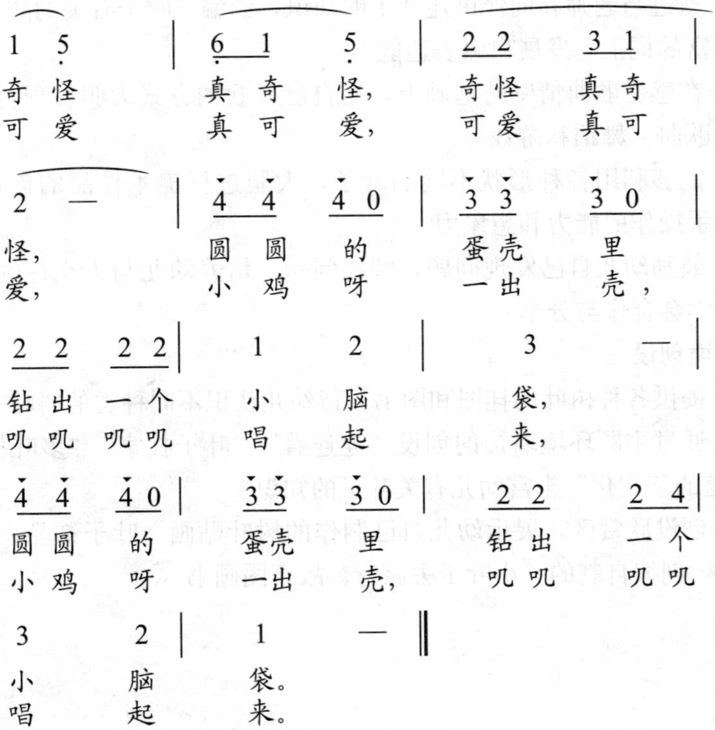

小树叶去旅行（大班主题活动）

高书红　王　芳　马喜莲

主题活动由来

秋天到了，树叶像蝴蝶一样飘落下来，孩子们兴奋地把落叶一片一片捡起来，有的互相比较着大小和多少，有的把叶子当扇子扇风，还有的拿着叶柄和我玩“拔根儿”的游戏……看似十分平常的叶子，孩子们却玩得兴致盎然。根据幼儿玩树叶的兴趣，我们开展了“小树叶去旅行”的主题活动，引导幼儿在欣赏叶子、比较叶子、制作叶子装饰等多种活动中感受叶子所带来的乐趣。

主题目标

1. 通过观察与比较，了解不同叶子的大小、形状、颜色、纹路、厚薄等差异，培养幼儿的观察分析能力

2. 通过与老师和同伴讲述叶子的知识，创编与叶子有关的故事，积累丰富的词汇，发展口语表达能力

3. 在感受歌曲情感的基础上，用自己喜欢的方式大胆表现有关叶子的歌曲、舞蹈和游戏

4. 能够利用各种形状不同的叶子，大胆进行美术作品的创作，发展动手操作的能力和想象力

5. 鼓励幼儿自己发现问题，解决问题，培养幼儿与人交往的能力，并学会合作与分享

环境创设

1. 提供各种树叶的挂图和图书，帮幼儿认识不同种类的树叶

2. 通过主题环境墙饰的创设“连连看”“叶子找家”“多叶树”“我知道的茶文化”丰富幼儿有关叶子的知识

3. 创设欣赏区，展示幼儿自己制作的树叶贴画、叶子饰品、叶子道具，创编自制的《小叶子去旅行》故事图画书

区域融合

1. 美工区

目标：鼓励幼儿尝试用绘画、手工等美术手段制作叶子饰品、粘贴画，表现创编的叶子故事情节，感受创作的成功与快乐，发展动手能力。

材料：各种树叶、笔、纸、废旧材料、胶水、制作的范例等。

2. 图书区

目标：引导幼儿能够专心阅读，能想象并创作有关叶子的故事，尝试自制叶子故事图书，并能够用语言进行清楚连贯的讲述。

材料：与植物有关的图书、图片、幼儿自制的图书。

3. 科学区

目标：能够感受到叶子在不同环境下的变化特征，并根据各种植物叶子的形状、叶脉纹路等特征将种植区的植物分类摆放、统计，培养幼儿的观察力、动手能力。

材料：各种形状、颜色、大小、纹路不同的叶子、刻刀、铅笔、画纸。

4. 表演区

目标：能够与同伴合作创编故事，共同制作表演的服装和道具，选择自己喜欢的角色，进行生动、形象地讲述和表演。

材料：音乐磁带、塑料袋、叶子、各种废旧材料。

家长工作

1. 幼儿和家长一起认识、收集各种各样的树叶

2. 请家长向幼儿介绍有关树叶的知识

3. 和幼儿一起创编小树叶的故事

4. 邀请家长观看幼儿的表演

主题网：小树叶去旅行（图见下页）

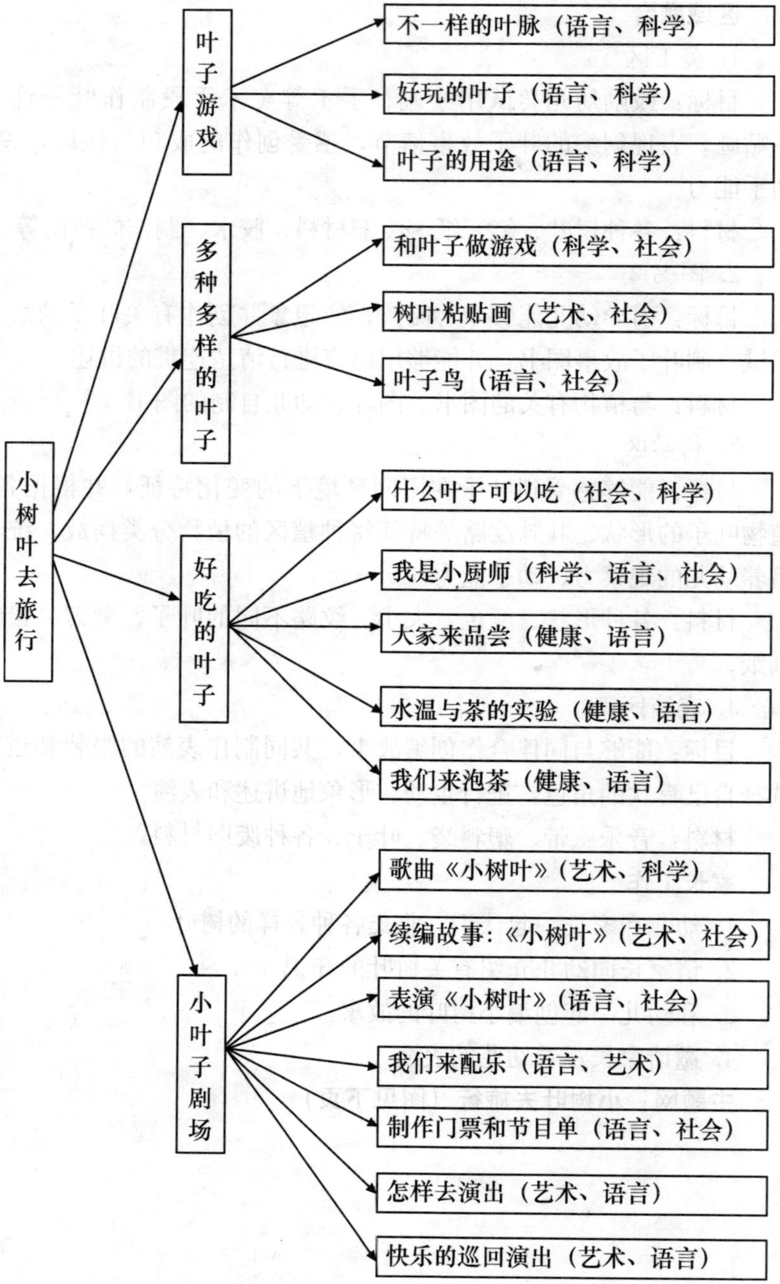
小树叶去旅行
叶子游戏
不一样的叶脉（语言、科学）
好玩的叶子（语言、科学）
叶子的用途（语言、科学）
多种多样的叶子
和叶子做游戏（科学、社会）
树叶粘贴画（艺术、社会）
叶子鸟（语言、社会）
好吃的叶子
什么叶子可以吃（社会、科学）
我是小厨师（科学、语言、社会）
大家来品尝（健康、语言）
水温与茶的实验（健康、语言）
我们来泡茶（健康、语言）
小叶子剧场
歌曲《小树叶》（艺术、科学）
续编故事：《小树叶》（艺术、社会）
表演《小树叶》（语言、社会）
我们来配乐（语言、艺术）
制作门票和节目单（语言、社会）
怎样去演出（艺术、语言）
快乐的巡回演出（艺术、语言）

活动一　学唱歌曲：《小树叶》

活动目标

1. 学会演唱歌曲，感受歌曲欢快、忧伤的情绪、情感

2. 能用歌声的快慢、强弱表现小叶子离开和回到妈妈怀抱时的不同心情

3. 重点领域：艺术、社会

活动准备

日常活动中欣赏乐曲、各种树叶、头饰等。

活动过程

1. 和幼儿一同观赏落叶，同时欣赏乐曲《小树叶》

提问：小树叶离开妈妈和春天回到妈妈怀抱时，心情有什么不同？

2. 欣赏教师演唱

引导幼儿注意倾听，教师是用什么样的声音表现小树叶伤心和高兴的心情？

3. 幼儿演唱

（1）唱“小树叶沙沙”时要清脆、不拖拉、不喊唱。

（2）引导幼儿能够用声音的强弱和快慢表现小叶子的心情变化。

（3）鼓励幼儿分角色演唱并尝试用动作表现。

4. 幼儿小组间相互欣赏表演唱

活动建议

带幼儿到落叶飞舞的自然环境中感受和体验歌曲表现的情绪情感。

活动二　故事表演“小叶子去旅行”

活动目标

1. 能自主选择角色，大胆创编适宜的表演动作

2. 能与同伴合作表演，培养幼儿之间的协作能力

3. 重点领域：语言、社会

活动准备

歌曲、头饰、共同制定表演活动规则。

活动过程

1. 熟悉歌曲，引导幼儿自己选择角色

2. 小组讨论，如何表现大树、小叶子、风等角色的动作、表情、声音等

3. 尝试表演，鼓励幼儿大胆表演

思考：如何才能把创编的动作表现得更美，更适合音乐的情感变化？

4. 幼儿协商，完善动作，装饰自己

5. 分组展示，鼓励幼儿在相互欣赏中，完善自己的表演

活动建议

教师要相信幼儿，鼓励他们自己发现问题、自己解决问题。

活动三　小叶子剧场

活动目标

1. 初步学习制订活动计划，能合作进行分工

2. 能用不同的方法制作所需材料，培养自主解决问题的能力

3. 重点领域：社会、科学

活动准备

宣传海报、笔、各类纸张及辅材。

活动过程

1. 讨论

(1) 要开小叶子剧场都需要什么？要做哪些准备？

(2) 我们能到哪里去表演？可以为哪些人表演？

2. 幼儿根据活动需要进行分组：服装道具组、排练节目组、门票制作组。幼儿自己选择组，计划具体工作内容。鼓励各组幼儿有目的、有计划地进行选材，制作所需用品。

3. 幼儿互相交流：我们都做了哪些东西？是怎么做出来的？体验解决问题后的成功感。

4. 请家长来欣赏剧场，提出改进意见，和幼儿共同制作。

活动建议

在学习制订计划的过程中，教师应更多地关注幼儿的表现，给幼儿足够的探索空间，不要急于把自己的想法强加给幼儿。

活动四　制作门票与节目单

活动目标

1. 能够利用多种材料，大胆想象设计、制作表演门票

2. 在制作节目单和门票的过程中，培养幼儿的合作能力、交往能力

3. 重点领域：科学、艺术

活动准备

各种画笔、纸、废旧材料。

活动过程

1. 欣赏幼儿收集的各种各样的门票和节目单

2. 讨论：我们小剧场门票上应有什么内容？用什么材料？门票应该怎样做

3. 重点引导：门票的内容，如演出时间、内容、班级等；多种材料的运用；如何分工协作

4. 鼓励幼儿自主选择材料，制作门票

5. 欣赏各组设计的门票和节目单，进行经验分享

6. 送门票：门票都送给谁？怎样对别人说？送的路上注意什么

7. 和幼儿一同分享，送门票时大家有哪些疑问？你是如何介绍表演内容的？我们还应该做哪些准备

活动建议

制作门票的纸在大小、质地方面应尽量充足，便于幼儿操作。

主题活动反思

《纲要》中指出“教育内容的安排要注意各领域的有机联系，相互渗透，注重综合性、趣味性、活动性，体现生活化和游戏化”。在本主题活动中，教师能够抓住幼儿生活中的兴趣点，随机生成有价值的主

题教育活动。从幼儿比较感兴趣的叶子开始，展开系列的探索活动，注重幼儿的自主探索和发现，使幼儿的主动性在收集材料、动手操作、活动探究的过程中得到了很好的发挥。注重领域间的相互融合，促进幼儿的观察力、想象力、数学能力、解决问题能力、合作能力等方面得到均衡发展。尤其在准备表演的整个过程中，幼儿持续的兴趣，吸引了其他班小朋友的关注，吸引了家长的积极参与，使幼儿获得了自信和成功感，为以后各项活动的开展打下了好的基础。

但是活动还需要老师在满足幼儿兴趣需要的基础上认真分析本班幼儿的学习特点和年龄特点，在材料的收集与使用上进一步体现全面性和综合性。

附

小 树 叶

1=G 2/4　　　　陈镒康 词
茅光里 曲

3 3	3 2	1 0	5 0	3 3	3 3	2 —	
秋风	起来	啦，		秋风	起来	啦，	
小	树叶	沙	沙	沙沙	沙沙	沙，	
2	3 5	3	3 2	1.	6	1 —	
小	树叶	离	开了	妈		妈，	
好	像	勇	敢地	说		话，	
7.	7	7 7	6 5	6.	1	2 —	
飘	呀	飘呀	飘向	哪		里？	
春	天	春天	我会	回		来，	
2	3 5	3	2	1 —		1	0 ‖
心	里	可	害	怕？			
打	扮	树	妈	妈！			

春天的旋律（大班主题活动）

陈素娟　杜冬雪　王爱丽

主题活动由来

冬去春来，大自然神奇的变化吸引着幼儿，在欣赏、演唱歌曲《小篱笆》的过程中，孩子们开始了春天在哪里的探索活动，感受着春天给人们和大自然带来的变化。教师根据教育目标，结合本班幼儿兴趣、发展需要及生活经验，生成“春天的旋律”的主题活动，鼓励幼儿的每一次发现，引导他们尝试用多种形式表现对春天的向往，激发幼儿热爱大自然、表现美和创造美的情感。

主题目标

1. 在观察的基础上了解春季里人、动物、自然环境的变化，能运用自己喜欢的方式表达自己的感受和体验

2. 在种植、观察、记录、讨论的过程中，激发幼儿乐于观察、科学探究的兴趣，萌发幼儿热爱生活、热爱大自然的情感

3. 通过绘画、粘贴、印染等系列艺术活动，让幼儿充分感知春季的特点，能大胆运用多种材料，表现对春天的理解，制作道具，提高审美能力

4. 能运用言语、歌声、肢体动作等方式，表达对春天的热爱，培养幼儿积极向上、乐观自主的情感态度，提高幼儿表现美、创造美的能力

环境创设

1. 收集春天的有关图片和春天的诗歌，贴在主题墙面上供幼儿欣赏

2. 开辟种植园地，师生共同制作植物生长观察记录表

区域融合

1. 美工区

目标：能够运用各种材料表现春天的美丽景色。

材料：各种废旧材料、春天的图片、照片、水粉颜料、大小不同的纸张等。

2. 建构区

目标：能够与同伴合作，并有计划地进行主题搭建，制作春天的辅助材料。

材料：春天的公园、水库等照片，废旧材料等。

3. 表演区

目标：能够自制道具，用动作和歌声表现有关春天的歌曲和舞蹈。

材料：收集的歌曲磁带和光盘，服装，自制的头饰等。

4. 科学区

目标：能够发现植物生长变化的过程，学习记录的方法。

材料：多种种子，幼儿自己种植的植物，观察所用的工具，记录表等。

5. 语言区

目标：能够清楚、完整地讲述看到的图片和故事，尝试手偶表演。

材料：和春天有关的书籍和图片，自己的绘画作品等。

家长工作

1. 鼓励家长多带幼儿到大自然中去，收集各种和春天有关的图片和图书，感受春天的变化和美丽的景色

2. 带动家长和幼儿一起收集各种废旧材料，并共同种植春天的小植物，一起进行观察记录

主题网：春天的旋律（图见下页）

活动一　学习歌曲《小篱笆》

活动目标

1. 初步掌握歌词和旋律，感受春天景色的美丽，萌发对春天的热爱

2. 积极参与音乐活动，能在音乐活动中大胆表达自己的想法

3. 重点领域：艺术、语言

活动准备

户外观察、多媒体资料。

活动过程

1. 在《嘀哩嘀哩》音乐伴随下进行律动活动：要求幼儿动作合

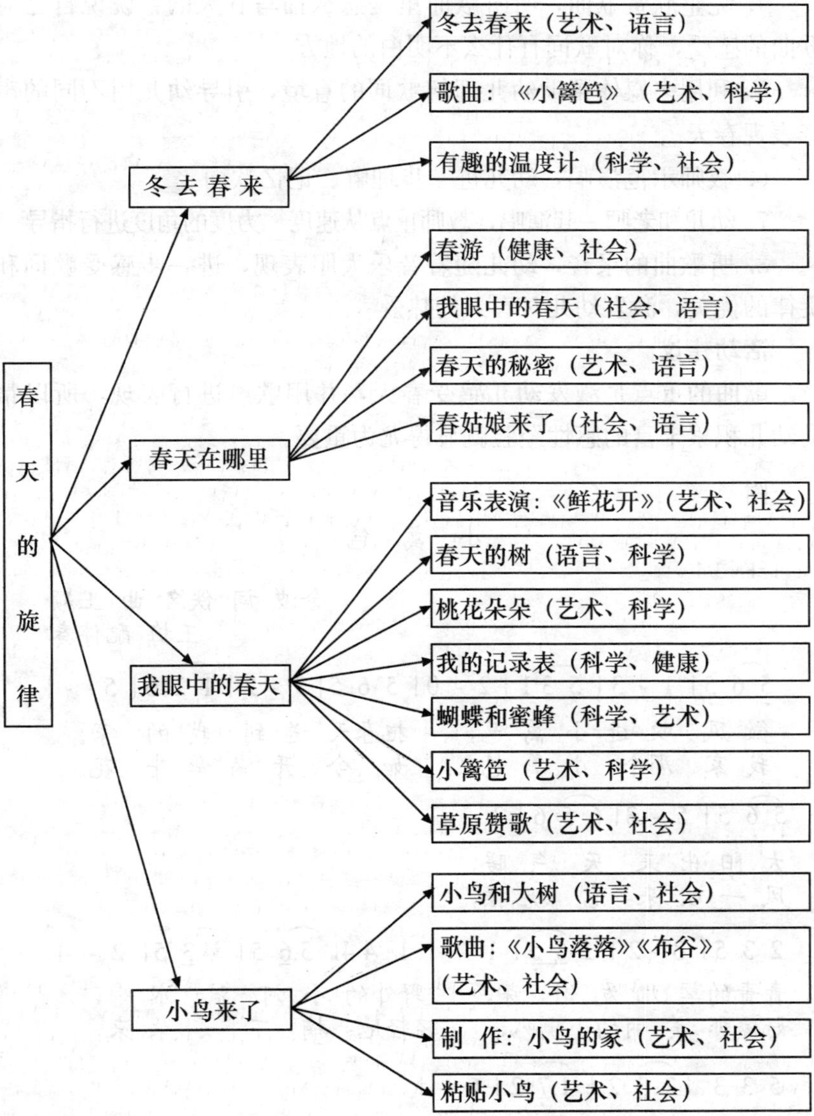

拍轻巧，手脚协调配合

2. 发声练习《小喇叭》，重点练习连、断音的控制

3. 讨论

春天来了，你发现了哪些变化？

4. 完整欣赏歌曲，听听歌曲里是怎么描写春天的？说说自己对歌曲的感受，你对歌词有什么不明白的地方

5. 利用多媒体帮助幼儿理解歌词的意境，引导幼儿用不同的声音表现春天

6. 教师示范演唱，幼儿进一步理解、记忆歌词

7. 幼儿和老师一起演唱，教师重点从速度、力度的角度进行指导

8. 听歌曲的录音，幼儿随着音乐大胆表现，进一步感受歌词和旋律的优美，激发幼儿对春天的热爱

活动建议

歌曲的重点是激发幼儿感受春天，并用歌声进行表现，所以帮助幼儿积累丰富的感性经验就显得尤为重要。

附

小 篱 笆

1=F 3/4

金波 词 佚名 曲 王颍 王梅 配伴奏

5 6 5 | 1 - 3 | 5 3 1 | 2 - 0 | 5 6 5 | 3 - 2 | 1 2 6 | 5 - - |
微 风 吹 进 小 篱 笆， 把春天 送 到 我 的 家。
我 家 那个 小 篱 笆， 如 今 开 满 牵 牛 花。

5 6 5 | 5 - 3 | 6 5 6 | 3 - - |
太 阳 出 来 天 气 暖，
风 一 吹 来 它 就 摆，

2 3 5 | 3 - 2 | 2 - 6 5 | 1 - - | 1 4 4 | 5.6 5 | 4.3 5 | 2 - - |
青青的草 儿 发 嫩 芽， 野外的 小 河 流 水 啦，
好像那 美 丽的小喇叭， 轻轻地 摘 下 一 朵 来，

5 3 3 | 2.3 2 | 1.7 2 | 6 - - |
篱笆的 积 雪 融 化 啦，
放 在 嘴 上 吹吹 它，

5 5 5 5 | 5 - 6 | 4 - - | 3 3 3 3 | 5 - 2 | 1 - - | 1 - - | 1 0 0 ||
嘀嘀嘀嘀 嘀 嘀 嗒， 嘀嘀嘀嘀 嘀 嘀 嗒。
嘀嘀嘀嘀 嘀 嘀 嗒， 嘀嘀嘀嘀 嘀 嘀 嗒。

活动二　美术活动——花丛中的蝴蝶和蜜蜂

活动目标

1. 在观察的基础上会用先画后剪的方法粘贴出自己喜欢的花、蝴蝶和蜜蜂，发展想象力和手的灵巧性

2. 重点领域：艺术、语言

活动准备

彩色纸、剪刀、画笔等。

活动过程

1. 和幼儿一起到户外观察，寻找幼儿园春天的变化

2. 引导幼儿相互交流，说说蝴蝶和蜜蜂是什么样的，有什么特征，用什么方法可以表现

3. 欣赏剪贴画，激发幼儿参与制作的愿望，说说还可以怎样表现春天的美好景象

4. 幼儿大胆发挥想象，制作剪贴画，教师针对幼儿的情况进行指导，不同能力的幼儿提出不同的要求

5. 展示作品，互相欣赏、议论、评价，说说自己对同伴作品的评价，提高幼儿正确评价的能力

6. 在美工区里继续完成未完成的作品，幼儿之间可以互相帮助，合作完成

7. 创设并装饰班级的“作品展示角”

活动建议

1. 鼓励幼儿用不同的形式大胆尝试创作，充分发挥幼儿的主体性和创造性

2. 建立“小小展示台”，使每个幼儿的作品都有展示和交流的空间，提高幼儿共同学习的能力

活动三　仿编诗歌《我眼中的春天》

活动目标

1. 能完整、连贯地讲述春天的景物，表达对春天的喜爱之情

2. 尝试仿编诗歌，体验合作学习和创编的快乐

3. 重点领域：语言、科学

活动准备

图书、彩笔等。

活动过程

1. 欣赏《嘀哩嘀哩》，请幼儿说一说，他们眼中的春天是什么样的，在哪里

2. 老师朗诵诗歌，感受诗歌中的意境，引导幼儿理解诗歌在句式、韵律等方面的特点

3. 幼儿尝试创编，鼓励幼儿记录自己仿编的诗歌

教师提示幼儿要符合春天的季节特征，听起来要押韵，画面清楚。教师进行记录。

4. 共同分享，鼓励幼儿大胆讲述，教师对幼儿的作品进行整理和提升，引导幼儿体会合作创编的乐趣

活动建议

教师要及时、准确地为幼儿进行语言的提升和美化，帮助幼儿梳理相应的生活经验，并鼓励幼儿大胆参与创编。

附

春天的秘密

作者：佚名

春天来了，
春天来了。
春天在哪儿呢？
小河里的冰融化了，
河水淅沥淅沥地流着，
小声地说：“春天在这儿！春天在这儿！”

春天来了，
春天来了。
春天在哪儿呢？

垂柳换上嫩绿的新衣裳，
在微风中轻轻地摇摆，
小声地说："春天在这儿！春天在这儿！"

春天来了，
春天来了。
春天在哪儿呢？
桃花笑红了脸，
抿着小嘴，
小声地说："春天在这儿！春天在这儿！"

春天来了，
春天来了。
春天在哪儿呢？
燕子飞翔在蔚蓝的天空，
叽哩哩地叫着，
小声地说："春天在这儿！春天在这儿！"

春天来了，
春天来了。
春天在哪儿呢？
绿油油的麦苗，
使劲地从泥土里往上钻着，
小声地说："春天在这儿！春天在这儿！"

春天来了，
春天来了。
春天在哪儿呢？
农民伯伯忙着播种，
拖拉机在地里轰隆隆地嚷着，

“春天来了！春天来了！”

哈哈！春天真的来了，春天真的来了！

我看见了春天的秘密！

活动四　实践活动——春游

活动目标

1. 尝试为外出活动做计划表，培养幼儿活动的目的性和计划性

2. 能大胆运用语言、绘画、歌声和动作表现对春天的热爱

3. 重点领域：社会、艺术

活动准备

户外观光，录音机等，与家长做好沟通。

活动过程

1. 教师和幼儿一起讨论春游时应该注意的事项，说说大家都去过什么地方春游，外出时应做好哪些准备，注意什么，共同制订外出计划表

2. 师生春游，在音乐的伴随下一路欢歌，引导幼儿观察春天的美景

（1）春游的具体活动：师生共同沿水库观看树木植物的变化，叶子绿了、河水荡漾着、水中有山的倒影、小鸟儿在树间筑巢，飞来飞去唧唧喳喳的叫着。

（2）来到草地花丛中，幼儿四散观察，小草和花儿的变化、地上的小虫在爬行、泥土发出的清香，亲身的去体验和感受。

（3）鼓励幼儿和老师、同伴积极交流，说一说自己看到的、感受到的，共同分享春游的快乐

（4）鼓励幼儿用绘画、歌声、表演等方式表现自己春游的经历和心情，教师参与其中，指导幼儿的作品

（5）收拾整理，学习爱护环境，总结下次外出时我们应该注意的问题

活动建议

师生一起做好外出春游的计划和相关的准备，鼓励家长的参加，

注意安全。

主题活动反思

整个活动突出了幼儿多种感观参与下的主动学习。在教师的支持、鼓励下，幼儿种植和饲养，并进行观察和记录；能大胆用唱歌、律动表演、创编舞蹈、手工制作、仿编诗歌等活动方式，表达自己对春天的感受和喜爱之情。活动激发了幼儿的兴趣，培养了幼儿勇于表现、敢于表达、乐于合作以及热情积极、乐观向上的态度和能力，促进了幼儿的全面发展。如果能更充分地挖掘家长的优势，更灵活地运用多媒体教育的优势，丰富幼儿的感官经验会更好。

第三节　教育案例

春雨中的歌声

方　娜

活动由来

春天是一个万物复苏、阳光明媚的季节。春风、春雨、花儿、动物、种子，构成了一幅五彩的画面，深深地吸引着幼儿的目光。

小班幼儿喜欢亲近、观察身边的自然环境，对一切事物具有浓厚的好奇心，能够发现生活中的新鲜事物，并对它们感兴趣。为此，我结合季节及幼儿的兴趣设计了此活动。在感受春雨、学习歌曲的过程中，使幼儿产生热爱自然的情感。

活动目标

1. 通过亲身体验，帮助幼儿认识、了解春雨的特点

2. 能够有情趣的演唱歌曲

活动过程

游戏时，月月拉着我的手说："方老师，你看，外边下雨了，地都湿了！"我走到窗口一看，果真下起了毛毛细雨。这时，孩子们都纷纷挤到门口边看边议论："是下雨了，天都黑了，咱们班种的小苗怎么办呀？我真想出去玩一会儿。"强烈的好奇心驱使着他们都扭头看着我，为了让孩子们能亲自感受春天的气息，感受春雨，我对他们说："趁雨小到外面玩一会儿，不过，你们要注意安全，用眼睛看一看、用小手摸一摸春雨。"接着，我放上了《春雨沙沙》的歌曲。

春天的小雨，细细的、软软的，感觉好舒服。孩子们在雨中跳呀、跑呀、笑呀，转圈圈。我抓住这个时机进行引导："孩子们，你们知道春雨是从哪来的吗？""是从天上掉下来的""是从雨妈妈那偷偷跑出来的。""那春雨是什么样子的？""像许多条线、圆点、水珠……""春雨亲你们哪儿了？""亲我的脸蛋儿了、亲我的头发了、亲我的小手了、亲我的花裙子了。""春雨亲你的时候，你有什么感

觉呀?”“凉凉的、手都湿了、一下就凉快了。”我又问：“你们看雨中的房子、大树、小花、小草有什么变化呀?”“房子变干净、亮了，树都绿了，树叶上还挂着许多的小水珠，小花都长高了，小草可高兴了，好像在喝水呢……”

我们陶醉在春雨中，情不自禁地随着录音机唱起了歌：“小雨沙沙沙，种子在说话，哎呀呀，雨水真甜……”当唱到沙沙沙时，孩子们的小手从上画到下，手指还不停的抖动，歌声轻轻的、细细的。当唱到种子说话时，孩子们用手托着下巴有节奏地摇摆着头，扭着小屁股，声音甜甜的。在小雨的陪伴下，想象着自己就是一粒种子，一边淋着细雨，一边歌唱，在雨中享受着快乐。

回到活动室，在琴声的伴奏下孩子们声情并茂地演唱歌曲。因为有了对春雨的亲身体验，幼儿的歌声更好听：轻轻的、甜甜的、沙沙的，真像是春雨在说话！孩子们轻松自然地学会了歌曲。

活动反思

小班幼儿对周围环境中的各种变化具有敏锐的观察力和浓厚的好奇心，喜欢亲近、探索自然中的各种事物。喜欢边听、边唱、边做动作。教师针对幼儿的年龄特点组织活动，大胆带幼儿到自然中，亲身感受春雨，通过多种感官的实践、体验、感知、探索、发现，从中获得多方面的经验。通过教师启发性的引导，最大限度的发挥了幼儿的想象力与创造力，尊重了幼儿对自然界的真实情感和态度，在游戏中加深了对自然的了解。在幼儿充分感知的基础上，教师又引导幼儿用歌声、动作、表情表现春雨，既满足了幼儿的好奇心和求知欲，又充分发挥了幼儿的主动性。

附

春雨沙沙

1=F 2/4

许锐 词
王天荣 曲

中速、欢快的。

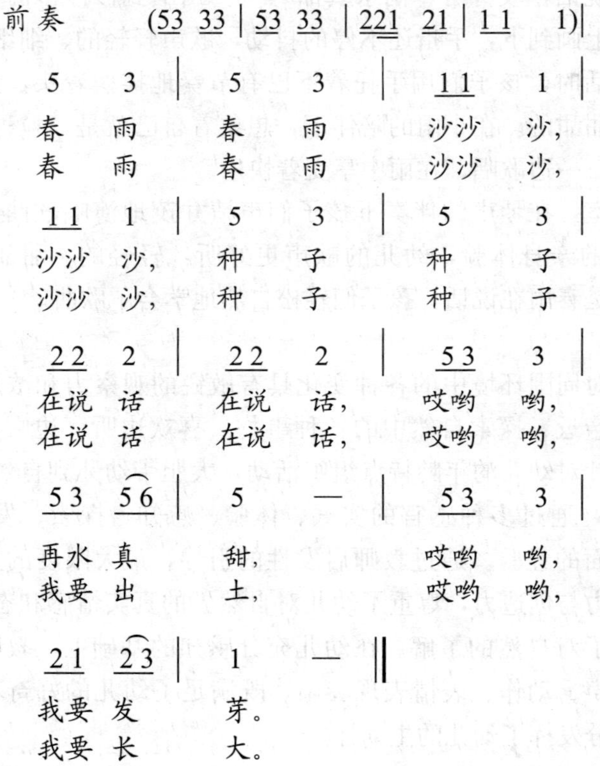

区域活动中的生日聚会

王　丹

活动由来

今天餐后散步时，丁勃说她快要过生日了，妈妈说送一个漂亮的大蛋糕，让她和班上的小朋友一起过生日，孩子们特别高兴。为了表达对这位“小寿星”的祝福，大家自发地要给她开一个“生日聚会”。大家你一言我一语地分组讨论起各种节目，筹办生日聚会就这样在区域活动中开始了。

活动目标

1. 引导幼儿制订简单的活动计划，培养幼儿做事的计划性、有序性

2. 通过为同伴过生日，培养幼儿对朋友的关心和祝福之情

3. 通过“生日聚会”音乐作品的选择，引导幼儿充分感知乐曲特征，进而了解聚会中选曲音乐的特点

活动过程

我们分别进行了策划生日聚会→准备节目→布置会场→生日聚会→聚会后回味的系列活动。

1. 策划生日聚会

策划聚会的活动程序对于培养幼儿的计划性、有序性具有积极的意义。活动程序不是任意安排的，要根据聚会的实际需要按步骤、有序地进行。当幼儿面对聚会的活动程序有些不知所措的时候，教师组织幼儿进行了讨论，回忆生日聚会及类似的聚会经历。在教师的引导下，幼儿很快回忆出聚会需要布置会场、表演节目、送礼物、选主持人等。幼儿通过主动参与这一过程，对聚会有了较为全面的了解，也为他们今后参与类似活动提供了有益的经验。

2. 准备节目

首先是选择音乐。孩子们开始倾听不同类型的乐曲，选择与生日聚会相符合的钢琴演奏、舞蹈、歌曲等音乐。孩子们进行初步选

曲后，老师问："你们都准备了什么节目？有哪些音乐呢？"

李卓琳说："有韵律很强的音乐。"

教师："这些音乐都是你们平时最喜欢的，那为什么我们要在生日会上选这些音乐呢？"

孟凡凡说："因为这些音乐让我们听了就很高兴、很欢快，我们一听就想跳起舞来。"

教师："你们听听这首音乐与我们听的前几首音乐有什么不同？"我有意给幼儿放了一首《梁祝》（节奏舒缓、感情悲伤的曲子），问幼儿："现在你们听听这首曲子，说说自己的感受，用在生日聚会上是否合适？"

李冰初第一个举手："曲子的声音让人听完很伤心。"

"感觉像鱼儿在游，小鸟在慢慢飞，我们在水库边散步一样。"蒋昕鹜伸着舌头说，"我觉得太慢了。"

经过对诸多歌乐曲进行比较，幼儿已经充分感受到音乐与情景的匹配关系，即在生日等热闹场合的音乐都是欢快的、活泼的、愉快的，而在悲伤的情景中的音乐大多是舒缓的、忧伤的……最后孩子们确定了《祝你生日快乐》《一对好朋友》等曲目，在这一过程中，幼儿能完整、精彩地表达自己的感受。教师采用对比的音乐教学形式，丰富了幼儿的情感体验，让幼儿很快领悟和体会到音乐带给大家情感上的共鸣，提高了幼儿对乐曲的理解和分辨能力。

随后孩子们选定了主持人，创编了主持人的台词、制作了节目单。

3. 布置会场

幼儿通过各种方式布置了一个与生日气氛相吻合的场景。如大家吹了许多漂亮的气球，挂在灯管上和墙上，还剪了各种图形的拉花点缀在天花板上；每张桌子上都有幼儿自己设计的精美桌布；所有的桌子和椅子围成一个大的椭圆形；墙上粘贴了幼儿设计的生日聚会海报，运用绘画的形式设计的生日快乐图等。总之感觉哪里都是热热闹闹的，是一个热闹的聚会场景。

4. 生日聚会

生日聚会终于如期举行了，幼儿充分地体验了聚会的快乐和同伴间的关爱。

5. 聚会后回味

活动结束后，幼儿议论着今天生日聚会的感受。

活动反思

让幼儿了解音乐，但不要局限于音乐本身，而是要将音乐与生活紧密相联，突出生活中的音乐教育，是这次活动的最大收获。我们借助于“过生日”这个活动，就是让幼儿感受和体验音乐的不同性质，明白“音乐为我们带来了什么”。孩子们普遍喜欢鲜艳的色彩、明快的音乐节奏、描述动态变化的语言材料，我们也正是抓住了幼儿的这一特点，引导他们在生日聚会筹划和实施的全过程中，逐步感受音乐与活动主题及场景的关系，进而体验音乐给人们生活带来的快乐。因此，我们只有把音乐真正放在幼儿生活中去，才能真正建立起幼儿与音乐、与生活的联系，让音乐教育回归生活，回归大自然。

主题活动中的音乐教育（学习歌曲《怀柔，可爱的家乡》）

付东红

活动由来

在“我可爱的家乡”主题活动中，我们最终的目的是“增进幼儿对家乡风景名胜、土特产品和文化的了解，并以音乐、美术等多种形式和方法表达自己对家乡的热爱之情”。而通过演唱歌曲来传情达意也是必不可少的，因此，学习、演唱歌曲《怀柔，可爱的家乡》就成为我们主题活动中的系列活动之一。

歌曲内容

这是一首歌唱怀柔风景秀丽、物产丰富的幼儿歌曲，旋律优美，歌词朗朗上口，主要描写了怀柔地区的青山绿水，风景名胜——雁栖湖、红螺寺，特色物产——核桃、板栗，充分表达了人们对怀柔的喜爱之情，对于萌发幼儿的爱家乡情感具有一定的教育意义。

活动目标

1. 在欣赏、学习的基础上完整地演唱歌曲。

2. 感受歌曲优美、颂扬的情绪，用歌声表达爱家乡的情感。

活动准备

1. 小小品尝会

通过品尝怀柔秋天成熟的水果和干果让幼儿们感受到怀柔的物产丰富。

2. 参观红螺寺

结合怀柔旅游资源比较丰富的特点，我们组织孩子们开展了“家乡风景名胜”的参观活动。

活动过程

教师引导：“谁能告诉我，怀柔有哪些好吃的吗？”“有栗子、核桃……”“好玩的地方呢？”“红螺寺、雁栖湖、慕田峪长城”“怀柔有这么多好吃的、好玩的，你们喜欢怀柔吗?”“喜欢，当然喜欢了!”“老师，怀柔是我们的家乡，对吗?”我点点头。“我爱我们的家乡!”在孩子们你一言我一语称赞怀柔的时候，我为他们播放了歌曲《怀柔，可爱的家乡》（李晋瑗词曲），他们听到歌声立刻停止了讨论，专注地欣赏着。

“老师，这首歌真好听!”一个小朋友说。“这是唱我们怀柔的歌，我想学!”“我也想”孩子们都主动要求学习歌曲，于是我连续播放了几次。在欣赏过程中，我随音乐的旋律打起了拍子：× × × | × × × | |，很快他们对歌曲的节奏、旋律和歌词也有了了解，孩子们情不自禁地随着音乐哼唱。这时我问道：“谁能告诉我第一句的歌词是什么?”“青山翠竹绿水旁，撒满金色的阳光。”“那你们知道青山、翠竹、绿水指的是哪吗?”“是红螺寺，那里有绿绿的山，还有绿的竹子。”“雁栖湖的水是绿的，很美!”“那后面的词就是这两个地方了，你们记得是什么吗?”“雁栖湖、红螺寺”。“对啦! 你们说得没错，那你们说我们怀柔美不美?”“美!”“怀柔，怀柔”我特意停下来没有向下说，孩子们大声的接了一句“美丽的家乡!”第一段的歌词孩子们很快就记熟了，他们随着音乐连贯地唱着。在几次巩固歌词之后，我又运用提问的方式吸引孩子们学会了第二段的歌词。

“那你们认为该用什么样的感情唱这首歌呢?”“应该是优美的，自豪的，告诉大家我们怀柔有多美!”“让别人知道，我们爱怀柔。”“你们说的都很好，老师也想和你们一起唱了，把你们说的自豪的心情，怀柔的美丽和你们对家乡的热爱唱出来。”

孩子们演唱之后，我针对他们演唱中存在的自豪情绪表现太过，优美不足的问题又进行了引导：“歌曲从一开始到最后感情都是一样的吗?”“不一样。”“每一段的第一、第二句是称赞怀柔，还是在告诉别人怀柔有多美?”孩子们选择了后者。“那你们认为告诉别人应该怎么唱。”“应该用优美的声音。”“那后面呢?”“应该表达自己爱怀柔，应该自豪地唱。”在我的引导下，孩子们感情投入地唱起了歌曲。

· **活动反思**

在主题活动中教师注重发挥了音乐教育的重要价值，为实现最终的教育目标奠定了基础。在学唱歌曲“怀柔，可爱的家乡”之前，教师结合主题活动的进程开展了参观风景名胜、品尝家乡特产的活动，使幼儿在活动中通过亲身体验萌发了对家乡的热爱之情。在整个活动中教师始终以幼儿的引导者、支持者、帮助者的身份发挥着重要的作用，为幼儿创设了宽松、和谐的氛围，使幼儿爱家乡的情感受到了最好的萌发，他们运用歌声表达爱家乡情感的能力也得到了发展。

方法从孩子活动中来
（节奏活动《龟兔赛跑》）

彭立霞

活动由来

学习完《龟兔赛跑》的儿歌后，孩子们的兴趣依然很浓厚，陆续地从家里带来光盘、故事书，户外活动时还自发地玩起了“龟兔赛跑”的体育游戏，看到孩子们如此感兴趣，我趁热打铁，组织了节奏活动《龟兔赛跑》。

活动目标

1. 通过节奏活动《龟兔赛跑》，掌握十六分节奏和附点节奏
2. 尝试边默说边拍节奏《龟兔赛跑》

活动过程

在复习了一遍儿歌《龟兔赛跑》后，我问幼儿：“《龟兔赛跑》这首儿歌，我们能够大家一起说，也可以一个小朋友说，除了这些，还可以怎么说?”孩子们在借鉴歌曲演唱形式的基础上，积极提议：可以分角色说，也可以对说，还可以轮说。在各抒己见的过程中，幼儿能够把已有经验迁移到新的学习中，积极发表自己的看法，大班幼儿学习的主体性和主动性得到了充分的体现。

在幼儿讨论的基础上，我将这几种说儿歌的形式进行概括总结，提出每一种形式的要求或规则。第一种形式“分角色说”，即乌龟、兔子、小动物各按自己的角色说；第二种形式“对说”，即像对唱一样，两组小朋友，一组一句，对着说；第三种形式“轮说”，即幼儿分为两组，一组先说，一组后说，结束时大家一起说完。在明确形式和要求后，我对幼儿说：“小朋友提出的这三种形式各不相同，小朋友们现在可以自由选择喜欢的形式，分组去试一试，但是儿歌的节奏要准确。”我们三位教师每人参与一组，适时进行指导。

经过尝试之后，三组幼儿分别进行展示。幼儿自己选择的形式，表现起来自然情绪饱满、表情丰富。尤其是分角色说的小朋友，兔

子说“哼，想跟我比!”的时候那种不屑与骄傲，小动物们说“加油！加油！耶!”时那种激动，仿佛自己真的参与到了比赛当中。

在充分满足幼儿的表现欲之后，我提出了新的“形式”。“小朋友们都想出了不一样的说儿歌形式，也都用不同的形式进行了表现。老师也想到了一种方法，现在请你看一看老师是怎样说儿歌的。”我不出声地拍出了儿歌的节奏，孩子们自然不是很理解，纷纷发表言论，“老师没有说儿歌”“我没有听到声音”“老师都没有张嘴”“可是，老师拍得好像真的是《龟兔赛跑》的儿歌”……孩子们的讨论说明他们已经开始对此产生了好奇。我请贝贝猜一猜，这是怎么回事。贝贝说：“您是不是在心里说呀?”我笑着点头道：“贝贝猜对了，我不是没有说儿歌，而是在心里说儿歌，手上拍节奏。”“老师，您为什么不说出声来?”“我觉得这样能够更清楚地听清我拍的节奏，而且，这样拍节奏可不容易，我要特别认真，才不会记错。你们想试一试吗?”大班幼儿喜欢挑战的特点充分体现出来，异口同声地答道：“想。”

我们开始尝试：第一次，幼儿不由自主地小声说儿歌；第二次，幼儿有不出声的意识，比较难的地方，还需要用语言带动节奏；第三次，一部分幼儿能够在心里说，手上的节奏基本准确……一次次的尝试，都会出现一些问题，这是对孩子们的极大挑战，也会激起孩子们努力克服困难的欲望。当然，孩子们获得成功体验时的喜悦和极大的满足感，也是可以体会的。

活动反思

这次活动源于孩子们在日常生活中的游戏，教师发现了幼儿自由游戏中的教育价值，积极反思自己的教学活动，并进行大胆尝试，将新的方法运用到教育活动中。结合大班幼儿喜欢挑战的学习特点，能够及时调整教育方法和教育策略，充分发挥幼儿的自主性和主体性，达成教育目的。在这次活动的进行过程中，教师和幼儿积极互动，共同成长。

附

龟兔赛跑

1=C　2/4

×× × | ×× × | ×. × ×× | ×× × |

森林 里　真热 闹，兔 子 乌龟　来赛 跑

(预备——啪!)

×× × | ×× × | ×× × ×× | ×× × |

兔在 前　跑得 快，乌龟 在 后面　慢慢爬

(哼! 想跟我比!)

×× × | ×××× × | × ×× × × | ×× × |

兔子 想　乌龟爬得慢，让 我来 好 好　睡一觉

×× ××× | × × × | ××. | ××. | ××× × |

乌龟　不停地 往前 爬，一步　一步　超过了 它

×× × | ×× × | × × × × | ×× × |

小动 物　看见 了，都 为 乌 龟　喊加 油!

(加油! 加油! 耶!)

×× ×× | ×× × | ×× ×× | ××× × |

兔子　醒来 吓一 跳，满脸 通红　低 下了 头

(唉! 没想到)

×× × | ×× × | × × × × | ×× × ‖

小朋 友　你来 说，你 说 这 是　为什 么

第四节 优秀课例

《五架小飞机》(小班音乐游戏)

阮金燕

活动由来

纸飞机是幼儿在户外经常玩的一种既简单又实用的农村户外体育玩具，看着空中自由自在飞行的一架架纸飞机，我萌发了教授音乐游戏《五架小飞机》的想法。于是我根据幼儿的兴趣，尝试在小班幼儿游戏化的一日生活中教幼儿自然习得简单的知识和技能。

活动目标

1. 学会演唱儿歌《五架小飞机》，并通过游戏认识颜色

2. 学习《五架小飞机》的手指操，锻炼幼儿的小肌肉动作

3. 在《五架小飞机》的表演活动中有一定的规则意识，并体会集体游戏的快乐

活动准备

幼儿熟悉儿歌《五架小飞机》、聆听《五架小飞机》的音乐、小飞机手偶、《飞呀飞》进场音乐。

活动过程

1. 幼儿随《飞呀飞》的音乐与教师一起律动进场

要求：幼儿动作合拍、优美。结束时引导幼儿坐在地上围一个大圆圈。“刚才小朋友都用动作表现了谁在飞？”教师提问后幼儿用肢体动作表现。“小鸟、飞机、飞船。”幼儿互相模仿，相互学习。

2. 现在请小朋友和我一起做一个小飞机的手指操

教师一边示范一边引导幼儿进行模仿练习；按节奏齐读儿歌《五架小飞机》，读两遍。

要求：动作规范、朗诵合拍，第一边慢速，第二边快速。

3. 聆听《五架小飞机》的音乐，学习这首儿歌，唱两遍

第一遍跟琴唱慢速，第二遍跟琴唱速度稍快。

4. 音乐游戏《五架小飞机》，两遍游戏

第一遍幼儿跟琴边唱边游戏

（1）幼儿带上五种颜色的小飞机手偶。

引导幼儿看一看都有什么颜色的飞机？数一数相同颜色的飞机有几架？

老师做机场指挥员，当一架小飞机飞到天空后，唱“woo”时，一架小飞机飞走。其他幼儿继续游戏直到五架小飞机全部飞走，音乐结束。

要求：第一遍速度稍慢。教师结合游戏情况提出需要改进的地方。引导幼儿创新“woo”小飞机飞走时的动作，其他幼儿模仿。

（2）互相换一换不同颜色的小飞机，进行第二次游戏。

结束：“现在我们的五架小飞机一起起飞了。”在《五架小飞机》音乐的伴随下幼儿自由飞出活动室。

活动延伸

幼儿可根据自己的兴趣，把飞机手偶带到户外，玩五架小飞机的游戏；也可以在区域里继续完善，进一步帮助幼儿认识颜色、性别（如男孩先飞回座位）、空间方位和数量等。

活动反思

结合小班幼儿游戏化的一日生活，在活动设计上以游戏为主线，幼儿在游戏中认识了五种不同的颜色，用肢体语言再现了飞机的一些飞行动作。考虑到小班幼儿的年龄特点，用小手模仿操的形式帮助幼儿熟悉歌词，记忆歌词。考虑到歌曲的难点处幼儿容易唱多或唱少“woo”，我以直观形象的小飞机为板书，通过板书的提示引导幼儿能准确地唱出小飞机飞走时发出的“woo”声，减少幼儿多唱或少唱的现象。幼儿手偶的设计我也经过了多种考虑：第一，考虑到小班幼儿的年龄特点，头饰戴在孩子的头上幼儿不容易分辨颜色，胸饰考虑到孩子的安全和视觉，幼儿总会低头看自己的小飞机，容易造成注意力不集中等现象；第二，手偶的设计是为了锻炼幼儿小手的灵活性，使幼儿在自己带手偶的操作过程中得到锻炼。这样既形象方便又便于幼儿的操作和学习。

点评

首先，从幼儿的活动状态上看，幼儿能以积极的心态参与课堂活动，有主动探究、发现问题的兴趣和热情。幼儿思维活跃，参与面广。

其次，从教学安排上看，教学目标符合课程的要求和幼儿的实际需要。提供的音乐学习能有效地促进幼儿在音乐和其他方面的和谐发展。活动组织既适合大多数幼儿音乐发展水平的需要，又体现了对个体差异的尊重和照顾。

再次，从课堂气氛上看，教师能够恰当地评价幼儿的表现，适时指导。

《娃娃》(小班音乐欣赏活动)

梁风华

活动由来

音乐欣赏是以具体音乐作品为对象，通过聆听的方式及其他辅助手段，来领悟音乐的真谛，从而得到精神愉悦的一种审美活动。它与其他文艺欣赏基本上是相通的，但是音乐艺术本身所具有的特殊性决定了音乐欣赏是一种美的教育，不但可以提升幼儿对音乐的理解和感受能力，还能够使幼儿的审美情趣得到提升。然而，音乐欣赏教学在幼儿园音乐教学中却是比较有难度的。因此，教师们在不断大胆尝试、努力探究，去寻找适合幼儿年龄特点的欣赏方法和途径。

乐曲《娃娃》是一首十分适合小班幼儿的音乐欣赏作品，因为它的结构简单、乐段比较分明，便于幼儿理解、辨别，所以我选择了这首乐曲作为小班幼儿的音乐欣赏活动。

活动目标

1. 复习歌曲，激发幼儿把喜爱布娃娃的纯真情感表现出来

2. 欣赏娃娃睡觉、醒来、跳舞的音乐，感受乐曲各段的不同情绪

活动准备

娃娃的玩具、音乐、钢琴。

活动过程

1. 律动《小司机》

重点提示：走小碎步时要提起脚跟，用小脚尖走。

2. 复习歌曲《我家有几口》

重点指导：

(1) 指导幼儿咬字清楚、不喊唱歌曲。

(2)“呦”的唱法：高兴的、惊喜的。

3. 欣赏音乐《娃娃》

老师可以告诉幼儿乐曲的名称——《娃娃》。

（1）幼儿仔细欣赏音乐

听完一遍后请幼儿回答问题："你听到的乐曲是欢快的，还是缓慢的?""娃娃在干什么呢?"如果幼儿说不出来或说得不准确，教师不要直接告诉幼儿，继续让幼儿倾听，教师可以用肢体动作提示幼儿。

（2）分段欣赏

第一段：音乐是缓慢、柔和的——娃娃在睡觉。

第二段：中速、流畅的旋律，表现娃娃醒来了。

第三段：轻快、活泼的舞曲，表现娃娃愉快地跳起舞来。

（3）欣赏第三遍

幼儿可以随着娃娃一起做动作，以促进幼儿对乐曲内容情绪的体验和感受。

4. 欣赏老师演唱《睡吧，布娃娃》，幼儿哄着娃娃睡觉

活动延伸

1. 在娃娃家的游戏中可以继续欣赏

2. 在美工区一边欣赏一边画故事

活动反思

在欣赏的过程中我给幼儿创设了宽松、安静的氛围，培养幼儿养成良好的欣赏习惯。引导幼儿从生动、优美、形象鲜明的音乐作品中，获得美的感受。初步理解作品的内容和情感，乐曲《娃娃》描写了幼儿非常熟悉的娃娃的活动，幼儿用语言表述每一个乐段的意思有一些难度。因为小班幼儿的经验比较缺乏，言语的表达有待于提高，用语言描述比较困难。于是我根据小班幼儿"幼儿认识靠行动"的特点，引导幼儿边做边说。

在音乐欣赏中，不仅仅只是用耳朵听，还可以利用其他方式帮助幼儿理解音乐所要表达的含义。例如，刚才所说的用肢体语言（睡觉、醒来、跳舞的动作）给予适当的提示，这种方法简单、方便、直观。在活动中我发现幼儿能仔细欣赏音乐，在老师的引导下

能理解音乐不同乐段的性质，能准确地回答老师的问题。

这个活动和我们的主题《我爱我家》是相融合的。上次幼儿学过了歌曲《我家有几口》，幼儿非常喜欢这首歌曲，今天通过复习歌曲、欣赏乐曲《娃娃》使幼儿深化对爸爸妈妈和对娃娃的热爱。

艺术活动不是孤立存在的，它是和其他领域相互渗透的。我今天组织的音乐活动是和语言领域、社会领域相互渗透的。在语言领域，鼓励幼儿敢说、丰富幼儿的词汇；在社会领域，培养幼儿爱自己的亲人和长辈的情感。

点评

1. 音乐欣赏《娃娃》这节活动比较成功，它不单纯是一节音乐欣赏活动，而是与语言、社会等领域相互融合的

2. 教师选择该作品有一定的目的性

3. 目标定位准确、设计思路清晰、策略得当，整个活动都符合小班幼儿的年龄特点，动静交替

4. 教师对作品的理解，重点、难点的分析抓得准、分析得透，使人一目了然

学唱歌曲《雪花》(中班音乐活动)

杜冬雪

活动由来

在开展《冬天》主题活动时，我和孩子们讨论：“为什么喜欢冬天?”孩子们说：“冬天下雪，可以堆雪人，打雪仗，由此可以看出孩子们对雪的喜爱之情。孩子们一起画雪花，剪雪花，说《雪花》的儿歌。在这次活动中我们一起学唱了歌曲《雪花》。

活动目标

1. 幼儿能基本掌握《雪花》这首歌曲的歌词和旋律

2. 通过演唱歌曲，激发幼儿对雪花及大自然的热爱之情

活动准备

1. 经验准备

(1) 幼儿有下雪的直接经验，观看动画片《雪孩子》。

(2) 认识雪花的形状和特点。

(3) 幼儿学习《雪花》这首儿歌。

(4) 绘画和剪雪花。

2. 材料准备

磁带、喷雪玩具。

3. 环境准备

(1) 墙饰：和幼儿一起堆雪人、剪雪花，布置冬天的墙饰。

(2) 活动室垂下雪花，布置成雪花飘落下来的样子。

活动过程

1. 幼儿在《秋天》的音乐伴随下，做一片小树叶随风飞进活动室

教师给幼儿自由表现的机会，幼儿听着音乐合拍地表现自己飞舞的舞姿，教师鼓励幼儿的优美动作。

2. 复习歌曲《小树叶》，教师重点指导两段歌曲所表达的不同情

绪情感

第一段：小树叶离开了妈妈心里是怎么想的？应该怎么表现呢？

第二段：小树叶勇敢地说话，应该如何表现呢？

3. 学习歌曲《雪花》

(1) 倾听乐曲《雪花》，教师引导幼儿想象歌曲中的场景。

“这首乐曲像我们在冬天看到的什么？为什么？在乐曲的哪里听出来的？”通过引导幼儿倾听乐曲，发展幼儿的倾听能力和想象力，和对音乐的感受力和理解能力。

(2) 教师示范演唱歌曲《雪花》，引导幼儿倾听歌曲的旋律。

(3) 在教师的带领下，幼儿尝试学唱歌曲《雪花》。

(4) 请幼儿说一说歌曲的难点和幼儿掌握不好的地方，教师再次演唱歌曲，请幼儿倾听教师是如何演唱的，并再次学唱。

(5) 幼儿再次尝试演唱歌曲，教师提示幼儿用好听的声音和自己喜欢雪花的情感演唱歌曲。

4. 教师用喷雪创设下雪了的情景

“下雪了！你们最想干什么？”幼儿纷纷说：“堆雪人”“打雪仗”……于是，教师说：“我们一起听着《堆雪人》的音乐跳起来吧！”

5. 听《铃儿响叮当》的歌曲

“我们一起去滑雪了！”教师和幼儿一起高兴地跑跳，步出活动室。

活动反思

在进行音乐教育研究时，我曾思索：什么美是幼儿经常接触的，能感受和体验得到的呢？通过这次活动使我恍然大悟，原来自然是幼儿最喜爱的，自然中的美是幼儿天天能看到、听到、感受到的美。大自然是孩子最好的老师，而音乐是孩子们最喜欢的活动，我们要利用幼儿身边常见的自然景象和事物，抓住时机用孩子们最喜欢的方式——音乐，来让幼儿发现周围事物、环境和艺术中的美，并让孩子有机会能用自己喜欢的方式表现，使他们在活动中获得成功感和愉悦感。在本次活动中，我注重对幼儿情感的激发和引导，但也注意对幼儿音乐技能的提高。好的音乐活动，就是能提高幼儿的音乐技能，更能使幼儿获得丰富的情感体验。通过这次活动幼儿感受到了大自然中的美，从而更加喜爱自然、亲近自然、保护自然。我觉得这才是我活动的最终目标。

点评

在这个活动中，教师先引导幼儿欣赏乐曲《雪花》，让幼儿充分感受后，展开想象的翅膀，用语言来表达自己的感想，然后再用优美动听的歌曲，配以抒情的朗诵，如诗如画的情境，充分调动了幼儿的学习兴趣，使幼儿情不自禁地投入到歌曲美好的意境之中了。

活动中教师设置了下雪了的情景，使每一个幼儿都被教师创设的情景所吸引，更加激发了幼儿自由表现歌曲的愿望，使幼儿对雪花的热爱表现得淋漓尽致，也使幼儿非常有兴趣地参与到活动中，处处体现了幼儿的主体性和教师的主导作用。

《绿野仙踪》（中班音乐表演活动）

韩爱萍

活动由来

孩子们看了动画片《绿野仙踪》后，非常喜欢故事中的人物：稻草人、铁皮人、狮子，于是在日常生活中，幼儿经常会模仿它们的动作，学它们说的话。从表现中可以看出幼儿对这几个主要人物有了一定的了解。在孩子们兴趣的基础上，设计了音乐表演活动——《绿野仙踪》。

活动目标

1. 幼儿能够根据音乐的不同乐段，进行相应的动作表现和游戏

2. 幼儿在教师所创设的故事情境中，能够积极参加游戏活动，体验其中的快乐

3. 懂得美好愿望是需要努力才能实现的道理

活动准备

1. 音乐《绿野仙踪》

2. 对故事情节有大概了解

3. 稻草人、铁皮人、狮子、魔法师的图片与投影背景

活动过程

1. 通过童话故事，引起幼儿兴趣

幼儿围坐在教师身边，教师讲故事《绿野仙踪》，边讲边出示角色图片。

2. 欣赏、理解音乐，并做出相应的动作

（1）完整欣赏音乐。出现不同角色的音乐时，教师用图片提示，帮助幼儿理解。

（2）分段欣赏。

——稻草人

“这段音乐有什么特点?”（欢快、活泼、速度很快等）

"你认为描写的是谁？稻草人？狮子？铁皮人？"

"通过这段音乐，你觉得稻草人是什么样的性格？"（风趣、活泼）

听音乐，引导幼儿模仿稻草人的动作。

——铁皮人

"这段音乐有什么特点？"（速度很慢等）

"你认为描写的是谁？狮子？铁皮人？"

"通过这段音乐，你觉得的铁皮人是一个什么样的人？"（勤劳、笨重）

听音乐引导幼儿模仿铁皮人的动作。请个别幼儿示范，大家向他学习。

——狮子

"这段音乐描写的是狮子，听了音乐你有什么感觉？"

"这里边的狮子有什么特点？"（胆小、可爱）

听音乐，引导幼儿模仿狮子的动作。

——找到魔法师

"走了这么远的路，经过不断的努力，终于找到了伟大的魔法师，实现了自己美好的愿望，他们高兴得一起跳舞。"

3. 听音乐，完整表演

（1）鼓励幼儿大胆表现，还可以创编出新的合适的动作。

（2）对幼儿提出新的要求：可以几个人合作，共同表演一个角色。幼儿根据自己的喜好，挑选其中一个角色分组尝试，教师指导。

4. 创设情境，引导幼儿听音乐进行游戏，让幼儿在游戏过程中感受音乐

幼儿自选角色，分别扮演稻草人、铁皮人、狮子、魔法师。出现投影背景，请幼儿伴随音乐进行表演。

5. 表演结束

活动反思

1. 活动内容的设计层次感较强

欣赏故事→欣赏音乐、表演（完整欣赏→分段欣赏、丰富动

作→完整表演）→提出更高的表演要求：合作表演。

2. 活动内容和乐曲的选择适宜中班幼儿的年龄特点

《绿野仙踪》节奏明快，描写人物特点的音乐鲜明，适宜表演。

3. 活动中，给幼儿提供大胆表现的机会，并肯定幼儿的表达、表现

在请幼儿根据自己的理解模仿稻草人、铁皮人、狮子的动作这一环节时，我让幼儿充分地去模仿、展示，对于幼儿的表现我都给予鼓励、肯定。

点评

1. 活动的前期铺垫很好

在活动前和幼儿共同观看《绿野仙踪》动画片，听故事，使幼儿获得了感性经验，对故事中人物的性格、特点有了了解，对音乐活动中的表演起到了帮助作用。

2. 重点突出

这个活动的重点、难点在：动作、体态、造型，把这三个问题解决了，活动就成功了。首先，教师通过引导幼儿理解角色的动作与性格特点，引导幼儿模仿稻草人、铁皮人、狮子的动作；其次，教师通过自身的语言、体态带动幼儿模仿；再次，同伴的合作学习，使幼儿动作更加形象、生动。

3. 能够引导幼儿深入理解音乐

幼儿不仅是动作上的简单模仿，而是通过分析人物的性格特征、心理，来把握人物动作的不同，再辅以眼神、表情，使幼儿表演得出神入化。

4. 组中分组较好，能培养幼儿的合作意识

在让幼儿根据自己的意愿选择角色表演后，又让同一组的幼儿再次分组，共同表演一个角色，不仅丰富了动作，而且培养了合作意识。

《红绸舞》（大班舞蹈创编活动）

陈 娟

活动由来

孩子们在新年即将来临之际，感受到了人们准备庆祝新年的喜悦氛围。他们通过看电视和公园社区里的活动了解到人们用跳秧歌舞来表达自己的高兴心情，因而对秧歌舞产生了很浓郁的兴趣。结合幼儿的年龄特点，我认为红绸比较适合幼儿使用。于是设计了幼儿舞蹈活动——红绸舞。

活动目标

1. 引导幼儿用优美的歌声表现歌曲《小雪花》，感受歌曲优美、抒情的情感。体验雪花飞舞的快乐，激发幼儿热爱大自然的美好情感

2. 引导幼儿学习和创编秧歌舞的基本舞步和动作，用动作和情绪表现舞蹈的欢快、热烈

活动准备

事先幼儿熟悉歌曲《小雪花》、红绸、室内悬挂雪花等。

活动过程

1. 教师和幼儿一起在《开门红》的音乐伴奏中欢快地扭着秧歌步进行律动，激发幼儿欢快的情绪

2. 引导幼儿观赏室内悬挂的雪花，一起模仿下雪时雪花飘落的声音“沙沙沙……”自然地进行发声练习

3. 演唱歌曲《小雪花》

（1）教师引导：“听雪花还唱着歌，高兴地飘落下来的呢，听……”教师和幼儿一起唱歌曲。

（2）教师重点指导幼儿的歌声连贯和优美，充分体验连音和断音及 3/4 拍歌曲的情绪表现。

（3）在幼儿唱歌曲之后教师把幼儿自己剪好的小雪花洒落下来，

幼儿体验下雪时天空中飘落雪花的美丽景色。

（4）幼儿用小雪花装饰自己，将自己打扮成小雪花，在音乐的伴奏下演唱歌曲，并即兴表演动作，体验冬天下雪时的快乐。

4. 创编舞蹈《红绸秧歌舞》

（1）教师引导幼儿思考“冬天时我们怎样能够不怕寒冷，保持身体健康?”请幼儿欣赏《爱我中华》，说一说这个乐曲适合做什么，音乐的情绪是什么样的。

（2）教师启发幼儿“秧歌是具有中国民族风格的舞蹈”，鼓励幼儿创编动作。

（3）教师分段弹奏，引导幼儿根据音乐变换动作。

（4）教师带幼儿在音乐的伴随下有队形地做幼儿自己创编的动作。

（5）幼儿拿红绸充分表现自己创编的舞蹈，体现舞蹈的热烈情绪。

5. 幼儿在音乐的伴奏下自然地结束活动

活动延伸

幼儿将自己创编的舞蹈动作用舞蹈图谱的形式记录下来和大家分享。

活动反思

教师能与幼儿建立起平等、和谐、民主、互相接纳的关系，为幼儿提供自由表现的机会。鼓励幼儿用不同的艺术形式大胆表现自己的情感、理解和想象。尊重幼儿的想法和创造，肯定和接纳他们独特的审美感受和表现方式，分享他们创造的欢乐。教师对不同能力水平的幼儿给予不同的指导，让幼儿感受到“我的舞姿最美、我创编的舞蹈动作与众不同”。教师的鼓舞性激励和引导性启发为幼儿营造了自主表达的艺术活动氛围，从而发挥了幼儿的创造性潜能。教师通过对幼儿秧歌舞蹈的观察提炼出优美的舞姿供大家欣赏与学习，推动幼儿不断探索与创新，提高自身的表现能力。

点评

1. 准备充分

教师和幼儿在活动前的准备十分充分，能够运用周围的社区环境激发幼儿对舞蹈的兴趣。结合新年这个教育契机和幼儿共同了解民族舞蹈。

2. 重点突出

教师的重点是和幼儿一起创编舞蹈动作，除了唤起幼儿已有的舞蹈经验外，还鼓励幼儿创编出自己喜欢的适合表现的舞蹈语汇。

3. 允许幼儿充分表现

给每个幼儿充分表现的机会，鼓励幼儿自由大胆地进行艺术表现，使幼儿充分表现音乐和舞蹈的美，体验同伴间的合作创编。活动的延伸渗透到各个区角，促进了领域间的融合。

第二章　以美术教育为切入点实施教育整合

第一节　教育经验

小班幼儿美术活动指导策略

于昌环

小班幼儿在美术活动中有着独特的心理特点，他们喜欢大笔地进行刷画、乱画，喜欢用大盆的彩色颜料进行点、吹、抹，甚至用喜欢的颜色打扮自己，从中获得的快乐是无与伦比的。

儿童的美术作品是儿童自我的一个部分，表现了他们的思想、情感、兴趣和对外部世界的认识。对于 3 岁刚离开家的孩子，该如何更好地通过多种形式指导他们的美术活动呢？

一、创设温馨的欣赏环境和人文环境

维果斯基理论启示我们：要强调环境，特别是人的环境对幼儿发展的积极作用，这点对于小班幼儿教师更为重要。小班幼儿的年龄特点决定了教师要关注和理解幼儿的情感需要，并以情感为纽带，建立亲密、和谐的师幼关系，这是一切活动的开端。

在小班幼儿刚入园的特殊时期，完全陌生的环境中如果有一些密切贴近幼儿生活、色彩鲜艳的美术装饰，会分散幼儿想家的注意力，他们会逐渐把欣赏作为幼儿园生活的一部分，从而把优美的环境当成自己一个情感的寄托。

在我班幼儿入园之初，通过家访，我得知大部分孩子喜欢水果，我特地制作了五颜六色的小水果门帘。小水果精巧可爱的造型、缤纷的色彩、被风吹动下摇曳的姿态立刻吸引孩子们好奇的眼睛，他们情不自禁地摸摸、看看、说说，喜爱之情溢于言表；美术欣赏角里，绿色的毛毛虫妈妈背着虫宝贝，快乐地向孩子绽放出和善友好的笑容；五彩斑斓的工艺品上，美丽的阿姨眯着眼睛，似乎对孩子们说着温柔的话语；墙上的丰收图，一串串紫色的葡萄像一颗颗玛瑙，孩子们看了垂涎欲滴……这些美丽的装饰构成了一个温馨的环境，给了孩子们安全的心理氛围。正如马斯洛所说的，只有幼儿感到自己是安全的、是被爱的，他才是快乐的，这一点，对于小班初期的幼儿显得更为重要。

美术活动的一个很重要的教育思想就是“大胆表现”。教师要从幼儿的兴趣出发，为幼儿或和幼儿一起准备美术活动的材料和空间。小班初期，根据幼儿拿笔不稳的现象，我为幼儿提供了很大的白纸，幼儿可以在上面“挥舞”作画，画出了五颜六色的毛线团儿、成串儿的泡泡、不太规则的花格子手帕……丝毫不受限制。玩颜色时我们为孩子们提供了各色颜料盆儿，刷子、粗毛笔、可爱的小围裙，孩子们拿着刷子、蘸着颜料，在专门的美工墙面上挥洒自如，真像一个个小画家。不但这样，在材料的收集上，我们也从孩子们的兴趣和生活出发组织活动。如收集孩子们或家长不穿的白色衣服，我和孩子们一起将衣服装饰成彩色；利用常见的树叶进行穿串儿，或进行树叶涂色拍画自制服装，穿上自己做的服装，戴上树叶项链进行表演。通过诸多这样的游戏，孩子们逐渐懂得了生活中竟然有这么多可以利用的东西进行美术活动。在这样的活动中，既有发现的快乐，又有不断的发展。

二、启发幼儿展开想象的翅膀

爱因斯坦有句名言：“丰富的想象力比渊博的知识更为重要。”

首先，美术活动的内容要丰富多彩，富有想象和创造的空间。给幼儿提供一些童趣的、拟人化或带科幻色彩的内容题材，以吸引住他们的好奇心和兴趣，从而激发他们的创作欲望。同时，还要考虑其内容是否与幼儿的技能水平和已有经验相适应。只有这样，才能开阔幼儿的眼界，发展幼儿的想象。例如，《小小美发师》这个命题，就能使幼儿联想到许多发型：直发、鬈发、半直半鬈发；还有头发的颜色：棕色、黑色、白色……幼儿展现出来的画面也一定是多样的，幼儿在互相欣赏的过程中也会从同伴那里学到许多新的知识。

其次，美工活动的形式要多种多样。小班游戏化的一日生活决定了幼儿活动的趣味性。只有在幼儿感兴趣的形式下，幼儿的参与程度才会提高，其能力才会有所发展。一次美工活动前，我在一张白纸上滴了几滴不同颜色的颜料，“看，于老师要变魔术啦!”孩子们一下子围了过来，惊奇地看着我。我把纸一对折，压平后展开一看：“你们说说这是什么?”孩子们七嘴八舌地说开来：“是小鸡!”“是猴子!”“不对，是一座大山!”一幅画，孩子们看到了千般景色。我不禁想到“世界有多大，幼儿想象的翅膀就有多大”。让我们给幼儿插上想象的翅膀，让他们自由地翱翔在广阔的天地间。

三、注重在美术活动中对幼儿创新能力的培养

首先，创设游戏化的绘画情景。如何使小班幼儿在美术活动中创造性地表达自己的感受和体验，并真正体验到快乐呢?很重要的一点，就是教师要创设游戏化的绘画情景。

如在命题画花布中，我边抱着布娃娃，边说：“过几天，就是妞妞的生日了，她很想穿一条漂亮的花裙子，我们送给她好吗?”幼儿齐声说：“好!”接着我又说：“不过在做裙子前，先要设计一些美丽的花布，你们想想看妞妞喜欢什么样的花布呢?”幼儿可来劲了，争

着说出了格子布、彩条布、点子布、星星花布、小动物花布……整节课中，幼儿始终沉浸在“我是花布设计师”的快乐情境中，大胆想象，设计出各种色彩鲜艳、图案新颖的花布，体验到了创作的乐趣和成功的喜悦。

其次，进行恰到好处的指导。每个幼儿都是一个独立的个体，他们的审美情趣、审美能力、作画技能、创新能力等都是不同的。教师应该承认幼儿的个体差异，因势利导地加以引导。

姜城钰想象力比较丰富，作画大胆、构思新颖，但有急于求成的小缺点，他的作品粗看比较零乱，色彩单调，细品方知其中的新奇之处。对于这样的孩子，我一方面肯定他的独创性；另一方面则用商讨的口吻，鼓励他认真选色、涂色，丰富画面的色彩。柳京言喜欢涂色，线条流畅、色彩鲜艳是她的作画优点，但是画面有些单一，我在赞赏她良好的作画技能的基础上，着重引导她联系生活经验，拓宽思路，向她提出一些启发性的问题，诸如“哇，这么漂亮的气球飘在天上，天上还有什么呢”……慢慢地她的思路开阔了许多，添画能力有了一定的提高，这正如陈鹤琴先生所说的“积极的暗示胜于消极的命令”。对一些缺乏自信心的幼儿，我更是不断地鼓励、赞赏他们，使他们充满信心，大胆地绘画。

四、走进幼儿的绘画世界

幼儿的“真实”世界与成人的现实世界是不同的，他们的画往往是造型夸张，构图出格，想象奇特，鱼可以游到天上，太阳、飞鸟、白云画在地上，对于这样天马行空的幻想，教师要表示赞赏，千万不能作贬低性的批评。

一次美术活动中，正日画了几只可爱的小猫咪和小鱼，我看了暗自一喜：嗯，正日画得真好！可当我再次回到他身边时，好好的一张画已面目全非，只见画面上刷刷刷地画上了几条黑曲线和一团火红的东西，我真想批评他，他却仰起小脸，娓娓动听地讲起了其中的故事：“一天早晨，猫妈妈带着小猫去河边钓鱼，忽然树林里冒起了黑烟，起火了，你看猫妈妈要去打电话报警呢……”你瞧，孩子的想象力多么丰富，我差点错怪了他。我们应该珍视这份童心，让更多的幼儿在自己的绘画世界中尽情地泼墨挥毫，表达他们的思想感情。

五、正面评价幼儿的作品

古尔维奇说：“幼儿的评价、见解往往是很原始的，并且大致在他们的概念范围内转来转去，好听与不好听，喜欢与不喜欢，虽然如此，但无论如何在任何情况下，都不能轻视这个美学见解的幼芽。”为了呵护这棵幼芽，我让幼儿主动参与评价同伴的作品，允许先画好的幼儿，自由参观其他组同伴的作品，看看谁的画最美？谁的画最有趣？谁的画最有创意？然后尽可能多地展示幼儿的作品，引导幼儿既乐于欣赏技能强、创意新的作品，又在那些不起眼的作品中发现其中的优点，给予每个幼儿被认可的快乐，使幼儿在获得经验的同时，逐渐形成积极的自我意识，使他们由此更加喜欢美术活动，更富有创造的勇气和热情。

在与老师亲密、和谐的关系中，在美术游戏与生活的自然结合里，孩子们在游戏中快乐地生活，掌握着多项技能，想象和创新在不断发展，并享受着童年的欢乐。作为一名小班教师，我不断地摸索，不断地积累，和孩子们共同进步、共同发展。

在有效的师幼互动中培养小班幼儿对美工区的兴趣

田爱芳

幼儿园的区域活动又称游戏角、学习角或兴趣中心，它是在一定的区域，如活动室或楼道中，教师根据幼儿的年龄特点、兴趣、能力及其身心全面和谐发展的需求，设置各种富有教育意义的区域（角）环境，属幼儿自主活动的领域，也是幼儿园教育活动的重要组成部分。美工区是其中的一个区域，它是为了培养幼儿美术方面的兴趣，通过幼儿与美术活动材料的互动来实现教育目标的。

“师幼互动”是近年来在幼教领域炙手可热的话题。特别是在《纲要》中更是处处体现出师幼互动的教育理念，如“建立良好的师生、同伴关系，让幼儿在集体生活中感到温暖，心情愉快，形成安全感、信任感”。

一、创造宽松、自由的互动氛围，促进幼儿主动发展

“师幼互动”应建立在轻松、自由的基础上，在教师和幼儿都保持愉快心情的情况下，相互之间产生积极的互动。如果始终处于一种强迫、紧张的气氛中，只会产生负面的影响。因为在这种情况下幼儿根本无法自由表达自己的意见，如果幼儿连自己的基本想法都无法表达，那也就根本谈不上所谓的互动。因此，要想进行积极的互动就要创造一个宽松、愉快的氛围。

师生是共同学习，共同成长的。当我们把游戏的权利真正交给孩子时，小班幼儿也可以创造出许多有趣的游戏，这时教师的职责应该是做一个平等的参与者并在与幼儿的共同参与中观察和支持幼儿。

散步回来，童童选择了美工区，她穿上围裙，来到了颜料柜子旁边，拿起绿色广告色的瓶子，我帮她把绿色倒在颜色盆里，她拿起板刷，在镶有瓷砖的墙上刷了起来。

一块、两块、三块……刷了近 12 块的瓷砖，刷满后，她蹲在地

上静静地看着绿色的瓷砖……我不解地观察着她，大约过了将近5分钟，我发现刷有绿色的瓷砖上发生了变化——由于广告色较稀，刷在光滑的墙面上有流下来的痕迹，而且流下来的痕迹很像树的感觉。当她看到这一变化时，显得很兴奋，回过头拉住我的手说："田老师，我在画大树!"此时已经兴奋的我，再也控制不住，拿起刷子和童童学起了画大树……

我在童童的细心指导下，画了4块绿色的瓷砖，她让我蹲下等，等了一会儿，果真我也画出了大树。我又鼓励她去尝试还会有什么发现，随后我用宣纸将她的作品从墙上拓印了下来，活动后和幼儿一起分享。

要想使幼儿从小养成观察和欣赏的习惯，教师首先要做一个善于观察和会欣赏的人，我学童童画大树，就是在欣赏她；将作品和幼儿一起分享，不仅支持了童童的行为，也促进了同伴间的分享。

教师要尊重幼儿，做他们活动的观察者、支持者、引导者。教师只有在认真观察幼儿的基础上，才能采取适宜的教育策略来支持幼儿，幼儿得到了适宜的支持，才能得到较好的发展。

二、情感交流是促进师幼互动的重要因素

情感交流是一种心灵的交会，人们只有在相互相信、尊重的基础上，才会把自己的想法向对方倾诉，进行相互的交流。幼儿同教师之间更是如此。教师只有理解幼儿的做法，才能真正走进幼儿的内心世界。情感交流可以让幼儿在爱的滋润下养成自尊、自爱、不怕困难、乐于探索的良好品质。

美工区内，巨大的画纸贴在墙上，小班幼儿手拿板刷，蘸着各种水彩颜料在纸上进行着创造性的玩色游戏。昆昆十分专注地投入其中，一会儿，将颜色甩在纸上；一会儿，又在纸上刷各种颜色，观察着颜色的变化。当他转身要去绿色颜料盆蘸颜色时，不小心小脚踩在盆里。昆昆一动不动，两眼直直地看着我，眼神里透露出惊恐与不安，我像什么事也没发生一样，摸着昆昆的头说："小脚也想玩颜色吗?"接着，我拿起一张纸铺在地上，让昆昆将踩有绿色颜料

的鞋底纹印在纸上。瞬间，一个漂亮的绿色孔雀羽毛纹跃然纸上，我顺势说："昆昆的小脚也会作画，你真能干。"接下来的几秒中里，我屏住呼吸，等待并观察着昆昆的反应，过了片刻，他嘴里念着："小脚丫会作画，拿给爸爸看！"此时，脸上的惊恐一扫而光，又继续愉快地玩色去了。我将小脚作的画收起，晚上交给了昆昆的父亲。

情绪对小班幼儿的支配作用很大，他们容易激动，而且激动起来就难以控制，教师要理解和接纳小班幼儿活动情绪化的年龄特点。教师作为幼儿活动的支持者，应更多地给幼儿以情感、心理上的支持和鼓励，使幼儿在活动中保持积极愉快的情绪。

现在，每当我在美工区内看到昆昆的影子，他对美工材料的探究和对活动的专注，总会让我想起"小脚作的画儿"，也正是因为我正确的做法，在增进了教师与幼儿情感的同时，更留住了幼儿对美术活动的浓厚兴趣与追求。小班的美术活动，教师应更加注重用支持、鼓励的方法激发幼儿参加活动的兴趣和愿望，幼儿是否对艺术活动感兴趣，能否主动参与，在活动中是否有愉快丰富的情感体验，是否通过艺术活动使幼儿的情感、想象力和创造力得到发展是艺术活动的价值所在。

有效的互动需要教师和幼儿有心灵上的共鸣、情感上的交流，只有教师眼中有孩子，情感贴近孩子，才能真正走进孩子的内心，和幼儿发生有效的互动。

三、通过自主游戏培养小班幼儿对美术活动的兴趣

过去，小班幼儿的游戏往往由教师发起，人们会认为，教师发起的游戏才是有价值的游戏。其实不尽然，教师同样可以在幼儿的自主游戏中捕捉到有价值的东西，从而去进一步挖掘它，使幼儿的自主游戏和目标有机结合。

美工区内，孩子们自由地开展着玩色游戏。有的拿着画笔往墙上涂，有的用印章玩色，有的用小勺把颜色混在盘里，观察着颜色的变化……我学着轩轩的样子，用小勺舀起一种颜色和另一种颜色混在一起，和他一起分享着颜色的发现。接下来他将混在一起的颜

色倒在一张纸上，抖动着手里的纸，颜色在纸上流动着，又将纸对折，用手在纸上划了几下，说声“变”，然后将纸打开，纸上立即出现了“两条鱼”的印记（由于是对折，产生了对称效果，出现了两条一样的鱼）。

我马上跟着行动起来，开始变变变，蝴蝶变出来了、两只老虎变出来了……四五个孩子也和我们一起变了起来。过了一会儿，纸上变出了很多图像：有两个人坐在草地上谈话、有金鱼和飞鱼、有潜水员、有小鸟，还有大树……

以往我们的做法是把幼儿的作品装订成册，作为教师不应仅仅是幼儿作品的保存者，应更多地发现幼儿作品的价值，对其进行再加工和利用，使幼儿的创作成果得到保留，引导幼儿和同伴一起欣赏自己和他人的创作成果。

接下来的活动老师和幼儿一起对玩色的印记进行联想和想象，“你猜猜这些印记像什么？”（像两只老虎）“两只老虎去做什么？”（像两个坐在草地上的人）“坐在草地上的两个人在说什么？”（像鱼）“这么多漂亮的小鱼生活在哪里？”“数一数有几条小鱼……”老师和幼儿一起将这些玩色的印记剪下来，按照幼儿创编的思路把剪好的图像贴在连续的纸上，将幼儿创编的故事记录下来，这样就成了一本记录幼儿美术作品和幼儿的语言创作作品的连环画册。把这本画册投放在图书角里，幼儿非常感兴趣，因为这是他们自己的书。艺术教育要以幼儿的全面发展为本，不应仅仅局限于为艺术而艺术，通过艺术活动促进幼儿语言、社会性、认知，特别是情感和想象力、创造力的均衡发展是艺术活动所追求的价值所在。

师幼互动的形式很多，互动无处不在。如何开展有效的师幼互动是对每一位教师的挑战。安全、愉快、宽松的外部氛围是建构积极、有效师幼互动的前提条件；师生之间积极的情感交流是互动的保证；教师深入有效的参与和引导是互动的关键。

在泥塑活动中培养中班幼儿的自主创造能力

王英辉

中班阶段的孩子，活泼好动，活动的主动性和积极性增强。以操作和探索为主要学习方式的活动比较适宜中班幼儿。

泥塑活动恰恰是一种具有较强操作性的活动，幼儿在动手操作的同时，也充分地运用视觉和触觉感知物体的不同侧面，其空间立体感获得发展，小肌肉的协调性、灵活性逐渐增强，想象力和创造力也得到很大提高。因此，泥塑活动是促进幼儿身心健康发展的不可多得的艺术形式。

幼儿是积极的活动者和主动的学习者，只有在活动中充分发挥幼儿的主动性，幼儿才能有创造性地活动，才能获得有益的、积极的、全面的发展。于是，我重新思考泥塑活动中教师主导作用的发挥和幼儿自主性的培养，并摸索出一些新思路。

一、欣赏和感受泥塑之美，是激发幼儿内在兴趣的基础

艺术感受力和体验能力是幼儿自主活动的前提，没有哪一个幼儿能够凭空进行想象与创造。所以，在组织幼儿泥塑活动的过程中，我注重引导幼儿感受、体验身边熟悉的事物的美，培养幼儿的感知能力，丰富其艺术体验，为幼儿自主活动提供条件。

（一）在自然生活中感受

在泥塑活动的过程中，我引导幼儿观察、感受日常生活中的千姿百态，带领幼儿到大自然中感受自然美，到社会生活中感受人物美，积累感性经验。如春天萌动的绿芽、五彩斑斓的花卉、连绵的群山、碧波荡漾的水库、车水马龙的繁华街道、人们的欢声笑语……通过老师有目的的引导，孩子们有了一双能够发现美的眼睛。张畅原小朋友发现了瓢虫，便叫来小伙伴看，边看边说：“这只瓢虫是红色的，那只是黄色的，它们身上有黑点，翅膀是透明的，多漂亮呀！”他们能够有意识地进行观察，寻找美的事物，并能与伙伴交

流、分享，共同积累经验。

（二）在艺术作品中感受

中华民族有着五千年辉煌灿烂的文化，其中的民间艺术便是源于自然，表情达意，蕴涵着天地万物之灵性。于是我充分利用家长资源，通过收集泥人作品或泥塑图片，请幼儿欣赏，引导他们发现红色是民间艺术作品中常用的颜色，它代表着喜庆、富贵、吉祥。引导幼儿从作品的“形”“神”“气”“韵”中感受作品表现美的形式和方法，感受中华民族特有的思想情感和艺术情趣。同时，我也注重请幼儿欣赏现代泥塑作品。我们参观陶艺室，欣赏大哥哥、大姐姐及成人的泥塑作品，引导他们在参观欣赏的过程中感受作品的形态美、色彩美，从而激发起幼儿自主创造的强烈愿望。

二、创设自由宽松的环境是促进幼儿主动探索的必要条件

我们经常感觉到：在情绪良好的状态下工作思路开阔敏捷，解决问题迅速；而心情低沉，忧郁时则思路堵塞，操作迟缓，无自主性可言。的确，孩子们需要一个自由、宽松、接纳、支持的活动环境，孩子们需要教师支持、鼓励的言语、眼神和教师给予的表扬。因此，在泥塑活动过程中，我鼓励幼儿自由选择表现形式，自主选择材料，自定捏塑内容，自由结伴……增大活动自由度，幼儿参与的积极性明显提高。

另外，我们专门为孩子们开辟了泥工活动区，孩子们为它起名“泥工厂”，并陆续投放了面泥、陶泥、培乐多泥、黏土等不同质地的泥，又一起收集了“牙签”、豆子、瓶盖、拉环、纸等许多种辅助材料，设计展示幼儿作品的展柜，为幼儿创设便于操作的环境，从而激发起幼儿主动参与的兴趣。

积极、有效的师幼互动能为幼儿营造一种肯定、鼓励的精神氛围，帮助幼儿树立自信，使他们在集体生活中感到温暖，心情愉快。如在泥工活动《海底世界》中，有的小朋友想捏鲨鱼，有的想捏乌贼，有的想捏螃蟹……我说：“你们的想法真好，快试试吧！”孩子们听后异常兴奋，因为他们感觉到自己的想法已经得到

了老师的支持和期待，这也正是师生有效互动的关键。不一会儿，壮壮来找我："老师，我不会捏鲨鱼?"我笑笑，若有所思地说："我记得图书馆有一本海底世界动物百科全书，你们到那里找一找，看看有没有这些动物。在我的提醒下，孩子们在动物百科全书中找到了鲨鱼，这一举动也吸引了不少小朋友。于是他们都参加到捏"海底世界"的活动中，他们选择自己喜欢的动物，运用各种辅助材料丰富自己捏塑的形象。经过大家的共同努力，一个大型泥塑作品《海底世界》诞生了，孩子们高兴地拍手笑呀跳呀，充分体验到成功的乐趣。

三、运用多种指导策略是激发幼儿主动创作的关键

(一) 直观演示，创造形象情境

幼儿期，具体形象思维、直观思维处于优势地位。利用直观演示法可以寓教于乐，取得意想不到的效果。在泥塑活动《妈妈的发型和服装》中，我请他们观察妈妈的发式和着装，并请幼儿收集有关发型和服装的图片，开展"妈妈的发型真好看""多彩的服装"主题活动。将幼儿收集的实物和图片进行展示。幼儿通过观察、感知，对发型和服装有了一定的认识。这大大激发了幼儿的创作热情。在泥塑活动过程中，幼儿手法自如，积极主动，想象力也非常丰富，创作出一系列妙趣横生的作品。

(二) 设疑启智，引发问题情境

在幼儿泥塑活动中，将幼儿置于问题情境中。有了问题，幼儿才会去发现、去探索、去创造。如在泥工活动"春天来了"中，我提出问题："春天有什么小动物？杨树长叶子了吗？小朋友在做什么……"孩子们在问题的引导下，主动地去观察，并发现了一些春天基本的变化。为了使孩子们更加细致地观察身边的事物，我又以提问的方式进行引导："小草的叶片都一样吗？花瓣都是圆形吗？蝴蝶和蜜蜂哪里不同……"

经过一连串问题的引导，孩子们学会了从不同角度去观察身边

的事物，创作出形象生动的作品——蜜蜂采蜜、蝴蝶飞舞、草地上开满了绚丽多姿的花朵；小朋友形态各异：有的跳舞，有的唱歌，有的捕蝴蝶，还有两个小朋友在吵架呢……

疑问引导孩子们发现事物细微之处的不同，为他们创作形态各异的作品打下基础，激发了幼儿主动创作的热情。

（三）概括基本形，掌握捏塑要领

幼儿泥塑活动不是要教他捏，而是引导幼儿学会怎样捏。于是我采用概括基本形的方法指导幼儿学会捏泥。如在捏小兔子的时候，通过引导幼儿观察小兔子的基本形态——身体是椭圆形，头和尾巴近似于圆形，耳朵长长像旺旺鲜贝。通过观察基本形态，孩子们在操作的过程中就显得顺畅自如。

（四）拓展升华，激发幼儿再度创作的兴趣

经过一段时间的操作活动后，孩子们摆放在展示柜里的作品越来越多。除了幼儿之间的欣赏、交流以外，那些作品只是静静地摆放在那里，没有其他的作用。于是我将故事表演、创编引入泥塑活动中，让那些泥塑作品成为故事中的角色。孩子们的兴趣又一次被激发，他们用那些角色自编故事。在二度创作过程中，幼儿的语言能力又得到发展。

四、不同层次的评价是幼儿主动发展的不竭动力

在泥塑活动过程中，我注重对幼儿作品的建议性评价，鼓励幼儿的创新思想和大胆动手的行为，用鼓励、表扬、赞赏、激励性评语，从正面加以引导。根据每个孩子的不同水平给予适应的评价，善于发现每个孩子的点滴进步，激励幼儿在原有水平上得到提高。而且无论成败，老师都应站在保护创造心、自信心的基础上进行评价，以鼓励幼儿对创作、对活动的信心。

总之，教育必须遵从《纲要》中以幼儿为本的理念，让每个幼儿在其艺术天性的引领下，按照他们自己的能力水平，在活动中自主的、以自己的方法表达他们对周围世界美好事物的感受，体验自

主创造的乐趣。在泥塑活动中，教师为幼儿创设了宽松自由的环境，为他们的自主发展提供了空间和氛围；通过适宜的教育策略，使幼儿掌握了泥塑的技能；通过鼓励性的评价推动了幼儿主动性和创造性的发展，从而促进其全面、健康地发展。

幼儿园剪纸教学实践策略

高书红

剪纸是我国传统的民间艺术之一，也是幼儿园美术教育的有机组成部分。在幼儿园的剪纸教学中，教师要么直接告诉幼儿怎么做，要么就要求幼儿自己随意去做。两者都不能使幼儿主动快乐地发展。为此，我们在剪纸活动中进行了以下探索和尝试：

一、创设良好环境，激发幼儿对剪纸的兴趣

由于剪纸是一种民间艺术，幼儿接触的较少。为了让幼儿感受、理解剪纸作品的美，我为幼儿营造了浓郁的艺术环境：模仿民间的过年习俗，在教室的玻璃上贴上十二生肖的剪纸作品，在教室中间挂上幼儿用剪纸的方法制作的饰品，把原来大班幼儿的剪纸作品贴在墙上或压在桌子上供幼儿欣赏，使孩子们身临其境地感受热闹、欢乐的气氛，提高感受美的能力。

孩子们在耳濡目染中发现剪纸是一项神奇的活动，一张小小的纸，一把小小的剪刀，在转动的瞬间能够变化出各种各样的东西。他们跃跃欲试，想尝试一下。我及时地为幼儿投放了各种各样的纸张，让他们在自由尝试的过程中体验剪纸的乐趣。

二、走近周围生活，引导幼儿主动发现问题

剪纸的题材大都来源于生活，当幼儿在创作剪纸时，首先要有丰富的生活经验，这就需要教师要做一个有心人，引导幼儿在周围生活中学会观察，善于观察。比如，幼儿园中有各种各样的树木，虽然孩子们整天都在看树，但是，真正让他们剪树还是有一定难度的。我把孩子们第一次剪的树都贴在了墙上，让他们和哥哥姐姐的作品进行比较。在比较的过程中孩子们发现了许多问题，如剪得太小、花纹少、不太像树或形状单一等。发现了问题之后，我们一起来到院子里，在和大树做游戏的过程中又认认真真地观察树，因为

这次是带着问题有目的的观察，所以孩子们很快发现：树干是粗粗的、直直的；树冠像一个圆圆的大帽子；树有不同的形状，有圆形的，有三角形的；树叶也是各种各样的。观察完树后，孩子们把自己观察到的各种各样的树画了出来。通过这一系列的活动，幼儿的头脑中有了初步的树的形象，所以在进行第二次剪纸时，幼儿的进步很大，剪出了各种不同的树，而且剪的花纹也不再是大洞小洞的了。尽管线条上还不够流畅，但是他们都能够很准确地表现出树的主要特征。从这个活动中，孩子们也知道了只有用心观察我们身边的事物，才能够创作出色的作品。

三、多种教学方法，帮助幼儿积极主动地学习

剪纸对幼儿来说是比较困难，又比较枯燥的活动。所以教师在设计活动时要由易到难，要有目的、循序渐进地不断提出新的要求，使幼儿逐渐提高剪纸技能和审美能力。在剪纸活动中，我发现光靠幼儿欣赏，自己剪还不行，一些基本的、必要的剪纸技能还是非常需要的，但是这些技能练习对幼儿来说比较枯燥，所以我采用了多种方法，帮幼儿练习剪纸的技能。

（一）在主题游戏中，培养幼儿的剪纸技能

教师要根据教学内容，设计幼儿感兴趣的各种游戏活动，把各种图形与生活中的具体事物结合起来，使幼儿感到有趣并易于理解接受。如练习目测剪直线，便可设计为“学做小厨师”，要求幼儿把方形线剪成细长的面条，比比哪位小厨师的面条做得好；沿线剪圆形便可设计为“削苹果”，比谁的苹果皮削得长等。玩中学的方法可以使幼儿轻松愉快地掌握所学的技能。

（二）在创编故事中，增强幼儿的剪纸兴趣

孩子们往往在剪出了一件作品后，就觉得自己完成任务了。如果老师能够深入挖掘一下，不但会拓展幼儿活动的内容，还会使幼儿的活动兴趣长久地保持。我们开展了剪纸编故事的活动。起初孩子们每人剪好一件作品，几个人自由组成一组，利用剪纸作品编故

事。他们通过剪、摆、看、说的环节创编出了许多的小故事，如三只小兔、小青蛙和狐狸等。后来，他们会把自己剪好的许多作品放在一起，创编出一个故事，有生有色地讲给同伴听。在这个过程中，他们的动手能力、合作能力、与人交往的能力和语言表达能力都得到了发展。

（三）在领域融合中，拓展幼儿剪纸的内容

大班的孩子喜欢表演，他们尤其喜欢自编自演的活动。我从剪纸作品“老鼠嫁女儿”入手，组织幼儿创编出自己的“老鼠嫁女儿”故事。幼儿对故事熟练掌握以后就有了表演的欲望，这时教师要及时给予支持。于是我抓住幼儿的兴趣和他们一起开展了一系列的活动：讨论应该如何表演、制定表演的规则、开设小剧场、用剪、画、折、贴的方式画海报、布置剧场、制作服装和道具等。随着幼教改革的不断深入，教师们越来越重视多领域融合的教育活动。剪纸活动也是如此，可以以剪纸的故事为切入点，引发幼儿讲故事、编故事、演故事等一系列活动；又如幼儿剪面条，教师可以引导幼儿点数“剪了几根面条?”进行计算方面的练习；还可以引导幼儿讲述、评价自己和别人的作品，以发展幼儿的语言表达能力。这样的剪纸活动不再是老师被动的要求，而是幼儿发自内心的主动活动，既能激发幼儿对剪纸的兴趣，同时也使他们在活动中体验到了成功，增强了自信心。

（四）在自主学习中，培养幼儿剪纸创新能力

随着年龄的增长，大班幼儿不再追随老师，他们喜欢有挑战性的学习内容，同时喜欢向同伴学习。教师要为幼儿创设自己学习和向同伴学习的机会。如把剪纸的步骤图压好膜贴在桌子上，幼儿可以自己看步骤图学习剪纸的方法；在图书区投放了许多关于剪纸的工具书，他们不会剪的时候，可以去书中寻找答案；同时还开设了剪纸屋的角色区，会剪的幼儿来当小老师，不会剪的幼儿可以向他们学习。这样开放的学习环境使幼儿更加自主、积极地参与剪纸活动。在幼儿掌握了基本的剪纸方法以后，他们会在观察的基础上加上自己的想象，剪纸的作品越来越丰富了。

四、在剪纸活动中教师应注意的问题

（一）提供安全丰富的材料

剪纸用的主要工具是剪刀、刻刀等。所以教师要为幼儿准备便于取放的安全的材料。如用酸奶盒扣过来做成了剪刀盒，上面有序地插好幼儿使用的剪刀和胶棒，便于幼儿取放，同时也有利于他们养成良好的习惯。

在以前的剪纸活动中，幼儿从小班到大班一直使用同样大小的电光纸。教师应当按照幼儿使用剪刀的能力，把纸裁成不同的开数，让他们知道纸不仅有电光纸、复印纸的名称，还可以有大小的名称，如 32 开图画纸、64 开卡纸等。纸的大小是有比例的，我们就把比例的概念渗透在剪纸的活动里，为幼儿有计划地用纸，养成节约用纸的好习惯打下基础。

（二）共同制定剪纸的规则

任何活动的进行都要有一定的规则。大班幼儿学习的目的性、计划性增强，他们已经具备了自己制定规则的能力，所以教师要引导幼儿共同参与规则的制定。因为有幼儿主动的参与，他们才会乐于遵守。这既是开展剪纸活动的安全保证，又有助于儿幼儿形成良好的行为习惯。所有的规则要求尽量用幼儿能理解的话语或者用图画的形式，让他们更便于理解。

（三）全面客观地评价作品

幼儿的作品稚气、生动、想象力丰富，他们的许多想法和看法都是那么的新奇。所以作为教师不应以像不像、好不好为标准评价幼儿的作品，而应站在幼儿的角度，学会欣赏他们的作品，全面客观地评价幼儿的作品，使他们感受到自己的作品受到了老师的重视和喜爱，得到了老师的尊重，从而增强自信心，能更好地用剪纸这种形式表达自己的想法。

总之，幼儿园的剪纸教学需要教师为幼儿创设良好的剪纸环境，通过游戏、故事等多种方法使幼儿积极主动地练习剪纸的技能。剪纸活动是具有创造性的活动，幼儿根据自己头脑中感知过的物体形象，进行设计、构思、再加工，表现实物或创造新的事物。所以我们还需要在教学中不断探索剪纸活动的新方法，使幼儿能在自主、积极、愉快的剪纸活动中获得更多的发展。

绘画教学与五大领域的相互融合

张 伟

《纲要》中明确指出“五大领域的内容要相互渗透”，即不同教育领域之间并非各自分立，而是相互交流、相互会通，达到“促进幼儿情感、态度、能力、知识、技能等方面全面和谐发展”的总目标。而幼儿园美术教育中的绘画活动是艺术教育的重要组成部分，应该给予特别的重视。因为这里充满了未知，充满了可供探求的新领域，当然也就充满了更多的希望和机遇。

一、绘画活动与幼儿心理健康息息相关

《纲要》中指出美术教育是幼儿“表达自己的认识和情感的重要方式”，要使幼儿“大胆地表达自己的情感、理解和想象”。而其中的绘画活动是幼儿自我表达的重要方式。比如，在进行“我的妈妈”绘画活动时，有个幼儿的画就是妈妈的头发充斥了整个画面，我问：“你为什么要把妈妈的头发画的像垂下的长长柳枝?”孩子轻轻地说：“我喜欢攥着妈妈的头发睡觉，可上了大班，爸爸让我自己睡一个屋，做个男子汉，我睡不着，好想要妈妈的头发长得长长的，我就能在我屋的被窝里攥着妈妈的头发睡觉啦。”我明白了，孩子不想单独睡一个小屋，但又要做爸爸眼中的男子汉，他很矛盾。而这次的绘画活动恰恰给了他表达的机会。当我给孩子的妈妈看了这幅画并讲述了画的内容时，孩子的妈妈哭了。从此妈妈每天都会在小床前陪孩子一段时间，讲讲故事，说说话，让孩子在爱的包围中自然地迈过这道坎。

老师的信息都是来自于一幅幅看似简单的幼儿绘画作品中，这正好说明了绘画活动是与幼儿的心理健康息息相关的。绘画是孩子表达思想感情的一种方式，当孩子不愿用语言表达自己的想法时，如果教师能够给幼儿创设一个宽松的精神氛围，幼儿就能够把自己的心中所想、眼中所看通过绘画形式表现出来，他们的作品可以

“写实”，也可以加入自己的想象，“儿童的绘画是儿童当时的思想写照”，他们的绘画行为来自自身的需要，而不是为了追求被成人承认的“成功”作品。此时，就需要老师在观看这类创作的时候不能停留在表面上的怪诞不经，而要用心去洞察这怪诞不经的背后所蕴涵着的幼儿内心世界，帮助其排解各种心理障碍，使幼儿在愉悦的心境中长大。

二、绘画活动是幼儿另一种语言表达形式

《纲要》强调了幼儿的“语言能力是在运用的过程中发展起来的”。在欣赏儿歌《春天的色彩》的活动中，我首先带领孩子们来到大自然中，让幼儿亲身体验春天的色彩，在他们用耳朵、眼睛、手、鼻子等方法去找春天的时候，就会不自觉地用语言与同伴交流自己看到的、听到的、想到的。在这一过程中，幼儿学习了如何倾听他人的语言，学习了怎样在同伴面前比较清楚地叙述自己的想法。当孩子们伴随着《春天的色彩》的吟诵进行绘画时，你会发现：一龙画的是天上五颜六色的各式风筝，所以他说春天是五彩的；冬冬则画了一个有五彩的鱼儿的水库，因为他每天上幼儿园的路上看到的水库就是这个样子，所以他说春天是透明的……在“画后说画”的过程中，孩子们可以说给自己听，说给老师听，说给同伴听；可以集中说某一幅画，也可以说所有的画；可以说绘画的过程，也可以说绘画的感受。

正是因为没有老师的限制，孩子们在用语言表述的过程中始终是自由的、主动的，也就会说得越来越准确，越来越完整。此外，孩子们在无目的表述的过程中，经常会不由自主地产生一些不好的口头语，如然后、这个等，但是当他们面对自己的或者同伴的绘画作品进行讲述的时候，就很少会出现这些口头语，这是因为他们在表述的过程中能够借助绘画作品提示自己要表述的内容，增加了他们的自信心。就是这些听似简单、愉快的、大胆的画后语言的表达，很好地发展了幼儿的语言能力，同时也说明宽松的绘画活动能够给幼儿提供宽松的语言运用情境，能够为幼儿提供创造性地运用语言

的机会。

三、绘画内容能够对幼儿的行为起到暗示作用

在许多情况下幼儿违反规则并非有意而为，而是因为他们对那些由成人制定的规则并不十分明了。因此，我们要结合实际生活，让幼儿体验规则的必要性，引导幼儿自己讨论制定规则。

建构区是男孩子十分喜欢的区域，在这里，孩子们可以随意进行搭建，所以争抢的现象也常常出现在这个区域。于是在活动前我把这个问题抛给了孩子，让他们各抒己见，根据自己的实际需要和理解，绘制建构区的规则图。在一幅幅图画中，表达着孩子们对这个区应该遵守的一些规定的理解，比如画上画了两个幼儿在争抢积木，画面左上方有一个大大的、黑色的“×”，孩子们说这就表示小朋友争抢积木的行为是不对的；而几个孩子围在一起的画面，则表示来建构区的小朋友要通过商量来决定哪个搭建的内容需要同伴间的合作、哪个内容可以独立完成；孩子们用颜料直接在地面上踩制的鞋底印记，是提示来这里玩的小朋友要脱鞋，并把鞋放在脚印上摆整齐。奇怪的是，同样是规则，这次孩子们遵守起来却是非常严格的，当又发生“危险事件”的时候，就相互提示去看看墙壁上粘贴的规则。这就是教育中“美梦成真”的神话，也正好验证了“图画会说话”“环境是我们的第三位教师”的关键所在，即适宜的绘画环境能够对幼儿的行为起到暗示作用，其效果往往比教师的言传身教更明显。

四、绘画与数学巧妙结合，能够启迪幼儿的创新潜能

在数学活动中，应鼓励幼儿大胆地将自己的想法用图画表达出来。例如，在大班“认识重量”的活动中，教师提供了大量的物体，让幼儿去比轻重，并记录结果。在记录的过程中，幼儿表现出极大的创造力和想象力。有的幼儿用上下箭头表示轻重，有的幼儿用天平表示轻重，有的幼儿用数字表示轻重。幼儿结合自己的操作经验和生活经验，用自己独特的表达方式，把看不见、摸不着的重量描

述得具体形象而易于理解。对此，教师应鼓励幼儿进一步拓展思路，丰富图画表达方法。例如，幼儿画面上有被风吹的气球在最高处，纸张在半空中，羽毛球在下面的画面，表示了三种物体的轻重顺序；而画面上有一个大大的石头放在了一个被压碎的玻璃上，则表示大石头太重了，把玻璃都压碎了。

在这些作品中，我们看到了他们对科学知识的不同理解，也说明了数学与绘画的巧妙结合，能够开发并启迪幼儿的创新潜能，使得幼儿将对数学的认识和感受，表现为画纸上的一幅幅不拘一格、与众不同的独特作品。

五、绘画与音乐相互交融，能够丰富幼儿内在情感的表达

音乐是流动的时间艺术，绘画是凝固的空间艺术。但音乐和绘画是相通的，我们在活动中让幼儿在听音乐的过程中作画，调动幼儿的听觉，启动孩子想象的翅膀，将声转化成形。在欣赏曲子《野蜂乱飞》的活动前，给孩子们每人发了一张大大的白纸，让幼儿边听边画，把自己真实的感受画下来。音乐开始后很久，孩子们才开始动笔，孩子们的画是千姿百态，有的是噩梦连连；有的画出了汽车碰撞；有的画出了打针输液……画面虽不一样，但都表达出了曲子的节奏变化。幼儿绘画结果表明，大班幼儿有能力将音乐转化为富有情感的创造性图画。

绘画教学具有综合性，能融合德智美多元素质。幼儿的自我表达与创造性表现更需要有丰富的知识和经验作为基础。这些功底主要来自于五大领域，而幼儿的绘画教育与五大领域的有机结合促进了幼儿创新能力的发展，也使得幼儿的绘画作品展现了稚嫩美，洋溢了纯真的童心童趣，蕴涵着也跳跃着令人心驰神往的创新精神。

如何组织大班幼儿进行线描绘画活动

杜晨阳

线条，一种神奇的符号。它随着儿童涂鸦的开始，陪伴儿童的成长，成为许多孩子表达内心世界的手段，用线画画奠定了儿童对线条有良好感觉的基础。幼儿从拿起笔的一瞬间，只要把笔尖放到纸上移动，便形成了线。因此，幼儿展示绘画能力的开始，应该是从线条开始的。中小班的幼儿接触更多的是色彩绘画。而到了大班后期，幼儿无论是手臂和小肌肉的灵活性，还是对美的感受能力，以及主动性，都适合线描画活动的开展。大班幼儿的观察能力增强，表达事物美的方式需要不断更新。因此，教师除了让幼儿感受色彩美的同时，也应让幼儿认识线条所表现的美。因此，当第一幅装饰线描画出现在幼儿面前时，他们就发出了惊喜的赞美："哇！好漂亮！"装饰线描画所具有的美感，把幼儿带到一个线条美的天地里，同时也激发了他们的学习兴趣。

于是，我对本班幼儿进行了关于线描画认识的调查，结果是有25％的幼儿理解什么是线描画，并且能够较为准确和大胆地表现；有50％的幼儿理解什么是线描画，但表现起来有难度；还有25％的幼儿不太理解什么是线描画，分析其原因主要是以下几个方面：

(1) 大部分幼儿接触线描画的机会比较少；

(2) 幼儿之间存在着个体差异；

(3) 缺少系统性的线描画的指导。

针对调查结果，结合幼儿的发展需要和兴趣需要，我开始对本班幼儿进行线描绘画的系统培养，让他们在充分感受、欣赏、理解的基础上开始学习。

一、为学习线描画积累认识和经验

(一) 欣赏优秀线描作品，感受线条美

要培养幼儿对线描画活动的兴趣，首先应让他们感受什么是线

描以及线描作品所带来的美感。所以，我从网上下载了许多不同风格的优秀线描作品及生活中所见的线描类的物件让幼儿找一找自己最喜欢的地方，说说自己的感觉，提高对作品的审美能力。通过欣赏活动，幼儿基本理解了线描画的特点。直观的欣赏对幼儿是一种刺激，一种感受，一种认知。在幼儿具有了一定的感知后，下一步就是教师和幼儿们一起收集整理需要的线条、纹样和图案。

（二）寻找周围生活中的线条，认识线条美

离孩子们生活最近的就是幼儿园里的一草一木、一砖一瓦。孩子们平时就会很关注这些东西。我们来到院子里寻找，不一会儿就有好多小朋友拉着我说："老师，我发现大树的树干上有花纹。"一会儿那边又传来了声音："老师快来看，我发现了蜘蛛网是形成图案的线条。""轮胎上有花纹""篮球网上的花纹""地砖上的花纹和线条"……太多的线条和花纹让幼儿像发现新大陆一样高兴。为了把幼儿的发现记录下来，我们有的用笔记录，有的用相机照下来。很快我们就收集了大量的线条和花纹。让我没想到的是孩子们发现了很多我们平时疏于观察的东西。

（三）编辑、整理、创建造型符号库，赋予线条美

有了欣赏和观察的基础，我认为应该对幼儿头脑中的符号进行梳理。

1. 给线条命名

	海水、鬓发
	恐龙身上的刺，小草
	长城墙
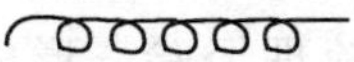	电话线
	海浪

2. 为图形归类

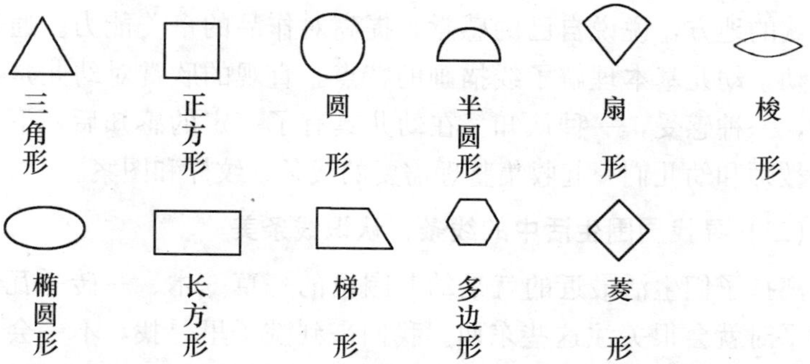

3. 联想演绎

有了这些前期的准备工作，可以帮助幼儿梳理经验，形成一个共享的平台，为幼儿以后的线描画绘画奠定了基础。幼儿在以后的创作中，完全可以自己想，也可以到“线条花纹图案库”里来找，

方便了幼儿，也使教师有更多的精力指导幼儿。

二、选择适宜幼儿主动表现的工具和材料

（一）选择适合幼儿操作的工具

线描的工具灵活多样，选用不同的工具材料会产生不同的艺术效果。常用的工具有铅笔、炭笔、钢笔、签字笔、记号笔等。因为线描使用工具的不同可以使作品呈现不同的面貌。幼儿喜欢美丽鲜艳的色彩，所以让他们直接用彩色铅笔、水彩笔、油画棒等色彩工具进行线描。线条可以是单色的，也可以是复色的，在线与线之间，或线的上面可以再加其他的色线，这样可以造成一种丰富的色彩层次。钢笔或细记号笔，可以画出较细的黑色线条，在白而光洁的纸上对比鲜明，效果特别好。此外，还可选择不同色彩和质地的纸张来丰富线描的表现力，如卡纸、色纸、刮蜡纸都是可以选择的材料，让人从中感受到不同的效果。例如：

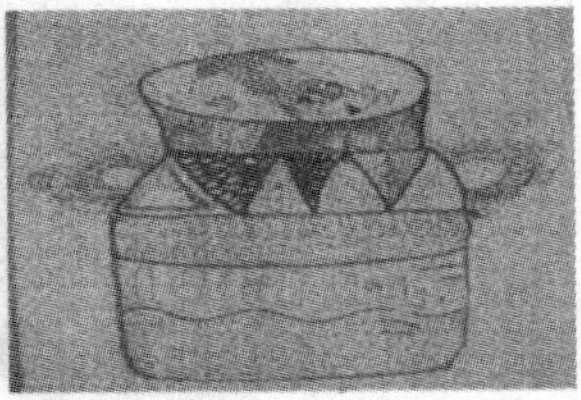

（二）选择适合幼儿观察与表现的辅助材料

除了对工具的选择以外，对于线描画辅助材料，也就是观察对象的选择要适合幼儿进行观察。例如把圆白菜从中间剖开，会显露出各种线条的组合，幼儿通过观察能够练习曲线的组合以及感受单一的线条也能组合成变化丰富的图像。举一反三，同样具有简单线条组合的物体都适合幼儿初期观察与表现。例如，玉米、树干、白菜等。身边可挖掘的材料很丰富，教师还可以引导幼儿有主动观察主动发现的意识，让幼儿和教师一起收集材料。

三、线描绘画活动需要遵循的原则

（一）先易后难的原则

根据幼儿的心理特点，开始学习线描时，要选取幼儿所熟悉，且新奇有趣、形状简单的物体作为绘画的对象。我们结合主题活动，选择其中的内容让幼儿学习，如画他们爱吃的水果，秋天的落叶等。当他们有了一点基础后，再引导他们画线条较复杂的物体。

（二）宁繁勿简的原则

为了克服作画简单化、类同概念化的儿童心理弱点，在学习初期，教师要有意识地引导幼儿尽量多用线条来刻画物体，不轻易放过眼中所见的一切，特别是要牢牢抓住物体有特征的细节，宁繁勿简。教师不断地提醒、鼓励幼儿将画面画满，这对培养幼儿的观察力、毅力、耐心及认真、踏实的学习态度是很有益的。

（三）先整体后局部的原则

线描时，要注意作画顺序，一般应从整体入手，从大的整体形状画到小的局部，从外面画到里面。把大块面积缩小。

（四）突出线条的表现力的原则

线描的表现力体现在两个方面，一是线条本身的美感，体现在线的浓淡、粗细、长短、疏密等变化上；二是通过线的安排组织来反映物象的空间、结构、质地等。这两个方面的结合代表了线描的整体表现力。

1. 大胆用线

在线描学习初期，幼儿由于对落笔心里没底，涂改较多、线条呆滞，我就引导他们多看再画，要求观察充分后再下笔，线条要果断，可以拉得长些，让幼儿明白未经涂改的线条才是有个性的，并对他们加以肯定和表扬。线条画错了，可以再画一条，或者“将错就错”，接着画下去，即使外形不太规则，甚至歪歪扭扭，也不难看，“稚拙”也是一种美。如画“蝴蝶”，幼儿往往画不大蝴蝶的翅膀，老师就引导幼儿在翅膀外再加大一圈，然后在圈形成的环内和原来的翅膀上进行不同的线描装饰，形成了独特的效果，让孩子感受到了成功的喜悦。

2. 善于用线

让幼儿在白纸上任意画上各种各样的线条，如直曲、粗细等，然后说出对所画线条的不同感觉。垂直线给人庄严、挺拔、正直等感觉；斜线则富有变化、运动、紧张和不安的感觉；规则的曲线使人感到明朗、整齐、圆滑、有序；自由的曲线则显得活泼、优美、生动、柔和。运用线的疏密、长短、曲直排列变化，来表现黑、白、灰的关系，完成一个形象的描绘，要以不同的线条和这些线条所组成的形状去刻画。如用线的疏密组合使单调的形象丰富起来。在主题活动“美丽的夏天”中，幼儿用线描来表现在夏天看到的，吃到的或者玩到的。有的幼儿画完大树、人物就停笔了。这时教师就应该用示范的方法，先让孩子欣赏其他幼儿的作品，然后运用各种线条在树干上、土坡上进行装饰，让幼儿感受线描所带来的层次感，从而产生线描的强烈愿望。这样的线描作品让人刮目相看。

幼儿在线描绘画活动中的表现虽然存在着个体差异，但经过一段时间的培养，每位幼儿都能在自己原有水平上得到发展。他们能够很敏锐地感受线条、花纹、图形的变化，并能从中发现线条的美，而且能够根据不同的线条表达自己的想法并进行想象创造，从而不仅在艺术方面得到了发展，在语言表达能力方面也有了很大的进步。因此，对大班幼儿进行线描绘画活动，教师要把握好幼儿的年龄特点和学习特点，系统而有针对性地进行指导，遵循一定的教育原则，才能使他们感受到学习的快乐和创造的美。让我们用线描绘画的语言引导幼儿进入一个美丽的世界，陶冶他们的幼小心灵，提高他们的综合素质，让他们自己去创造一个美的天地！

第二节　典型主题活动

有趣的石头（小班主题活动）

刘云杰　方　娜　张松林

主题由来

在走进大自然的系列活动中，我和孩子们在河岸上发现了大大小小、颜色各异、纹路漂亮的石头，这些不起眼的石头激起孩子们极大的兴趣："咦，这石头多像个鸡蛋，还有花纹呢。""石头是哪儿来的，是河水冲下来的吗?""石头可以用来做什么……"顺着孩子们的兴趣和思路，我和孩子们一起走进石头的世界，在洗一洗、画一画、玩一玩的活动中和幼儿一同体验玩石头的乐趣，激发孩子们的好奇心和求知欲。

主题目标

1. 引导幼儿在玩石头的活动中感知石头的特性

2. 了解石头与人们生活的密切关系，激发幼儿对生活中自然物的好奇心和求知欲

3. 收集石头，通过玩石头、画石头、制作石头作品等活动，培养幼儿的动手操作能力，并进行自我表现

4. 能主动参与丰富有趣的活动，促使幼儿主动交往，增强自信心

环境创设

1. 创设《有趣的石头》的互动性墙饰

2. 将各种石头作品摆放出来，供幼儿欣赏，为幼儿制作或装饰提供帮助

区域融合

1. 美工区

目标：尝试使用不同的方法在石头上装饰和绘画。

材料：各种石头、颜料、纸张、彩笔、废旧材料、书籍或图例。

2. 科学区

目标：在玩石头的过程中，初步感知石头的特性，体验石头简单的量的特征。

材料：各种有特点的石头；放大镜、小锤子、乳胶以及拼拼摆摆的图示等。

3. 图书区

目标：喜欢猜想画面表达的意思或故事情节的发展，愿意倾听故事。

材料：各种石头画、石头的书籍。

4. 角色区

目标：在游戏中自由想象与模仿，以自己的方式表达对周围生活的认识与理解。

材料：石头的艺术品、装饰品，供幼儿欣赏和装饰。

5. 建构区

目标：喜欢探索石头不同的玩法和搭建方式。

材料：大小不一、薄厚不同、形状和颜色各异的石头。

家长工作

1. 家长和幼儿一起收集各种石头的实物和图片等；收集大量的废旧材料供幼儿欣赏与操作

2. 幼儿与家长共同制作石头玩具或作品，激发幼儿的创作兴趣，增强幼儿的自信心

3. 邀请家长观看幼儿的作品

主题网络图（图见下页）

活动一　玩石头

活动目标

1. 引导幼儿发现石头的不同形状、颜色，感受石头表面的平滑及凹凸

2. 培养幼儿的观察能力，激发幼儿的想象力

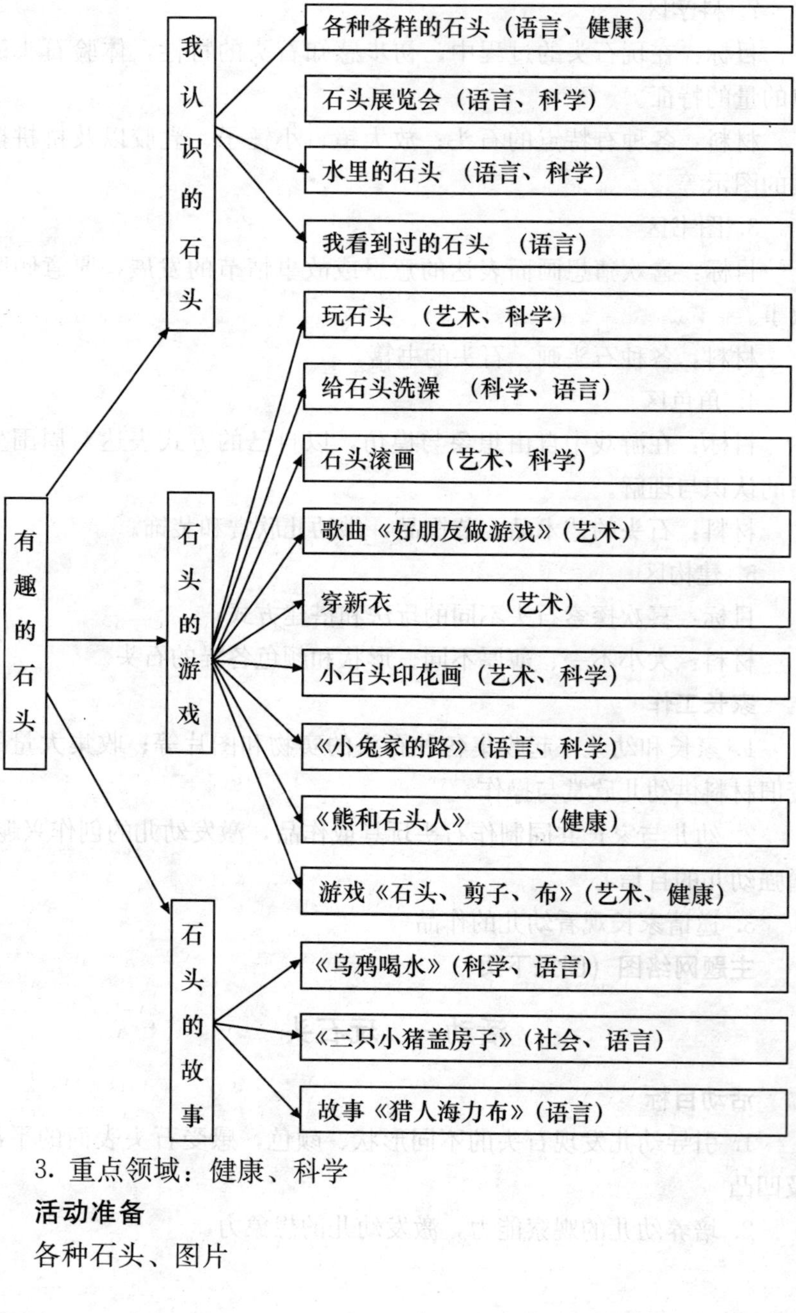

3．重点领域：健康、科学

活动准备

各种石头、图片

活动过程

1. 玩石头：教师引发幼儿质疑和发现，“小朋友手里的石头都是什么样的?”“你的石头会唱歌吗?”

2. 幼儿在玩石头的过程中，发现石头的特性

(1) 石头表面：石头有不同的颜色；有的石头会发光；石头的表面有的很光滑，有的有小坑，还有划手的石头。

(2) 石头的形状、大小：石头有大有小，形状各异。

(3) 石头会发出声音：幼儿自由尝试，看看石头会不会发出声音。

3. 石头的作用

(1) 教师提问：“石头可以用来做什么?”

(2) 鼓励幼儿大胆想象，丰富幼儿关于石头的知识。

(3) 石头变一变。根据石头的形状摆石头。如三角形的石头和方形的石头摆出小房子；用石头制作玩具。如用小石子装进瓶子或盒子制作成响筒、响盒、响瓶等。

活动建议

家长与幼儿玩石头变变变的游戏，提高幼儿的操作兴趣与能力。

活动二　石头滚画

活动目标

1. 鼓励幼儿大胆地进行石头滚画，发展幼儿的动手能力

2. 能用自己的语言大胆讲述画的内容

3. 重点领域：艺术、科学

活动准备

红、黄、蓝、绿四种颜料、调色盘、小勺子、绘画纸若干张、辅助材料若干。

活动过程

1. 玩石头

观察小石头，发现小石头的不同形状特点。

2. “石头滚画”的游戏

(1) 石头穿新衣:“小朋友穿着漂亮的衣服,可小石头还没有衣服呢,我们可以帮助他们吗?”

重点:在操作中感受色彩的美丽。

(2) 游戏:《小石头打滚》。

①教师引导:“小石头穿上了漂亮的衣裳,你们看它高兴地在打滚呢。”

②教师示范,讲解方法。将沾满颜料的石头放在图画纸上,双手拉直画纸,让小石头在双手的高低运动中来回滚动。

③引导幼儿想出更多的方法,滚画出美丽的画。

方法一:用小棍拨动沾满颜料的小石头。

方法二:把画纸铺在酸奶盒或筐筛里,沾满颜料的石头就可以自由滚动。

方法三:可以由多个石头、沾不同颜料滚画。

重点:在玩滚画中,发展幼儿的想象力和语言表达能力。

(3) 作品展示与介绍:鼓励幼儿大胆向别人介绍自己的作品。

活动建议

帮助幼儿掌握晃动纸盒和筐筛的方法,怎样才能使画更漂亮。

活动三　小兔家的路

活动目标

1. 乐意参与活动,体验玩石头的乐趣

2. 发展幼儿的数数和排序的能力

3. 重点领域:语言、科学

活动准备

石头若干,每人一个筐、木头墩等。

活动过程

1. 讲故事,引出铺路的内容

师:小兔姐弟没有了回家的路,非常着急,怎么办呢?

幼:我们来帮助他们。

师:我们怎样才能帮他们呢?

幼：给他们铺一条路。

2. 幼儿实际操作，教师指导

（1）教师与幼儿讨论用石头如何铺路。

①教师介绍铺路材料：主要材料是石头，辅材是木墩。

②幼儿实际操作铺路，在铺路的过程中发现铺路的规律。

请幼儿分组进行铺路操作；体验路况，说说自己走时的感受。

（2）根据幼儿自己的感受，引导他们总结铺路的方法。

石头与石头间的距离；根据石头的形状进行摆放；辅助材料的利用等。

活动建议

1. 提供丰富、充实的材料，给幼儿自由选择材料的空间

2. 在铺路的过程中引导幼儿有顺序地排列材料

活动四　乌鸦喝水

活动目标

1. 通过大胆设想、实验，得出乌鸦能否喝到水的结论

2. 鼓励幼儿续编故事，培养幼儿的语言表达能力

3. 重点领域：科学、语言

活动准备

装有半瓶水的瓶子、石子若干、托盘、抹布。

活动过程

1. 活动的导入：故事引出悬念，引发幼儿思考

（1）教师讲述故事《乌鸦喝水》。

（2）提出问题：“乌鸦把小石子放进瓶子，瓶子中的水会怎么样?”

2. 幼儿操作

（1）幼儿在操作过程中，引导幼儿感知石子放到水中时，水的变化。

（2）引导幼儿发现石子大小不同，需要的量也不相同。

3. 活动总结

结合幼儿操做的结果，鼓励幼儿大胆讲述自己在操作过程中的发现。

活动延伸

续编故事——根据自己的操作结果给故事加上结尾，鼓励幼儿大胆表达自己的想法。

活动建议

利用大的图画书，更能激发幼儿的学习兴趣。

主题活动反思

石头在日常生活环境中随处可见，这些小石头都是孩子们伸手可得的玩具。许多家长纷纷参与到我们的活动中来，利用周末、节假日等休息时间带孩子寻找、捡拾各种各样的石头。

我为孩子们提供了多种活动方式，让他们充分地玩石头、感知石头。例如，在玩石头时，孩子们通过摸、敲等方法感受石头的特性，通过刷石头、滚石头、摆石头等方法感知石头的趣味。充满了魅力的小石头成了孩子们的亲密玩伴，孩子们爱不释手。在玩石头的过程中，孩子们发现石头的大小不同、颜色不同、形状不同……孩子们利用石头的滚动，滚出了家乡的慕田峪长城；用不同形状的石头印出了凶猛的大怪兽；利用石头坚硬的特性，为小兔铺出了一条不再泥泞的小路……我们通过主题网络使幼儿了解了石头的各种用途。丰富多彩的活动，不仅提高了孩子的操作能力和表现美的能力，同时激发了幼儿的想象力和语言表达能力，还丰富了幼儿的生活经验。

通过这次活动，我发现多领域融合的活动可以更好地促进幼儿多方面的发展，而“有趣的石头”的主题活动也正是渗透了多领域的教育，满足了幼儿的发展需要。教师在活动中为幼儿提供操作、探索的自由空间，让幼儿在做做玩玩中获得发展。

多变的线条（中班主题活动）

杜晨阳 王英辉 卢金梅

主题由来

“线”在孩子们的生活中随处可见。线是灵活可变的，线让我们的生活变得灵动、有趣。这正符合了孩子们活泼好动的天性。教师及时抓住这一契机，开展“多变的线条”主题活动，以线为切入点，从科学、语言、艺术等多领域进行整合，让孩子们在玩中探索，发现线的奥秘。

主题目标

1. 有目的地欣赏优秀的画作和民间文化作品，感受线条的变化和魅力；能用简单的线条表达身边熟悉的事物和活动；对线描画有兴趣，能用线条做简单的画面装饰

2. 能用完整语句清楚地描述大自然的静物和常见的事物以及大胆表达自己的想法

3. 在科学活动中激发幼儿探索的兴趣

4. 学会正确的握笔姿势，尝试学习使用不同工具创作；能通过线条进行联想和表现

环境创设

线的主题墙饰的创设（线的规律美、马路上的线）；区域创设（线描画专区、我们来刺绣）；家长园地介绍和家长交流。

区域融合

1. 美工区

投放材料：刺绣架子、线描添画卡、线的编织、线描作品欣赏、线描作品展区、做假发的材料、粗记号笔、签字笔、彩笔等。

目标：引导幼儿在区域活动中感受线条的变化和魅力；对线描、刺绣活动感兴趣。

2. 表演区

投放材料：各种线的游戏，火箭气球、小鱼游游、钓鱼、编小辫、串项链、翻绳游戏。

目标：引导幼儿在玩各种线的游戏的同时，感受不同线的特性，以及感受线条变化的规律美。

3. 图书区

投放材料：投放翻绳游戏和线的编织方面的书。

目标：引导幼儿认识书的工具作用，以及正确翻看图书。

4. 建构区

系列活动——运用辅助材料制作马路上的线。

投放材料：线编的小篱笆、斑马线以及马路上的各种线。

目标：在搭建马路的过程中了解线条的作用，认识马路上的线。

家长工作

1. 鼓励家长和幼儿一起收集各种各样的线

2. 带幼儿寻找马路上的线，引导幼儿观察、发现生活中各种各样的线

3. 组织家长参观主题环境和幼儿作品，并且通过录像、照片等形式向家长介绍幼儿的活动情况

主题网：多变的线条（图见下页）

活动一　米罗点线画欣赏

活动目标

1. 引导幼儿感受作品的美，激发幼儿对线条画的兴趣

2. 尝试用点和线组合的绘画方式，表现生活中熟悉的事物

3. 重点领域：艺术、语言

活动准备

笔、纸、米罗点线画。

活动过程

1. 导入活动：观察运动的线条

太阳升起来了——右手握住拳头，左手五指张开放在右手拳头

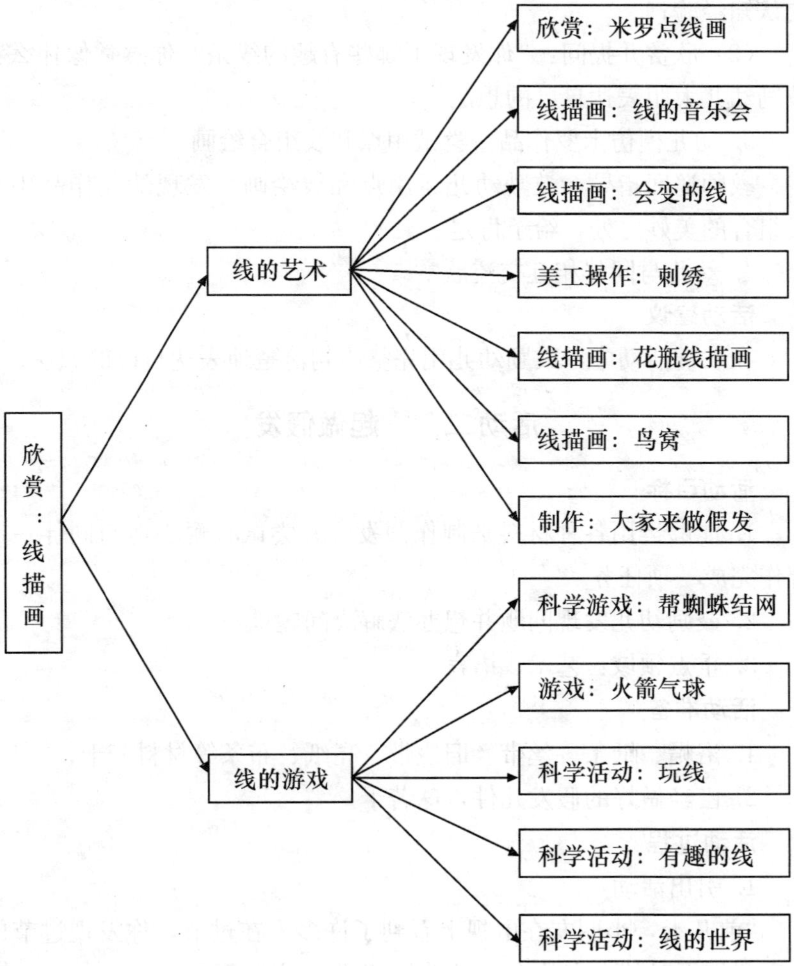

后面，由下至上移动；

小鸟飞起来了——双手大拇指相互钩着，其余手指前后移动，表现鸟飞动作；

小河的水在流淌——双手自胸前做波浪式向两侧移动。

鼓励幼儿尝试做一做。

2. 欣赏米罗的名画

（1）提问："刚才老师的表演中有哪些线条？"丰富幼儿对线条

的认知经验；

（2）欣赏并提问："你发现了哪些有趣的线条？你感觉像什么？"鼓励幼儿大胆表达自己的想法。

3. 幼儿模仿米罗作品，尝试用点和线组合绘画

教师巡回指导，鼓励幼儿运用点和线绘画，发现幼儿作品中点线组合的美妙之处，给予肯定。

4. 幼儿与同伴相互交流欣赏

活动建议

在欣赏活动中，鼓励幼儿用完整语句清楚地表达自己的想法。

活动二　一起做假发

活动目标

1. 能够运用各种材料来制作假发，并尝试有耐心地与同伴一起合作完成一项任务

2. 鼓励幼儿发现问题并想办法解决问题

3. 重点领域：艺术、语言

活动准备

1. 浴帽、纸条、丝带、旧磁带、亮纸、布条等材料若干；

2. 已经做好的假发几件，球若干。

活动过程

1. 引出活动

"前几天，小朋友在电视上看到了许多人在过节，你发现过节的人和我们平时的人有什么不一样？（头发、衣服等）

"他们头上带的假发很漂亮，我们一起来欣赏一下吧。"

2. 讨论

（1）出示假发图片——如果你来做一个假发，你会做成什么样的头发？

（2）提问："怎么能让发套撑起来？"

3. 幼儿合作

选择自己喜欢的材料做假发。教师观察指导，鼓励幼儿遇到问

题想办法解决。

4. 介绍自己的作品

引导幼儿说说：假发是用什么材料做成的、有没有好听的名字、合作的感觉如何等。

5. 集体合影展示我们做的假发

活动建议

操作活动需要幼儿掌握一定的技能，因此，教师要在活动前对幼儿使用剪刀、胶条等情况有所掌握。

活动三　会变的线

活动目标

1. 能运用直线和曲线进行想象画，发展幼儿的发散性思维

2. 能够清楚地介绍自己的作品，体验绘画活动的乐趣

3. 重点领域：艺术、语言

活动准备

人手一张画纸（在画纸上事先画好直线或曲线）、一盒蜡笔、一支记号笔。

活动过程

1. 引发兴趣

变魔术引出内容。先出示空白画纸，再变出直线和曲线。

2. 引导幼儿进行想象

（1）提问："你们觉得曲线像什么？可以变成什么？"

（2）提问："我们再来看一看直线像什么？可以把它变成什么？"

（3）教师简单地小结：我们来做小魔术师，把直线和曲线变成各种各样的东西，然后再把它装饰得漂漂亮亮的，好吗？

3. 幼儿作画

（1）幼儿选择画纸，进行作画。

（2）教师巡回指导，鼓励幼儿画出多种多样的东西。

重点：要求把想象出来的东西画得美观。

难点：能够想象出各种各样的东西，不与别人一样。

4. 讲评

(1) 幼儿互相欣赏。

(2) 教师有针对性地讲评画得比较美观合理的、想象比较特别的作品。

活动建议

建议教师引导幼儿从身边熟悉的事物入手，鼓励幼儿寻找工具大胆尝试。

活动四　我们来刺绣

活动目标

1. 感受各种民间刺绣作品的艺术美，知道简单的上下走针的方法

2. 在刺绣活动中体验成功，培养幼儿始终坚持完成一件事的良好品质

3. 重点领域：艺术、社会

活动准备

刺绣架子、针、线、示意图等。

活动过程

1. 欣赏刺绣作品

提问：你们知道这些布上的图案是怎么绣上去的吗？鼓励幼儿说出自己的想法。

2. 幼儿欣赏作品

提问：看一看这些线在布上是怎样排列的？

指导重点：教师示范每针是排队漂亮，还是七扭八歪漂亮。

3. 通过说儿歌，掌握穿针的方法

左手针，右手线，
握住线头看一看。
不抖不动不乱穿，
对准针孔穿进去，
露出线头逮住它。

4. 鼓励幼儿绣简单的线条

指导重点：幼儿尝试操作，知道上下走针。

活动建议

刺绣作品用时比较长，适合区域活动玩。

主题活动反思

幼儿在主题活动中逐渐喜欢用简单的线条表达身边熟悉的事物和活动，并对线描画有很大的兴趣，幼儿在生活中能够主动发现线条的规律美。

活动的开展使幼儿能够欣赏作品中线条的变化和魅力，大胆表达了自己对作品的感受。幼儿学会正确的握笔姿势，尝试学习使用粗细不同的黑色水性笔大胆绘画，用粗细变化的线条表现生活中常见事物的美。活动的过程中，教师对每位幼儿的想法都能给予具体的评价。因此，幼儿在活动中逐渐能够大胆表达自己的想法。孩子们在刺绣活动中不仅认识了民间艺术形式，同时在尝试的过程中发现问题，解决问题。

整个主题活动以艺术为主线与其他领域相互融合，幼儿在主题活动中能够主动发现问题并与别人交流；同时培养了幼儿有始有终地完成一件事情的精神。在不断的绘画和操作活动中幼儿的想象力及动手操作能力得到了进一步的提高。

剪纸的故事（大班主题活动）

张　伟　高书红　王　芳

主题由来

剪纸是一种传统的民间艺术形式，具有千年的历史，一张小小的剪纸中蕴涵着中华民族丰富的文化内涵和厚重的民俗风情。孩子们看到漂亮的剪纸，就七嘴八舌地议论开了："老师，这是怎么剪的呀？真好看！""我奶奶也会剪，她不用照着就能剪""我们家有十二生肖的剪纸，明天我拿来给你看。"为了满足幼儿的需要和好奇心，让他们能够通过艺术活动充分了解我国的民风民情，体会民间文化特有的可亲与可贵，我们开展了幼儿自主剪纸的活动。

主题目标

1. 丰富幼儿的感性认识和语言表达能力，激发他们用剪刀表现美、创造美的情趣

2. 能运用对称剪、中心剪等形式大胆表现生活和环境中美的事物，发展幼儿的观察能力和动手操作能力，以及美的视觉感受

3. 引导幼儿主动发现问题、解决问题，进行创造性的剪纸。巩固幼儿的良好剪纸行为习惯

4. 通过多领域的结合，如对剪纸故事进行续编表演，培养幼儿的创新能力

环境创设

1. 用剪纸在活动室内布置过年的情景，创设剪纸小作坊，营造浓郁的民间剪纸的艺术氛围

2. 开辟欣赏角，展示剪纸作品和相关信息，欣赏民间老艺人精妙绝伦的剪纸艺术；同时也可展示幼儿的作品

3. 展示剪纸的制作步骤和剪纸方法

区域融合

1. 美工区

目标：能运用各种质地不同的纸张尝试剪纸，并选择最适合的纸张。

材料：薄厚、颜色、质地均不同的各种纸张；各种大小不一的剪刀；有关剪纸方法的图书以及剪纸制作步骤图。

2. 语言区

目标：通过观察剪纸，尝试运用语言来编出符合结构规则的故事。

材料：易于幼儿编构故事的剪纸，可以是一系列的，也可以是单张的剪纸，有关剪纸故事的书籍，剪纸动画片《人参娃娃》。

3. 图书区

目标：学习查阅资料，自己解决问题。

材料：欣赏类的剪纸图书、折纸图书、制作步骤图以及相关资料。

4. 表演区

目标：帮助幼儿通过对话、动作、表情再现剪纸故事，理解体验作品的内容。

材料：各种磁带、废旧材料，供幼儿找寻适合角色的音乐和制作表演道具以及表演用的小剧场。

家长工作

1. 请家长和幼儿共同收集准备用途不同的剪纸以及各种制作剪纸的材料

2. 请家长参与制作活动，在和幼儿共同制作的过程中体验乐趣

3. 邀请家长观看幼儿的故事表演，并提出建议

主题网络图（图见下页）

活动一　欣赏故事《老鼠嫁女儿》

活动目标

1. 能够感受剪纸故事《老鼠嫁女儿》作品中的美，会从多个角度欣赏、理解作品要表达的思想感情和意境

- 剪纸的故事
  - 有趣的剪纸
    - 各种各样的剪纸（语言、艺术）
    - 剪纸里的故事（语言、科学）
  - 我们来剪纸
    - 剪纸工具（艺术、社会）
    - 我想剪（语言、艺术）
    - 我会剪（艺术、科学）
    - 什么样的纸适合剪纸（语言、艺术）
    - 剪纸歌（艺术、科学、语言、健康）
  - 我喜欢的剪纸故事
    - 我知道的剪纸故事（语言、社会）
    - 欣赏剪纸:《老鼠嫁女儿》(社会、语言)
    - 改编故事:《老鼠嫁女儿》(社会、语言)
    - 好玩的乐器（艺术、语言）
    - 剪纸：彩灯（艺术、科学）
    - 剪纸：《老鼠嫁女儿》（艺术、语言）
    - 故事表演:《老鼠嫁女儿》(语言、艺术)
    - 制作表演道具（社会、艺术）
    - 我们演出了（语言、社会）
    - 为故事配乐（艺术、语言）
    - 为故事配舞（艺术、语言）

2. 激发幼儿的表达欲望，大胆地用语言和其他方式表达欣赏时的感受

3. 重点领域：语言、社会、艺术

活动准备

幼儿与家长共同收集来的剪纸故事《老鼠嫁女儿》以及《老鼠嫁女儿》的背景介绍。

活动过程

1. 欣赏剪纸故事《老鼠嫁女儿》

提示语：这本书里的角色形象和我们以前看的书有什么不同？长长的剪纸里面向我们讲述了什么？

在欣赏观察的基础上重点引导：

(1) 幼儿讲述在剪纸故事中看到的每一只老鼠所具有的特点。

(2) 鼓励幼儿猜想剪纸中的故事

2. 讲述《老鼠嫁女儿》

(1) 提问：老鼠爸爸都去找了谁？最后老鼠女儿嫁给了谁？

(2) 引导幼儿用表演的方式来再现剪纸故事《老鼠嫁女儿》。

活动建议

活动中教师要引发幼儿对剪纸的兴趣，使幼儿乐于表达、表现自己的感受、体验及愿望。

活动二　我的音乐——配乐

活动目标

1. 培养幼儿准确听辨音乐性质的能力，理解角色的不同表现特点

2. 引导幼儿根据音乐大胆表现故事情节

3. 重点领域：语言、艺术

活动准备

录音机、各种幼儿收集来的音乐磁带。

活动过程

1. 欣赏一段配乐故事表演，感知音乐和表演之间的关系

2. 根据角色选择音乐，帮助幼儿进一步理解角色特点

（1）你们认为什么样的音乐更加符合老鼠女儿出嫁时的心情？

（2）重点引导幼儿根据角色的情绪大胆选择音乐。

（3）鼓励幼儿尝试把选择的音乐和故事表演进行结合。

3. 感知音乐

（1）请幼儿分组在音乐的伴随下尝试表现。

（2）讨论：你觉得选的音乐和故事相符吗？

活动建议

帮助幼儿整理符合角色情绪的音乐，并让幼儿通过对比，体验音乐的情绪。

活动三　我的故事——配舞

活动目标

1. 能随音乐的节奏，利用自己的肢体语言，尝试表演与创编

2. 提高动作的协调性和感受美、表现美的能力

3. 重点领域：语言、艺术

活动准备

录音机、录音磁带。

活动过程

1. 分组讨论

重点引导幼儿创造性地用自己喜欢的动作配合音乐进行角色心态的表达。

2. 教师指导并帮助幼儿提升和美化动作

鼓励幼儿之间自愿结成小组进行讨论，重点引导幼儿大胆创编符合角色特点的动作。

3. 师生共同选取典型的动作进行完整的表演

引导幼儿在音乐伴随下的动作与角色协调一致，动作表现符合角色的特点。

4. 分享

说说各组表演的优点和不足。

活动建议

1. 在探究活动中，教师要在观察的基础上对幼儿的动作进行必要的提升

2. 教师要接纳幼儿的想法，鼓励幼儿大胆尝试，获得成功的体验

活动四　我们演出啦

活动目标

1. 能够根据计划表选择完成任务

2. 在游戏的过程中感知单双数在生活中的应用

3. 重点领域：语言、社会、科学、艺术

活动准备

幼儿准备的门票若干，主持人，摄像机，幼儿制定的分工合作计划表。

活动过程

1. 讨论

出示计划表，我们演出之前应该做哪些准备呢?

鼓励幼儿用各种形式：贴海报、送请帖、送演出票等邀请观众，剧场的服务员做好准备。

2. 根据计划表选择自己喜欢的工作

（1）鼓励幼儿大胆与人交往，清楚、礼貌地表达自己的想法。

（2）剧场的服务员做好卖票、检票的工作：引导幼儿在卖票的过程中学习运用加减法，感知数的实际意义；在检票的过程中巩固对单数和双数的认识。

3. 演出正式开始

（1）演员进行表演。

（2）请观众提出意见，怎样能表演得更好。

活动建议

老师应该善于观察和倾听幼儿在活动中发自内心的想法，从中捕捉到新的、有价值的信息。

活动五　剪纸《我的故事——老鼠嫁女儿》

活动目标

1. 能够根据自己的理解自由创作剪纸作品，鼓励幼儿大胆想象。
2. 遇到困难会主动寻求解决问题的方法。
3. 重点领域：艺术、语言

活动准备

故事连环画，同一个开头不同结局的故事欣赏，剪纸工具。

活动过程

1. 讨论表演《老鼠嫁女儿》

每个角色的主要代表动作是什么？

你对每个角色印象最深的是哪个地方？

2. 鼓励幼儿用剪纸的方法来表现自己的故事

（1）鼓励幼儿能够大胆、自由地剪纸。

（2）遇到困难可以去找书或向同伴学习，自己寻求解决问题的方法。

3. 教师总结出幼儿的共同问题

（1）请剪的好的幼儿来示范讲解。

（2）欣赏其他幼儿好的作品。

4. 再次剪纸，注意花纹的不同剪法

活动建议

剪纸过程中，可以利用剪纸欣赏作品，帮助幼儿拓展思路。

主题活动反思

在主题活动开展的过程中，孩子们产生了把剪纸故事搬上小舞台的心愿。于是我们开始改编剪纸故事，分析角色性格与特点，分配角色，制作海报以及给每一个角色配乐、配舞。整个活动过程中，孩子们都能够主动地、愉快地参加活动，并相互协商，老师只是起到了引领和协助作用。

我们还充分调动了家长参与活动的积极性，从开始收集制作服装的材料，到什么样的服装更加适合角色的需要，都有家长的参与。因此也调动起孩子们的积极性，并且更加丰富了我们的教育活动内容，达到了家园共育的目的。

在多领域互相融合的活动中，不仅幼儿剪纸的技能提高了，他们的语言表达能力、与人交往的能力、数学能力、与同伴合作的能力也都得到了发展。

京剧脸谱（大班主题活动）

田爱芳　于昌环　李俊玲

主题由来

李子涵小朋友早上戴着一个京剧脸谱来幼儿园，一进班就被许多小朋友围住了。“老师，脸谱是干什么用的?”“为什么用这么多漂亮颜色画脸谱，表示什么意思呀?”“电视上看到的还往脸上画呢!”“我们也想画脸谱，您教我们做个脸谱吧……”对呀，一张小小的脸谱可以向幼儿展示民族文化；设计脸谱可以帮助幼儿理解对称，感受色彩的和谐美；说唱脸谱可以让孩子们感受京腔京韵。基于对活动价值的判断，基于幼儿的兴趣和需要，我们开始了“京剧脸谱”的主题活动。

主题目标

1. 通过收集、欣赏脸谱，培养幼儿观察和初步收集信息的能力

2. 感受脸谱的对称美和艺术美，激起幼儿对京剧脸谱的兴趣

3. 了解京剧脸谱的相关知识，认识红、蓝、白、黑等几种主色调的脸谱，从区分人物的性格特征等方面创编诗歌

4. 愿意参加制作、表演等各项活动，在活动中学会安全使用工具材料，并在活动中体验成功的快乐

环境创设

1. 利用幼儿设计的脸谱和收集的脸谱装饰表演区的背景，制作表演区的服饰，提供油彩和镜子供幼儿化装、表演

2. 在楼道开辟脸谱欣赏区，展示幼儿设计的怪异脸谱

3. 美劳区提供纸盘子、毛线、油彩等材料供幼儿制作脸谱使用

区域融合

1. 益智区

目标：制作脸谱拼图，掌握制作脸谱拼图的方法。

材料：地垫、纸盘、记号笔、颜料、剪刀等。

2. 美工区

目标：创设观赏角，欣赏各种脸谱，用毛线给脸谱装饰髯，设计怪异脸谱等。

材料：纸盒、毛线、纸盘和笔、颜料等，制作脸谱挂饰。

3. 阅读区

目标：收集有关脸谱的书籍，分享同伴的经验。

材料：教师与家长一起收集的有关京剧方面的图片、照片、资料等

4. 表演区

目标：制作与表演有关的服饰。

材料：塑料袋、挂历纸、脸谱盘、剪刀、毛线、订书器等。

家长工作

1. 请家长一起收集有关京剧脸谱方面的资料及图片

2. 收集生活中用脸谱装饰的生活用品，例如脸谱挂饰、脸谱打火机、脸谱钟表等

3. 收集废旧材料供幼儿操作

主题网：京剧脸谱（图见下页）

活动一　我们收集的脸谱

活动目标

1. 初步感受脸谱的对称及色彩的特点，从而对京剧脸谱产生兴趣

2. 了解收集脸谱的方法

3. 重点领域：社会、语言

活动准备

收集脸谱的图片及实物摆饰。

活动过程

1. 欣赏我们收集的脸谱

图片和实物，介绍自己收集资料的方法（如上网查询、带有脸谱的物品、购买……）。

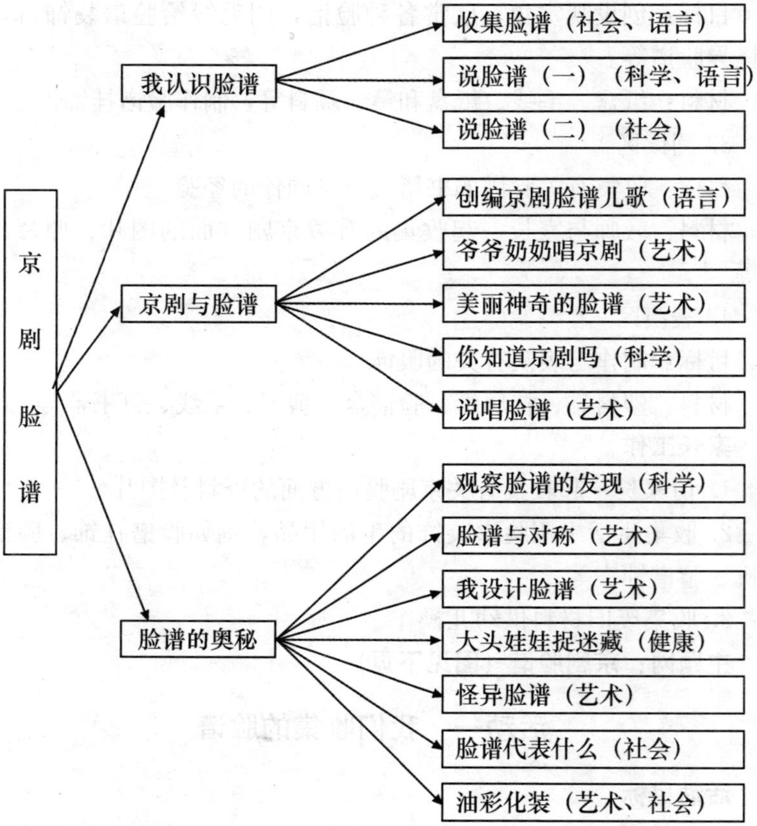

2. 幼儿从欣赏中发现问题

脸谱是干什么用的？为什么用这么多漂亮颜色画脸谱，表示什么意思呀……教师有针对性地介绍脸谱，结合《后羿射日》的故事介绍后羿的脸谱，了解上面为什么画有九个太阳，明确脸谱上的色彩图案是有意义的。

3. 引导幼儿逐一进行观察、欣赏。感受脸谱的对称及色彩的和谐美。结合经验和教师的介绍进行猜想："脸谱上的颜色表示什么意思？"可以带着问题找答案。

活动建议

1. 在活动之前为幼儿提供一个欣赏京剧脸谱的环境

2. 教师和幼儿一起收集脸谱颜色的知识，为幼儿充分的表达提供条件

活动二　创编京剧脸谱儿歌

活动目标

1. 初步学习创编儿歌

2. 感受脸谱色彩、图案的含义

3. 重点领域：语言

活动准备

活动前，了解脸谱各种颜色代表的含义。

活动过程

1. 教师和幼儿一起回忆、分享脸谱的不同颜色和图案所代表的含义

(1) 不同颜色的含义

红色——忠诚　代表脸谱：关公

蓝色——聪明　代表脸谱：窦尔敦

白色——奸诈　代表脸谱：曹操

黑脸——公正　代表脸谱：包公

(2) 不同图案的含义

后羿——脸上有 9 个太阳

关公——脸上有马蹄印

2. 幼儿和教师一起归纳创编儿歌的要求

(1) 字数要一样多

(2) 按照颜色或者图案一种形式创编

(3) 要押韵、规整

3. 幼儿分组进行创编活动，教师记录

教师先出示范句：红色表忠诚，然后幼儿依据不同颜色的脸谱，仿照教师的范句进行创编。教师记录幼儿创编的结果，并进行分享。

4. 教师帮助幼儿规整韵律，调整句子，使其更具有韵律感，并引导幼儿进行二度创编

红色表忠诚，蓝色表聪明。

白色表奸诈，黑色表公正。

还有哪些色，请你说分明。

活动建议

1. 把幼儿创编的诗歌放在语言区，鼓励幼儿续编

2. 帮助幼儿在创编过程中寻找韵律

活动三　我设计脸谱

活动目标

1. 在感受对称的基础上，发挥想象，设计出富有个性的脸谱

2. 初步尝试运用 3 种以上装饰花纹进行设计

3. 重点领域：社会、艺术

活动过程

1. 观察脸谱，说一说你在脸谱上找到了什么？归纳自己找到的花纹

2. 大胆运用不同的装饰花纹进行创作活动

(1) 幼儿自由结组，共同商量如何把本组的脸谱设计得独一无二、色彩漂亮和谐。

(2) 说一说自己设计脸谱的想法，大家帮助提出自己的建议和看法，大胆进行创作。

(3) 教师巡回指导，引导幼儿大胆运用 3 种以上装饰花纹设计脸谱，感受色彩的美丽、和谐与对称。

3. 以小组为单位展示自己的脸谱，与同伴分享

活动建议

1. 应在充分观察脸谱的基础上进行创作活动

2. 鼓励幼儿敢于发表自己意见，有自己独特的想法

活动四　油彩化装——画脸谱

活动目标

1. 感受新的绘画形式，并在化妆后大胆随音乐进行表演

2. 大胆在脸上涂抹，画出对称的脸谱

3. 重点领域：艺术、社会

活动准备

1. 幼儿和家长一起收集“京剧脸谱”的相关资料

2. 油彩、底油、抹布、镜子、报纸、《说唱脸谱》音乐等

活动过程

1. 分组欣赏师生共同收集的脸谱

2. 幼儿在《说唱脸谱》音乐伴奏下感受新的绘画形式，对着镜子在脸上直接尝试油彩化装，感受油彩化装的效果

提醒幼儿卫生常规要求——打好底油、均匀涂抹；鼓励幼儿大胆用色，画出对称脸谱。

3. 相互欣赏、介绍，寻找相关道具进行展示，为幼儿提供表现的机会（化装舞会）

4. 引导幼儿从脸谱的设计图案、颜色运用和表演的方式进行评价

活动延伸

制作更多的相关道具、服装；将油彩、服装等投放表演区，可开化装舞会。

活动建议

在组织幼儿画脸谱前，教师要熟悉使用油彩化装的程序及卸装的方法；了解对化装品过敏的幼儿。

活动五　说唱脸谱

活动目标

1. 感受“说唱脸谱”的旋律特点

2. 能随音乐大胆、合拍地进行表演，在活动中体验快乐

3. 重点领域：艺术

活动准备

自己制作的各种脸谱和服饰，京剧片段《说唱脸谱》歌曲录音。

活动过程

1. 欣赏《说唱脸谱》，理解歌词的含义，感受其旋律特点

（1）唱出了不同颜色脸谱的含义。

（2）有京腔、京韵的味道。

2. 引出京剧片段，感受京剧的旋律特点

3. 出示幼儿制作的脸谱和服饰

“这些服装和道具可以做什么?”幼儿自由地穿戴好，随音乐分组进行表演。

4. 幼儿在说唱脸谱的背景音乐下进行大胆的自我展示，相互欣赏，发现每组的优势

活动延伸

可把活动延续到表演区内，鼓励幼儿大胆进行表演。

主题活动反思

京剧是国粹，是中华民族的瑰宝，为了让小朋友初步了解京剧脸谱，感受京剧艺术，特进行了此次“京剧脸谱”的活动。活动主要分为以下三个部分。

第一部分是认识脸谱。在这一环节中，我先让幼儿说说在哪里看到过脸谱，还动员幼儿和家长一起收集脸谱。

第二部分设计脸谱，由于做了前面的铺垫，再加上环境的创设，所以大部分幼儿都能对称画出图案，也能运用鲜艳的颜色均匀涂色。

第三部分：欣赏京剧和尝试化装。幼儿有了一定的感性经验后，就有了表演的欲望。于是我们从欣赏京剧开始，倾听唱腔、制作道具、化装表演。尤其是让孩子感受用油彩化装时，他们异常兴奋，全面满足了幼儿表演的欲望；另一方面也大胆地尝试了新的绘画形式——化装。整个活动将各领域的内容进行整合，从收集脸谱到儿歌创编，再到设计、化装、表演等一系列的活动调动了幼儿的积极性，同时感受到了艺术创作的美妙。

泥儿乐（大班主题活动）

王英辉　宋久红　杜晨阳

主题由来

泥是孩子们比较喜欢的手工材料，但是买来的成品泥量很小、不够用，时间长了易干燥。黄土泥虽然有浑厚的质感，但是延展性差，不适合精致物品的捏塑。在与孩子们探讨和收集适合幼儿捏塑材料的过程中，我们发现传统的民间面泥颜色鲜艳、质地细腻、用量不受限制，容易保存，而且孩子们对它的制作过程充满了好奇。于是，我和孩子们发起了快乐的自制面泥活动。

主题目标

1. 通过动手操作，亲身参与，使幼儿了解面泥、黄土泥等各种泥的制作过程，感受自主探索过程中的快乐

2. 在捏塑的活动中，培养幼儿有计划地做事、共同协商、合作、解决问题等能力，体会集体的力量

3. 感受各种泥塑材料的质地、色彩，并能根据自己的需要有目的地选择使用。敢于尝试用各种辅助材料进行创作，培养幼儿的想象力和创造力

4. 能够运用一定的技巧，捏塑自己喜欢的形象；培养幼儿良好的泥塑活动常规；学会欣赏、珍惜同伴的泥塑作品

环境创设

1. 提供一些泥塑作品供幼儿欣赏，激发幼儿的兴趣

2. 开辟作品展示栏，展示幼儿作品

3. 面泥主题墙饰（图片欣赏、制作方法、计划统计表等）

区域融合

1. 美工区

目标：学习自制面泥，体验制作过程的乐趣。

材料：投放制作面泥的原材料和工具及各种辅助材料、各类泥塑欣赏作品、泥工图书、泥塑步骤图、传统泥人偶等。

2. 科学区

目标：了解面粉和糯米粉的配比关系，尝试进行合理调配，掌握简单的统计方法。

材料：各种称量的小器皿、水、面粉、糯米粉等材料；探索制作面泥的记录表和试验工具；实验方法介绍图等。

3. 图书区

目标：通过欣赏多种形式的面泥作品，感知面泥颜色、造型的美，并能清楚地进行描述。

材料：面泥作品图片，面塑、泥塑图书和步骤图等。

4. 表演区

目标：利用幼儿捏塑作品进行表演，发展幼儿即兴创编表演故事的能力。

材料：幼儿捏塑的动植物、人物、物品及各种道具和各种表演辅助材料。

家长工作

1. 和幼儿共同收集、准备制作面泥的各种材料

2. 鼓励家长来园参与面泥制作活动，掌握面泥制作的正确方法，体验玩泥的乐趣

3. 邀请家长定期参观幼儿的面泥展览，提出意见和建议

主题网络图（图见下页）

活动一　自制面泥

活动目标

1. 根据步骤图尝试制作面泥，体验制作的乐趣

2. 引导幼儿通过活动知道自制面泥的辛苦，知道珍惜劳动成果

3. 重点领域：科学、艺术

活动准备

白面、糯米面、水、盆、蒸锅等。

活动过程

1. 教师介绍面泥的制作步骤

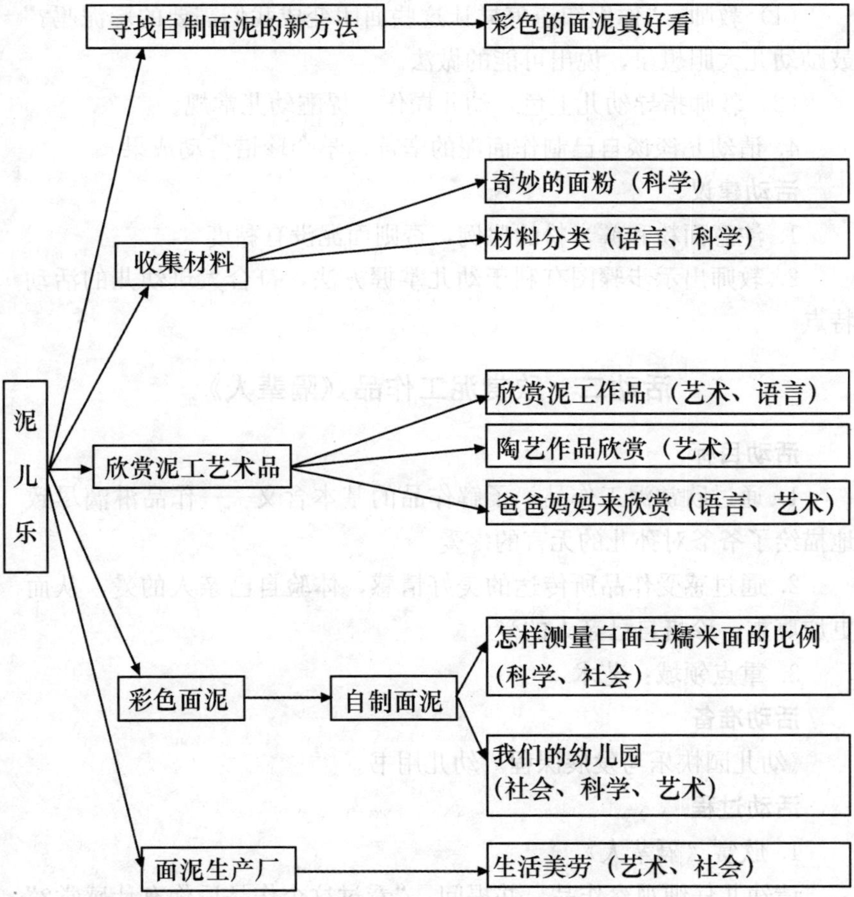

步骤一：和面，加入一份糯米面和三份白面，再加入清水和成一个面团。

步骤二：放入热锅中蒸 40 分钟。

步骤三：加入甘油使面泥更滋润。

步骤四：润色。

2. 幼儿尝试操作，教师指导

（1）幼儿学会找适合的工具测量白面和糯米面的比例。

（2）教师帮助幼儿把和好的面放入蒸锅内。

3. 面泥上色

(1) 教师："你们知道怎样让这些面团变成我们需要的彩泥吗？"鼓励幼儿大胆想象，说出可能的做法。

(2) 教师指导幼儿上色，幼儿操作。提醒幼儿常规。

4. 请幼儿谈谈自己制作面泥的辛苦，学会珍惜劳动成果

活动建议

1. 注意面粉和糯米粉的比例，否则面泥没有黏度

2. 教师出示步骤图有利于幼儿掌握方法，符合大班幼儿的活动特点

活动二　欣赏泥工作品《隔辈人》

活动目标

1. 通过欣赏泥工作品，了解作品的基本含义——作品淋漓尽致地描绘了爷爷对孙儿的无言的疼爱

2. 通过感受作品所传达的美好情感，体验自己亲人的爱，从而更加尊重、珍惜自己亲人的爱

3. 重点领域：艺术

活动准备

《幼儿园快乐与发展课程》幼儿用书。

活动过程

1. 欣赏《隔辈人》

请幼儿仔细观察作品，并提问："看过这个作品后你有什么感觉？"引导幼儿将自己感受到的大胆表达出来。

"它是用什么材料捏的？"引导幼儿感受黄土泥的质感。

2. 介绍作品

作者：李庆成

作品材料：黄土泥。

作品特点：运用夸张的手法，将爷爷的手脚表现得特别大，我们认为是将爷爷的怀抱比喻成摇篮，渗透着爷爷无尽的爱。

欣赏图片提示：泥塑《隔辈人》把爷爷对孙子的爱淋漓尽致地

表现出来。爷孙俩开心大笑使我们能感受到作者捏塑时的情感。

3. 经验与感悟

(1) 珍惜父母长辈对我们的疼爱，同时，我们要用同样的方式回报我们的亲人。

(2) 今后我们在捏塑作品的时候，也要尝试表达自己的感情。

活动建议

1. 教师引导幼儿进行细致的观察，并能看到作品中夸张的部分

2. 鼓励幼儿大胆说出自己的感受，体会作品所要传达的情感

活动三　我们的幼儿园

活动目标

1. 培养幼儿的任务意识，体会集体制作的乐趣

2. 引导幼儿运用搓、捏、压、团等基本技能塑造立体或平面造型

3. 恰当地使用辅助材料进行连接、支撑和装饰

4. 重点领域：艺术、社会、科学

活动准备

自制面泥、黄土泥、成品泥等不同质地的泥材料；牙签、小棍等各种废旧材料。

活动过程

1. 制订计划

(1) 观看幼儿园平面图，和幼儿一起回忆幼儿园整体布局。

(2) 教师引导幼儿完成计划书的制订，并鼓励幼儿坚持完成自己的任务。

2. 执行计划

(1) 教师指导幼儿完成计划。

幼儿明确自己的任务之后，请幼儿分别选择材料，大胆想象，并用自己的方式富有个性地呈现物体形象，进行捏塑。

注意幼儿的个体差异，能力较强的幼儿，鼓励他们塑造立体造型；能力较弱的幼儿，引导他们塑造半立体或平面造型。

教师提示幼儿根据造型的需要，使用牙签、小棍等辅助材料。

（2）三位教师的分工合作。

三位教师分别有重点地指导一部分幼儿。

教师随时捕捉孩子们的好方法，鼓励同伴之间相互交流，分享成功的经验。

3. 欣赏、评价

（1）欣赏、评价集体作品《我们的幼儿园》，感受作品的布局、造型、色彩的美等，抒发幼儿内心的自豪感。

（2）幼儿齐唱《怀柔二幼园歌》，启迪幼儿内心美好的情感。

活动建议

幼儿泥塑活动过程中可能会出现重心的问题，幼儿自己难以解决，需要教师的提示。

活动四　生活美工

活动目标

1. 能运用有规律的线条和图案进行大胆装饰

2. 培养幼儿做事之前学会制订计划

3. 鼓励幼儿寻找工具解决问题

4. 重点领域：艺术

活动准备

自制面泥、乳胶、胶条、双面胶、幼儿收集来的瓶瓶罐罐和小珠子、指甲油、麻绳、玻璃珠等。

活动过程

1. 欣赏、交流幼儿收集来的线条和图案，说一说排列有什么规律，拓宽幼儿思路

2. 谈谈自己的装饰计划

“你带来了什么东西？想要装饰成什么？”

3. 幼儿进行装饰活动，教师巡视指导

培养幼儿有计划做事，独立解决问题的能力。

4. 作品欣赏

(1)“作品中用了什么样的线条和图案？有什么规律?”

(2) 请会使用工具的幼儿来介绍经验。

活动建议

1. 教师以“幼儿的感受→探索发现→创造”这种模式为活动主线。抓住幼儿的兴趣点，逐渐引导他们发现更多的有规律的美

2. 教师要为幼儿提供充分的时间进行构思和材料收集

主题活动反思

面泥作为民间传统的工艺美术材料，深受孩子们的喜爱。教师将这种传统的艺术形式带到孩子们的活动中，丰富了孩子们的经验。

活动化的共同学习是大班幼儿学习的主要方式，孩子们做事的计划性、分工合作的能力和强烈的集体意识都在随着年龄的发展而不断增强，教师在活动中要给幼儿创造自主表达和自由创作的空间，支持幼儿独特、大胆的想法，并帮助他们排除一切困难，完成自己的任务，体会成功之后发自内心的快乐和胜任感!

在主题活动过程中，孩子们对面泥的制作、捏塑活动、各种材料的运用等始终保持着浓厚的兴趣，他们以积极、专注、自信的良好状态投入到整个活动中，师生共同营造了友好、合作、其乐融融的活动氛围。孩子们的协商合作能力、对物体的立体造型能力、搭配颜色的能力在活动中得到了提高。

第三节 教育案例

小手变魔术（记一次美工活动）

陈晓明

活动由来

早餐后，有几名幼儿陆续来到活动室，围在一起讨论着："我的手像五根柱子，最有力气了。""我的手像蒲扇，能扇风……""我的手像青蛙脚，呱呱……"说着说着，就在活动室里跳了起来，其他幼儿见此情景，也模仿追随，一时间整个活动室沸腾起来……《纲要》中指出"幼儿发起游戏，教师要在平等参与中引导……"于是，在尊重幼儿兴趣的同时，我结合班里幼儿的实际水平，引导幼儿以绘画的形式，对小手进行有意识的表现，发挥其想象力和创造力。

活动目标

1. 在临摹小手轮廓的基础上，能够添画出不同事物

2. 感受临摹添画的乐趣，培养幼儿的想象力和创造力

活动过程

看到孩子们对小手如此感兴趣，我稍稍提高自己的音量说："我的小手能变魔术，谁愿意看一看?"顿时，孩子们的注意力一下子转移到了我这儿。我将自己的一只手叉开按在黑板上，用另一只手拿着粉笔沿着手的轮廓，画下了手的形状。随后，我问大家："谁来猜一猜，我画的这只手像什么?"孩子们想了一会儿，但没有人回答。突然，有个男孩子小声嘟囔："像小鱼……尾巴……"显然他有些犹豫。看他那不自信的样子，我立刻对他的话加以了肯定："对，像鱼尾巴。看看怎样把长着这条尾巴的小鱼变出来?"这下，这个男孩积极地抢着说："在下面画上鱼肚子和鱼眼睛。"于是，我请他来到黑板面前，试着画一画。果然，他很顺利地勾出了鱼的样子。虽然笔道有些弯弯曲曲，但我及时对他进行了表扬："嗬！你真棒！老师要

变的魔术，让你给大家变出来了。”他得意地眯起了眼睛，露出了洁白的牙齿。

随后，我又接着画出一只手，追问：“老师的这只手还能变出什么?”有了这名男孩子的带动，其他幼儿也开动了脑筋。有的说像孔雀尾巴，有的说像萝卜叶子，有的说像小鸟翅膀……大家都在争先恐后地回答着。

于是，我请幼儿取来纸和笔，把自己想变的东西，画在纸上，让大家来欣赏。孩子们带着浓厚兴趣，投入到了“小手变魔术”的活动中。看着大家完全沉浸在绘画中，我细细地品味着。有的把小手变成了一棵樱桃树，上面还结满了樱桃；有的把小手变成了一只正在开屏的小孔雀；有的把小手变成了一朵正在盛开的小花儿；还有的把小手变成了一只长有漂亮尾巴的公鸡；更让我意想不到的是，有的幼儿将两只小手靠在一起，画出了扇动翅膀的小蝴蝶……

总之，孩子们通过本次活动，想象力和创造力都得到了淋漓尽致的发挥，他们运用手中的画笔，再现了自己眼中的世界。

活动反思

结合小班幼儿的年龄特点，在活动中我利用幼儿爱模仿的特点，运用游戏“变魔术”的巧妙设悬，吸引幼儿的注意力，从而使幼儿在不失兴趣的同时，把兴趣点自然过渡到下一个活动中。教师利用“幼儿爱模仿”这一特点要适时、适度。以往美术教学活动总是教师示范，幼儿模仿。这一教学模式大大束缚了幼儿的思维，扼杀了幼儿的创造潜能。于是，在这次美术活动中，我努力做一个平等的参与者，在与幼儿共同游戏中加以适当的引导，充分尊重幼儿的想法，给他们以自主发展的空间。

《纲要》中还明确指出：“教师的作用应主要在于激发幼儿感受美、表现美的情趣，丰富他们的审美经验，使之体验自由表达和创造的快乐。”反思这个案例，我也从中得到一些启示。首先，在绘画教学中，要为幼儿提供宽松自由的环境和心理氛围，尊重幼儿个性化的艺术表现天赋和表现方式，放手让幼儿想象和创造。其次，教师要把握好时机，也就是在幼儿认知发生冲突的关键时刻，教师就要对孩子的表现方式和技能技巧给予适宜的指导。最后，通过捕捉最佳问题情境、设置系列问题、提醒幼儿回忆相关经验、给幼儿的学习“搭架”，让幼儿学会积极主动、独立自主、创造性地解决问题，学习相应能力。

有趣的印章

张松林

活动由来

几天来，幼儿对印章产生了浓厚的兴趣，他们在充分玩过印章、印泥之后掌握了印章印制的方法。针对小班幼儿在美术活动中所表现出的随意性比较强、目的性差、喜欢有趣的、游戏性强的内容等特点，我在美术活动中丰富了大量的材料，供幼儿自主选择，使幼儿可以不受约束地进行印制活动。

活动目标

在印制的活动中使幼儿体验不同材质的印章印制的效果，获得成功感。

活动过程

小班幼儿喜欢在游戏化的活动中尝试使用不同的材料，探索他们的玩法。因此我将胡萝卜制成小花形状的印章投放在美工区中。孩子们发现后纷纷议论着："老师，这是干什么用的?"有的幼儿拿起胡萝卜要吃，有的幼儿拿着胡萝卜去娃娃家玩。

看到孩子们的表现我笑着说："它能变魔术，信吗?"在孩子们的注视下我用胡萝卜蘸上颜料在纸上印出了一朵小花。小班幼儿的模仿能力比较强，他们马上就照样学样地也印起了小花。在他们的印制活动中我提出："我们可以用胡萝卜当印章印出小花，还有什么可以当印章印出漂亮的图案呢?"

小班幼儿的从众心理比较强，我就用一句带有暗示性的语言激励他们要有自己的主见。在老师的激励下幼儿四散地在活动室里"翻箱倒柜"地寻找。有的幼儿在建构区找到了木头；有的幼儿在娃娃家找到了萝卜和莲藕；有的幼儿在美工区里找到了小石头和团好的报纸团；还有的孩子找到了绑在一起的秸秆……对于幼儿的积极表现，我竖起大拇指给他们以肯定："你们真棒！找到了这么多可以当小印章的东西。可是我还不知道它们哪个可以印漂亮的图案，我们一起去试一试吧！”

在随后的尝试印制活动中我发现浩浩印的图案很像一座小山，于是就问：“浩浩，你印的像什么呀？”浩浩说：“小山。”我紧接着又问：“你是用什么印的呀？”浩浩举起手中的木质印章说：“这个木头。”“宁宁你印的是什么呀？”宁宁得意地说：“小花，我用胡萝卜印的。”“我看到吴沐阳印的有大、中、小不同形状、图案的花纹，真漂亮！他用了报纸团、小石头和西葫芦的印章。”“高惠怡印的用了红色、黄色、绿色和蓝色，这么多的颜色，也很漂亮！”“涂媛印的充满了整张画纸，很漂亮！她用了小石头印章、木头印章、莲藕印章和这个秸秆做的印章。”

在与幼儿的共同游戏中我们一起丰富了活动材料：木质的印章，秸秆制成的印章，蔬菜制成的印章，石头印章，还有报纸团，它们大、中、小不等。同时我还发现了幼儿不同的喜好。有的幼儿喜欢鲜艳的颜色，就在自己的作品中运用了丰富的色彩；有的创新能力比较强，可以将报纸团充当小印章；有的对空间感受比较强，印的图案充满整张纸，使画面很饱满；有的具有强烈的探究欲望，喜欢尝试各种材质、形状的材料。在与他们交谈的过程中同时也给了其他幼儿以提示。在同伴的榜样作用下幼儿逐渐用上了各种形状和材质的印章，也用上了各种颜料。幼儿在愉快的情绪中印制出了各具特色的漂亮花布，成功的喜悦都挂在了幼儿的脸上。

活动反思

在活动中我让幼儿自己去寻找他们认为适合印制的材料，给每名幼儿平等的机会，寻找到的材料没有对与错之分，只要幼儿想到的、找到的都可以去印一印、试一试。在寻找和尝试中我们一起发现了许多材料，印章的类型有大小不同的形状和不同的材质。

小班幼儿容易受同伴的影响，在指导幼儿的时候我利用同伴间的榜样作用激励他们在颜色和印章的种类上多做选择。

在幼儿印制的过程中他们还体验到不同材质的印章印出的图案

是不一样的，由于印章材质的不同，印制所用的力度也是不一样的。在幼儿玩的过程中，老师为他们提供了宽松的精神环境，让幼儿自由地选择、尝试。在不断探索中幼儿不仅体验到快乐，同时也学习了怎样充分利用颜色，怎样使画面更饱满、更具有视觉的刺激效果。

折纸闯关游戏（拼插纸蛇）

王英辉

活动由来

晨间活动时，小朋友们一起谈论着“动物世界”节目中的蛇，有的说：“那条蛇很长很长，比竹竿还长!”有的说：“那算什么，我还会折蟒蛇呢!”“吹牛，折折看!”于是，区域活动时，幼儿都去折纸蛇了，但是折来折去，怎么也折不长，折不粗。于是我走过去对幼儿说：“我有让纸蛇变长变粗的办法。”幼儿兴奋地说：“老师，快说!”“好，明天我会请勇敢的小朋友参加一个挑战自己的游戏，我的好办法只告诉通过考验的小朋友。”于是，折纸闯关的活动便开始了……

活动目标

1. 勇于挑战自我，培养幼儿面对问题敢于尝试的良好品质

2. 培养幼儿根据图示进行折纸的能力，并能够合作完成任务

活动准备

1. 幼儿有初步理解折纸步骤图的能力

2. 折纸步骤实物图、线例图、纸等

3. 教师事先折好蛇头的部分

活动过程

闯关游戏

我以神秘的口吻对幼儿说：“今天，老师要和你们完成一项艰巨的任务，我先不告诉你们，只有连续闯过前面两关的小朋友才能继续闯入第三关，去完成这个艰巨的任务!”

第一关：根据步骤图，自己折出拼插纸蛇的基本部分——幸福三角片。

（1）实物步骤图。

（2）图示步骤图。

（3）跟着会折的小朋友一步一步地学。

幼儿根据自己的意愿选择喜欢的方式学习，最终，学会折幸福三角片。

第二关：将幸福三角片进行拼插。

通过步骤图的形式展示给幼儿，请他们看图进行学习。

第三关：拼插纸蛇。

幼儿拿着他们前两关的作品来找我："王老师，我们闯过前两关了，快带我们闯第三关吧！"我说："好呀，第三关就在里屋，欢迎进来！"幼儿进到里屋后，兴奋地大声叫起来："哎呀！好大一个蛇头呀！"于是幼儿开始拼插蛇的身体，这可是一项巨大的工程，幼儿的三角片不够用了，就到外屋去折，外屋的小朋友问："嘿！看见是什么东西了吗？"里屋的幼儿诡秘地一笑，说："反正会让你很吃惊的，进入第三关你就知道了。"

大部分幼儿都想当插的人，但是地方不够，怎么办呢？王一阳说："我插得好，让我来插！"有的小朋友表示赞同。可小美说："我插得也好，老师都表扬我了！"王一阳说："那怎么办呀，就这么一点地儿。"在一边看的王梓玉说："要不你插头，你插尾巴不就行了嘛！"嘿！这还真是一个好主意，把一条蛇分成两节，甚至三节，这样又快，又能满足更多小朋友的愿望，这个主意得到了大家的一致认可。

当一条巨大的纸蛇出现在幼儿面前的时候，幼儿们无比兴奋，欢呼雀跃，爱不释手。我也为他们感到自豪，我郑重地宣布："孩子们，这是我们班甚至我们幼儿园有史以来最长最大的纸蛇，你们是它的作者，是你们创造了奇迹，你们太棒了！"

活动反思

大班幼儿自主活动的能力非常强，喜欢有挑战、有悬念、体现冒险精神的活动，教师只要根据他们的活动特点，设计符合大班幼儿需要的活动内容，就可以吸引每一个幼儿来关注和参与活动。

在整个活动过程中，幼儿没有一个游离在活动以外的，都把精力投入到活动当中，而且全班的小朋友全部参与，但常规却井然有序。所以我觉得，只要根据幼儿的学习特点和发展需要设计教育活动，就一定能赢得幼儿的喜爱，从而乐于参与活动，在活动中勇于挑战、不断探索、发现问题、解决问题；培养幼儿乐于助人、分工合作、互相学习的良好社会品质，从而实现幼儿全方面的发展。

点评

活动符合大班幼儿年龄特点。教师充分利用了幼儿喜欢有挑战性、有悬念的学习特点吸引幼儿参与活动，并组织幼儿通过合作共同完成具有一定难度的任务，使他们感受到集体的力量和互相帮助的同伴友谊。同时，教师转变了过去一个人在前面示范、幼儿集体跟学的传统教学模式，无形中把步骤图变换成教师指导孩子学习。教师不仅解放了自己，也解放了幼儿。这样教师就有更多的时间去观察幼儿，及时发现并解决新的问题。

学习褶绣

田晓银

活动由来

褶绣是我国的一种民族文化，具有鲜明的民族特色，褶绣作品具有形象逼真、栩栩如生的特点，深受幼儿的喜爱。在褶绣的过程中就连淘气好动的幼儿也能安安静静地坐下来，一针一线地绣。于是我及时抓住幼儿的兴趣点，在美工区尝试开展褶绣活动。

活动目标

1. 发展幼儿的小肌肉群、手指的灵活性和手眼协调能力

2. 培养幼儿做事的专注性、培养解决问题与合作能力

活动过程

1. 欣赏作品，激发幼儿兴趣

为了激发幼儿参与褶绣活动的兴趣和欲望，我和幼儿欣赏了视频褶绣作品，看完后有的幼儿说："我奶奶就会弄这样的鞋垫。"张玥说："我妈妈房间的门帘就这样，是我姥姥褶绣的。"看来幼儿对褶绣并不怎么陌生。几天后，他们相继带来了门帘、鞋垫等实物，幼儿看到作品上栩栩如生的花鸟鱼虫，摸上去毛茸茸的，他们已经着急想学了。

2. 收集材料，为褶绣做好准备

我们和幼儿一起多方寻找，准备了褶针、绷子、剪刀和褶线等(市场上已经不多见了)。

一切准备就绪后，我们又请张玥的姥姥来教幼儿褶绣。从穿针到针法，姥姥介绍得清楚又详细，幼儿听得聚精会神。

3. 尝试操作，解决遇到的问题

问题一：

在绷布时，幼儿发现了问题。邓凌熹说："老师，姥姥说在绷布时，一定要把布绷紧，可我怎么也绷不紧呀?"还没等我说话，肖佳越说："我帮帮你吧。"经过实践幼儿得出了结论：两个人合作绷布

比较容易绷紧；如果一个人绷布就要先绷好一边后一只手拽紧布，另一只手把绷子另一边压好就行了。

问题二：

在刚开始练习褪绣时，一会儿一个幼儿跑来说扎手了，一会儿又有幼儿过来告诉我扎手了。“呀，你们怎么总是扎手呀，是不是手拿绷子的位置不对，试试手放在什么位置不会扎手？经过实践幼儿知道了，左手拿着绷子肯定不会扎手。

问题三：

在褪的过程中，有时线套不能留在布的背面。经过一段时间的摸索后，张进找到了解决的办法：往上提针时，针尖只要露出布面就行了，往上拔针时用左手食指在下面压住线头，线套就会留在布下面。

4. 掌握方法，在活动中创新

褪绣对于从来没有接触过的幼儿来说有一定的难度，所以我先让他们练习画好的小图案，只要褪出轮廓即可，这样他们很快看到自己的绣品，成功感就会油然而生，从而保持对褪绣的兴趣。待幼儿熟练后，让他们尝试绣出轮廓后再填色绣。幼儿都想看看填色后又是什么效果，所以每天坚持来美工区完成自己的作品。

一次穿针时，小铜丝怎么也找不着了，急得王岳宸直嚷嚷：“小铜丝哪儿去了，小铜丝哪儿去了?”见他那么着急的样子，我走过去说：“除了用铜丝，有没有别的办法也能穿过去?”听了我的话，他开始尝试用线直接穿针，第一次、第二次都失败了，我说：“用别的东西代替试试?”他抬头看了看我说：“老师借您一根头发行吗?”我疑惑地从头上揪了一根头发递给了他，利用头发他很快就把线穿上了。他高兴地把这个办法告诉了同伴。

活动反思

褪绣活动符合大班幼儿的年龄特点。对那些好动的幼儿来说很有挑战性。在尝试褪绣的过程中教师能够根据幼儿的原有经验水平，引导幼儿由浅入深、由易到难、循序渐进地学习褪绣的基本方法。褪绣活动使幼儿手部的小肌肉群得到锻炼，发展了幼儿手指的灵活性和手眼协调性。更重要的是在裰绣的过程中，幼儿的合作能力、解决问题的能力以及做事的专注性有了明显的提高，为幼儿将来进入小学的集体学习奠定了基础。

在尝试裰绣活动中，教师能够抓住幼儿的困惑，及时引导幼儿在操作中不断去解决问题，使幼儿在学习裰绣的过程中懂得做事要有耐心，做任何一件事都是不容易的，只要锲而不舍，就会有收获。

第四节 优秀课例

泥巴变变变（小班美术活动）

田爱芳

活动由来

我班幼儿，每天早饭后都去给种植角浇水。在一次给户外种植角浇水时，乐乐小朋友在园子里玩起了泥巴，引起了多数小朋友的关注。经过对活动价值的判断发现：和泥的过程可以让幼儿感知量的变化；玩泥活动可以让幼儿感知泥的特性，促进小肌肉群的发育……经过分析，便有了玩泥的想法。

活动目标

1. 感受泥巴的特性，尝试使用辅助性材料进行创作活动
2. 在玩泥活动中体验创作和成功的乐趣

活动准备

1. 经验准备

教师和幼儿一起玩过橡皮泥和面泥；参观中大班哥哥姐姐的玩泥活动，欣赏泥塑作品。

2. 材料准备

黄土、水、容器；活动前家长、幼儿和教师一起收集的辅助性材料——吸管、干花、小花篮、石头、纸筒、笔帽等；幼儿的作品展示台。

活动过程

1. 水和土做游戏

教师把幼儿带到室外，介绍准备好的黄土、水和和好的泥巴，教师鼓励幼儿自己把土和水变成泥巴，体验“量”的变化。

2. 小手和泥巴做游戏

幼儿自主的玩泥，教师观察着幼儿的活动情况，以同伴身份指

导幼儿活动。例如，教师和幼儿一起操作，可以为能力弱的幼儿提供模仿的榜样；教师学习幼儿的制作方法，使他的经验得到同伴的分享；肯定和鼓励有创意的玩法，使他的活动得到赏识；由教师发起游戏，师幼共同完成一幅作品，让幼儿获得成功的体验和创作的快乐……

3. 泥巴和材料做游戏

（1）教师："老师给你们带来了很多的材料，看哪一种材料能和泥巴交朋友？"

（2）幼儿尝试使用辅助性材料，教师观察。如：石头和泥怎样玩，干花和泥怎样结合，种子壳和面条能做成什么等。

4. 欣赏同伴作品

把幼儿的作品都放在展示台上，供幼儿欣赏，幼儿自由介绍自己的作品，使每个幼儿都能获得成功的体验。

5. 幼儿经验共享

（1）你有使泥变光滑的方法吗？

（2）桌子上的小泥渣怎么不见了？

（3）玩完泥巴后你们要做什么？

（4）洗完手的水可以做什么……

活动延伸

泥巴还能和什么物品做游戏？比如说：和瓶子可以吗？明天每个小朋友带来一个瓶子，引出活动——瓶瓶乐。

活动反思

活动中为了给幼儿提供有效的支持，我进行了如下尝试。

①满足幼儿的探究欲望，鼓励幼儿在探索中发现。为了满足幼儿的探究欲望，我把幼儿带到了户外，他们把土和水混在一起，用双手和着泥，用力地摔泥，感受着泥和水游戏的过程，体验着"量"的变化。

②以同伴身份参与活动，发挥教师的引领作用。爱模仿是小班幼儿突出的年龄特点，我抓住了这一特点，和幼儿一起玩起了"泥巴变变变"的游戏：幼儿搓出了面条，我把面条卷起来变成蜗牛，

幼儿也跟着变起了蜗牛；我看到几个幼儿在团泥球，就顺手团了个大的，用种子做眼睛，用吸管做触角做成一个毛毛虫的头，请小朋友把团好的泥球紧挨着毛毛虫的头排好队，刹那间，一条毛毛虫变出来了，他们在玩中体验着创作的快乐……

③添加适当的辅助性材料，激发幼儿创作灵感。什么东西可以和泥巴交朋友呢？幼儿在我的倡导下开始寻找身边玩泥的辅助性材料——石头、干花、瓶盖、纸筒、吸管、果壳、种子、树枝……他们在教师的带动下尝试着使用这些辅助性材料。

在活动中，刘敬一、昆昆等几个小朋友把用种子壳和面条做成的瓢虫放到了玉米的叶子上，充分运用了自然环境；彭鑫带几个小朋友用泥巴和干花做成了插花；轩轩小朋友用纸筒和泥巴做成了三响炮，创造性地运用辅助性材料……

点评

教师作为幼儿活动的支持者，为了拓展幼儿游戏的空间，把大自然作为幼儿游戏的课堂，充分地利用了自然环境。

教师能够挖掘每个环节的教育价值——和泥时应倒多少水？小泥渣怎么不见了？玩完泥巴做什么？洗手的水可以做什么等。使幼儿的游戏在教师的引导下玩得更有价值。

爱模仿是小班幼儿突出的年龄特点，他们喜欢模仿教师和同伴，教师正是抓住了这一特点，为幼儿创设了模仿的环境，使幼儿在模仿中学习、创造性地发展；幼儿结合作品的讲述，使语言在运用的过程中得到了发展。

整个活动层次分明，充分体现了游戏性，且让不同水平的幼儿都能获得成功的体验。

生活美工（大班美术活动）

杜晨阳

活动由来

我们班的幼儿在线描活动中了解了多种线条的装饰美，这次的活动主要是拓宽幼儿的思路，鼓励幼儿运用多种材料表现线条装饰的规律美。活动前幼儿准备了大量的玻璃杯、盘子、衣服等材料进行实物装饰。

活动目标

1. 初步培养幼儿运用有规律的线条和图案装饰的能力

2. 培养幼儿做事之前学会计划

3. 鼓励幼儿寻找工具解决问题

活动准备

1. 经验准备

①认识线条，引导幼儿了解一些线条的名称、变化和美感等基础知识。

②对面泥、胶条、双面胶以及幼儿收集来的材料的特性和使用方法比较熟悉。

2. 材料准备

①自制面泥、乳胶、胶条、双面胶，幼儿收集来的瓶瓶罐罐和小珠子、指甲油、麻绳、玻璃珠等。

②幼儿作品展示台。

3. 环境准备

墙饰：关于瓶子装饰的图片。

活动过程

1. 欣赏生活中瓶瓶罐罐的装饰以及它们的美化作用。引导幼儿了解我们的生活中充满着艺术的美，鼓励幼儿去发现。

2. 欣赏交流幼儿收集来的有规律的线条和图案，拓宽幼儿思路

——你从哪儿收集来的线条（图案）？

——说一说排列得有什么规律？

引导幼儿自由欣赏交流，教师个别询问。鼓励幼儿大胆表达自己的感受。

3. 幼儿集中谈论，谈谈自己的装饰计划

——你带来了什么东西？

——想要装饰成什么？

——你准备用什么来装饰？

引导幼儿学会做事之前制订计划的习惯，帮助幼儿梳理制订计划的步骤，鼓励幼儿学会和同伴合作完成作品。

4. 幼儿进行装饰活动，教师巡视指导

①教师介绍材料的摆放，幼儿自主选择需要的材料进行活动。

②引导幼儿对自己所要装饰的物品先构思，怎样才能装饰出规律美。

③帮助幼儿有计划地做事。

④帮助幼儿寻找解决问题的方法和工具。

5. 作品欣赏

①请个别幼儿介绍作品。引导幼儿思考："别人用了什么样的线条和图案？有什么规律？"

②请会使用工具解决问题的幼儿来介绍解决问题的方法。

活动延伸

征求家长意见，和家长一起组织一次作品拍卖会将拍卖的善款以大班全体幼儿家长的名义捐到红十字会，培养幼儿的爱心和责任心。

活动反思

我园作为一家以艺术教育为特色的幼儿园，一直致力于以艺术教育为切入点实施促进幼儿全面快乐发展的实践研究。在这种大环境的支持下，我也研究了关于如何组织大班幼儿进行线描画活动。活动中幼儿对线条、花纹、图形的感受力和视觉经验增强了；对作品的审美能力有所提高，他们也逐渐发现了线条的规律美。

线描画中对线条的表现只是单一的形式。而在本次活动中，教师帮助幼儿拓展了思路，鼓励幼儿把他们所感受到的线条的规律美运用到生活中的物品装饰上去。因为大班幼儿与中小班有所不同的是对生活实际的东西更感兴趣，而不仅仅停留在童话世界里。因此，此次活动帮助幼儿拓展思路的同时也是适合大班幼儿活动的内容。

活动化的共同学习是大班幼儿的主要活动方式。大班幼儿已经能够彼此分享经验，共同商量制订计划来做一件事情，教师应鼓励幼儿进行合作。幼儿在活动中表现出的合作方式多种多样。这些合作方式都能够发展幼儿的交往能力和解决问题的能力。

教师是幼儿活动的引导者。幼儿遇到问题时除了可以寻求别人帮助以外，教师还应鼓励幼儿自己想办法解决问题，提高幼儿解决问题的能力和遇到困难想办法解决的意识。

点评

教师注重幼儿的观察和体验，在日常与自然的接触中，积累了大量的感性经验，为幼儿活动提供了保障。

教师在引导幼儿线描画的基础上，巧妙地将线描转移到实物的装饰活动中，让幼儿感到活动的丰富多彩。

活动化的共同学习是大班幼儿的主要活动方式。大班幼儿已经具备分享经验、共同制订计划的能力，教师为幼儿提供了合作学习和共同制订计划的机会。

整个活动趣味性强，幼儿在动手操作的过程中感受到了创作的快乐，让每个幼儿在原有的水平上都有了提高。

我们的幼儿园（大班泥塑活动）

王英辉

活动由来

幼儿园是孩子们现实生活中非常熟悉的环境，他们对于幼儿园的结构、设施早已经了解。“幼儿园”这种大型的捏塑活动不是一个或是几个人一会儿就能完成的，需要全班幼儿共同努力。在这种活动化的共同学习中，不仅可以培养幼儿协商、分工、合作的能力，而且可以培养集体荣誉感，使幼儿更加爱自己的同伴、爱幼儿园。于是，“我们的幼儿园”的泥塑活动开始了。

活动目标

1. 培养幼儿完成任务的意识，体会集体制作的乐趣

2. 引导幼儿运用搓、捏、压、团等基本技能塑造立体或平面造型，并恰当地使用辅助材料进行连接、支撑和装饰

活动准备

1. 经验方面

准备活动一：参观幼儿园。通过参观幼儿园，使幼儿对幼儿园的园容、园貌有了较为完整的印象。

准备活动二：绘制幼儿园平面图。

准备活动三：制订捏塑计划。

幼儿园这么大，玩具房屋这么多，这些问题一下子摆在幼儿面前，引发了他们的思考：我们小朋友怎样才能又快又好地捏好幼儿园呢？幼儿经过激烈的争论，最后统一了意见，他们认为：只有每个人负责一小部分捏塑工作，大家分好工，不重复，最后将大家捏的东西放在一起，就能很快捏好幼儿园了。

2. 材料准备

自制面泥、黄土泥、成品泥等不同质地的泥材料；牙签、小棍、子弹壳、塑料珠等各种废旧材料；三合板、擦手布、围裙等。

活动过程

1. 制订计划

①观看幼儿园平面图，和幼儿一起回忆幼儿园整体布局。

②请幼儿选择自己能够捏塑的那一部分。

教师："今天，我们全班小朋友要一起捏我们的幼儿园，请你想好捏什么之后，将你的名字贴到计划表中。"引导幼儿完成计划书的制定，并鼓励幼儿坚持完成自己的任务。

2. 执行计划

（1）教师指导幼儿完成计划

①幼儿明确自己的任务之后，请幼儿分别选择材料，大胆想象，并用自己的方式富有个性地呈现物体形象，进行捏塑。指导幼儿合理搭配颜色。

②在指导的过程中，鼓励能力较强的幼儿塑造立体造型；而对于能力较弱的幼儿，引导他们塑造半立体或平面造型。

③教师提示幼儿根据造型的需要，使用牙签、小棍等辅助材料。引导幼儿与同伴之间相互帮助，共同解决遇到的难题。

（2）三位教师的分工合作

①将全班幼儿大致分成三个区域，三位教师分别有重点地指导一部分幼儿。

②教师随时捕捉幼儿的好方法，鼓励同伴之间相互交流，分享成功的经验。

（3）欣赏、评价

①欣赏、评价集体作品《我们的幼儿园》，感受作品的布局、造型、色彩的美感，抒发幼儿内心的自豪感，体验成功的乐趣。

②幼儿齐唱《怀柔二幼园歌》，启迪幼儿内心美好的情感。

活动反思

幼儿从开始制订计划，到分工执行计划，再到合作完成计划，充分体现了大班活动的共同学习这一特点。幼儿以积极、专注、自信的良好状态投入到整个捏塑活动中，师幼共同创造了友好、合作、其乐融融的活动氛围。

当幼儿需要将自己捏塑的房屋、玩具、人物等作品进行支撑、连接和装饰的时候，他们在教师的启发下，寻找周围一切可以利用的材料。于是，子弹壳、跳棋子、玻璃球、开心果果壳等废旧材料和一些拼插玩具都成为了泥塑作品中不可或缺的一部分。

另外，幼儿还将自己美好的愿望用泥塑的形式表现了出来。例如，他们说小班的弟弟妹妹们喜欢玩能坐着开的车，于是他们就给弟弟妹妹们捏了许多坦克车；为了加固幼儿园的防卫设施，幼儿还在围墙和大门周围增设了警报器等监控系统……幼儿完全陶醉在欢乐的捏面泥活动中。

点评

活动过程的设计符合大班幼儿的年龄特点和认知水平。大班幼儿活动的目的性和计划性增强，教师为幼儿创造了制订计划和执行计划的条件。

活动材料体现民间艺术特色。面泥作为一种民间艺术材料，被教师巧妙地运用到教学活动中，让幼儿感受到了艺术的无穷乐趣。

活动能将安全教育、合作学习融为一体，在创作中体现了合作与交往的快乐。整个过程趣味性很强。

活动层次分明，整个活动体现了“玩中学”，让不同层次的幼儿在原有的水平上都有了成功的体验。

有趣的版画（大班美术活动）

王　芳

活动由来

《幼儿园教育指导纲要（试行）》中提到“幼儿具有与生俱来的好奇心和求知欲”，任何新鲜有趣的事物都能激发他们探索的欲望，所以当幼儿在小画屋发现了老师制作的版画后非常地感兴趣，不停地询问这是怎么画的，为什么和我们以前的画不一样呢，特别像印出来的等问题。为了满足幼儿的兴趣需要，使他们通过大胆地寻找制作版画的材料和涂色工具，从而亲身操作感受到不同的材料和涂色工具制作版画的不同效果，并从中发展动手能力、思维能力和与人合作的能力，于是便有了本次活动。

活动目标

1. 能够选择自己喜欢的方式、材料初步尝试制作版画

2. 能够通过比较、感受到不同涂色工具的效果并进行统计，寻求最佳的使用工具和方法

3. 乐于与同伴合作，感受到创作的成就感

活动准备

1. 经验准备

知道制作版画的底画应有印痕、有凹凸的变化。

2. 涂色工具准备

毛笔、刷子、棉球、布球、磙子若干。

3. 其他材料

吹塑纸、铅笔、泥板、剪好的各种硬纸板图形若干。

活动过程

1. 导入部分

教师：“你发现版画和我们原来的画有什么不同吗？制作版画需要注意什么呢？你都找到了哪些材料呢？哪种涂色工具最好用？”

2. 尝试选择材料制作版画

（1）幼儿自主选择中，教师要观察幼儿的选择是否适宜、全面，并进行指导。

（2）引领幼儿依据材料种类分组制作。

分组：吹塑纸、泥板组、拼摆组。

制作重点：底画要有深浅的纹路和凹凸的变化，涂色均匀，寻求最佳涂色工具和使用方法。

教师要引导幼儿与同伴合作，并把工具的使用结果进行统计。

3. 作品欣赏

（1）鼓励幼儿大胆讲述自己的作品，教师给予及时的肯定，并依据存在的问题提出有利于幼儿提高的建议。

（2）请幼儿比较同种底画材料，使用不同涂色工具的不同效果。

（3）引导幼儿通过画表统计进行比较，发现最佳的涂色工具。

4. 延伸活动

引导幼儿讨论还可以用什么材料制作版画，鼓励幼儿继续探寻制作版画的新材料。

活动反思

《纲要》提出，“教师要善于发现幼儿感兴趣的事物、游戏和偶发事件中所隐含的教育价值，把握时机积极地引导”。所以当发现幼儿对制作版画感兴趣后，我及时地引领幼儿去观察和感知版画和原来绘画的不同，激发他们制作版画的欲望，并与幼儿一起动手制作了涂色工具。不但延伸了幼儿的已有经验，同时也体现了大班活动连续性的特点。

幼儿在制作版画的活动中充分体现了合作化的共同学习，能够为同伴寻找适宜的材料，帮助同伴一起制作，这也非常符合大班幼儿的学习特点。针对大班幼儿好学、好问、好奇心强的特点，我鼓励幼儿把对上节活动中对最佳涂色工具的猜想，在这节活动中通过自己的尝试去验证、去统计，以满足他们的探究欲望。带着目的，幼儿在活动中都非常主动，参与性很强，表现得也很积极，能够大胆选择材料制作版画。

附表

涂色工具	泥板制作的版画	吹塑纸制作的版画	拼摆图形制作的版画
棉球	☹ ☺ ☺	☺ ☺	☺ ☺
布球	☺	☺	☺ ☺
磙子	☹ ☹	☹ ☹ ☹	☺ ☺ ☺
毛笔	没有幼儿使用	☹ ☹	☹ ☹
刷子	☺ ☺ ☺	☺ ☺	☹

注：☺——涂色效果很好，制作成功　☹——涂色效果不太好，成功率低

点评

教师能为幼儿提供更多的艺术活动形式，让幼儿充分感受艺术活动的丰富多彩。当幼儿在小画屋发现了老师制作的版画后非常感兴趣，不停地提出问题时，为了满足幼儿的兴趣需要，引出了此次活动。

大班幼儿已经具备了初步的验证、统计等技能，活动中教师鼓励幼儿大胆地进行尝试、验证，满足了幼儿的好奇心和求知欲望。

合作学习在活动中得到了充分的体现。活动中幼儿能够为同伴寻找适宜的材料，帮助同伴一起制作。

第三章　以语言文学教育为切入点实施教育整合

第一节　教育经验

看图讲述新策略

韩爱萍

看图讲述活动是利用图片来帮助幼儿提高语言能力的一种常用的教学形式。它能够有效地发展幼儿的观察力、口语表达能力、思维和想象力，丰富有关的知识，培养幼儿良好的品行与情感等。看图讲述中的图片色彩丰富，形象突出，目标明确，带给幼儿视觉的冲击力，能把幼儿的注意一下子吸引住，激发幼儿讲述的欲望。因此，看图讲述是非常适合幼儿学习的一种形式。但是，目前幼儿园的看图讲述教学却存在诸多弊端，如教学过程模式化，目标统一，讲述方法单一，教师在教育方法上忽视活动的趣味性，忽视了《纲要》中所要求的"让幼儿积极主动地参与学习"。因此，为了促进幼儿发展的需要，更好地发挥看图讲述在幼儿语言发展中的作用，我在沿用原有看图讲述教学方法和策略的基础上进行了新的尝试。

一、根据幼儿的发展水平制定教学目标

教学目标是教学活动的核心，能够指引教师在活动中通过运用各种教学方法、策略带领幼儿逐步达到目标。以往的看图讲述活动的目标，往往都是针对大多数幼儿情况而言的，很少能顾及到幼儿发展的个体差别。因此，在这种情况下制定的教学目标不能保证所有幼儿都得到良好发展。《幼儿园教育指导纲要（试行）》提出：教育要面向全体幼儿，同时又要注重个体差异。因此，我分层制定目标，以关注所有幼儿。我将活动目标定为三个不同层次。第一个层次：只须讲出“图片上有谁（什么），在什么地方，干什么”。第二个层次：除第一层目标要求外，还要说出人物之间的简单对话或是心理活动。第三个层次：除了第一、二层的目标要求外，还要有相应的联想，例如，还会发生什么事？接下来会怎样？如果不这样，又会怎么样？（明确制定不同层次的教学目标，可以使教师运用更恰当的教育方法、策略进行教学。教师可以在目标引导下，针对不同层次的幼儿进行有效提问，进而提高教学质量，使处在不同能力水平的幼儿都能够获得较好的发展。）

二、根据幼儿的发展水平提供内容不同的图片

确定不同层次的目标需要教师对幼儿的语言发展水平进行充分地观察和了解。例如，看图讲述“做值日”。在教学活动中提供这样的图片：图片一共有三幅，三幅图片主要内容一样，但是在细节、背景上不同。三幅图片分别与不同发展水平的幼儿相对应，能更好地关注幼儿的个体差异，满足幼儿的需要。因此，可以这样制定教学活动目标，语言能力弱的幼儿讲出：图片上有谁，他们在做什么。语言能力中等的幼儿讲出：在什么时间，什么地方，都有谁，他们在做什么，相互又会说什么。语言能力强的幼儿不仅要把时间、地点、人物、事件讲清楚，还要讲出图片上人物的心理活动，以及设想还会发生什么事情。

这样根据幼儿的发展水平提供图片，可以激发幼儿想说敢说的

愿望，尤其对于不自信的幼儿，能使他们大胆开口讲述。对于语言能力强的幼儿，在发展语言的同时，能更好地发展他们的想象力。

看图讲述“做值日”

适合语言能力弱的幼儿

适合语言能力中等的幼儿

适合语言能力强的幼儿

三、改变旧的教学模式，尝试新的教育策略

（一）变集体教学为小组教学

我们以往组织幼儿看图讲述时，采取的形式大多是集体教学，全班幼儿看一套图片。刚开始看时，幼儿还感觉有些新奇，时间一长就坐不住了。原因有两个：一是幼儿离图片太远，看不清楚；二是一位教师要面对全班幼儿，两者互动太少。因此导致幼儿逐渐地失去了对看图讲述的兴趣。为了激发和保持幼儿的学习兴趣，我首先改变了集体教学的形式，采取小组教学。将全班幼儿分成 5 组，每组一套图片，三位教师面向 5 组幼儿。这样不仅拉近了图片与幼儿的距离，增加了教师与幼儿之间的互动，为幼儿营造了良好的讲述氛围，而且进一步激发了幼儿学习的积极性和主动性。

小组教学活跃了教学气氛，也使幼儿更加集中注意力学习，从而获得了更多的展示机会。

（二）同伴间的资源共享

《纲要》中强调“幼儿的语言学习具有个别化的特点，教师与幼儿的个别交流，幼儿之间的自由交谈等，对幼儿的语言发展具有特殊的意义”。

看图讲述“没牙的老虎”时我没有给幼儿直接朗读内容，而选择了几名幼儿互相讲述，我发现，第一个讲述图片的幼儿总是语言能力强的幼儿，他根据自己对图片的理解进行讲述。讲完后，部分幼儿还是不会讲，怎么办呢？能力强的幼儿就会与他们共同探讨，每幅图到底应该怎么讲，这样一来，每名幼儿都会讲了，能力强的幼儿不仅能完整讲述，而且还会用修饰的词语；能力弱的幼儿能用简单的话讲下来，并且从同伴那里学到了“撒腿就跑”“凶猛”“一颗接一颗地吃”等短语。幼儿在讲述活动中相互学习，这不仅锻炼了幼儿的语言表达能力，也促进了每个幼儿在不同水平上的发展。

（三）把看图讲述融入一日生活环节

《纲要》提出“幼儿的语言能力是在运用的过程中发展起来的”。要想使幼儿的语言能力得到更好的发展，教师必须在教学活动和日常生活中有意识地培养和使幼儿反复练习才能达到良好的效果。因此，我把看图讲述融入到一日生活中，根据近期的语言目标选择合适的图片张贴在活动室的墙上。这样晨间活动和环节过渡时，幼儿就可以随时去讲述。这不仅发展了幼儿的语言能力，同时提高了他们的观察分析能力。

（四）调整图片顺序，引导幼儿讲述

调整图片顺序也就是让幼儿排图讲述，是幼儿根据自己的想象和经验将图片排成不同的顺序，但是每种排法都能讲出合理的故事和事件。首先，引导幼儿观察了解每幅图片的大概内容；然后，让幼儿根据自己的理解将无序的图片排出顺序；最后，再由幼儿来讲解图片的主要内容。例如，看图讲述“爱吃水果的牛”，一共有三幅图片：

幼儿按照自己的想法进行了排序。由于排列顺序不同，幼儿讲出了不同情节的故事。幼儿感受了讲述的乐趣，也体验了成功的喜悦。这样的活动，不仅调动了幼儿讲述的主动性、积极性，还充分发挥了幼儿的想象力和创造力。

第一幅：主人给奶牛喂水果

第二幅：主人生病了

第三幅：奶牛给主人喂水，主人病好了

（五）积极有效的提问

提问是决定活动效果的关键因素。有效的提问，可以激发幼儿对活动内容的学习兴趣，启发幼儿的思维，调动幼儿学习的积极性。

1. 启发性的提问

这类问题不为幼儿提供现成的答案，而是让幼儿自己学习和发现。例如，看图讲述“雪中小路”的图二，我是这样问的：“小动物们会想出什么办法，把小路上的雪清理干净?”这种提问能激发幼儿的想象力。

图一

图二

图三

看图讲述“雪中小路”

2. 针对性的提问

例如，看图讲述“乌鸦和狐狸”，幼儿说：“一只狐狸来到树下，对乌鸦说……”我启发他们说：“一只什么样的狐狸，用什么样的表情对乌鸦说?”幼儿就用已经学过的词语来扩充句子，他们说：“一只浑身长着红色毛的狐狸来到树下，它不怀好意地对乌鸦说”，“一只火红的狐狸来到树下，笑眯眯地对乌鸦说”。这样的提问使幼儿不至于无从答起。

3. 开放性提问可以促进幼儿想象力和语言能力的发展

我通过恰当地运用这些教学策略，培养和激发了幼儿看图讲述的浓厚兴趣，使幼儿能用比较连贯、完整、丰富的语言表达自己的想法。与此同时，还使幼儿的观察力、分析力、想象力和思维能力得到了锻炼和发展。在今后的教学工作中，我会继续探索更新、更好的教育方法，从而更好地发展幼儿的看图讲述能力。

挖掘民间童谣价值，发展幼儿审美能力

刘雪佳

“小老鼠，上灯台，偷油吃，下不来……”，这样一首脍炙人口的民间童谣总能唤起人们对于童年的美好记忆。

民间童谣是具有中国特色的艺术，它来源于民间，篇幅短小、童趣盎然、富有节奏、声韵的美感。它内容贴近幼儿的现实生活，语言符合幼儿的朗诵特点，便于幼儿吟诵与理解，并使幼儿在潜移默化中，逐渐增长知识、扩大生活经验，陶冶优雅性情，进而提高文学素养。而我们传统的童谣教学却往往停留在让幼儿记忆、朗读的层面，重语言技巧，轻审美感受，民间童谣的教育价值没有得到充分挖掘。那么究竟如何开展民间童谣的教学活动，让幼儿真正感受美、表现美和创造美呢？在民间童谣教学活动的不断尝试和积累中，我总结了一些经验和感悟。

一、选择趣味性、审美性浓郁的童谣，让幼儿感受美

《纲要》指出：“引导幼儿接触优秀的儿童文学作品，使之感受语言的丰富和优美，并通过多种活动帮助幼儿加深对作品的体验和理解。”中国民间童谣是一个较为庞杂的系统，其间鱼龙混杂，精芜并存。要让幼儿感受到语言的丰富和优美，就需要我们在浩如烟海的民间童谣中，根据幼儿年龄特点、兴趣需要来筛选出健康向上、浅显易懂、贴近幼儿生活，寓趣味性、知识性、审美性（包括语言美、形象美、意境美、韵律美、情感美等）的童谣。

如小班教学选择字数少、充满趣味的童谣容易激发幼儿的兴趣；中班教学选材应以四二拍和四四拍为主，让幼儿容易以节奏的形式来表现，在表现中发现童谣的特质。且选择的童谣最好句句押韵，让幼儿感觉到节奏和韵律美。大班选择童谣更多注重的是形式上的变化，如有叙事式的童谣、问答式的童谣等。

二、创设良好的童谣欣赏、学习环境，让幼儿欣赏美

创设一个良好的童谣欣赏、学习环境也是至关重要的。《纲要》指出："幼儿的发展是在与周围环境的相互作用中实现的。"因此，我将童谣渗透在一日生活之中，渗透在班级中的各个角落，让幼儿边欣赏、边回忆，多角度、多方位、多渠道感受童谣的无穷魅力，从而主动地去发现美、表现美、创造美，进一步萌发学习童谣的兴趣。

（一）一日生活中的童谣渗透

"幼儿园一日生活都是教育。"所以我将童谣渗透到各个环节之中，如盥洗童谣、整理物品童谣、站队童谣等，使幼儿的良好行为习惯、生活卫生习惯等在一日生活中自然地得到培养。这样不仅使幼儿一日活动的各个环节过渡自然，同时减少了幼儿排队、等待的消极现象。

（二）区域活动中的童谣渗透

区域活动是主题活动的延伸和补充。随着主题活动的开展，我们根据幼儿的兴趣、需要、能力等在活动区投放了许多有关童谣的操作材料，让幼儿进一步学习、巩固。能力弱的幼儿可以利用手偶这种直观形象的方式学习童谣；能力强的幼儿可以通过直接念文字来温习旧童谣，学习新童谣等。幼儿与同伴之间自主地交流、分享，则使班级里学习童谣的氛围越来越浓厚。

三、利用多种活动方式、途径，激发幼儿表现美和创造美

有了合适的教材，那么教学活动如何进行，才能萌发幼儿发现美的意识，激发幼儿表现美的兴趣，提高幼儿的审美能力呢？许多教师会将民间童谣的教学活动理解为读读念念，然而这样幼儿得到的只是机械的记忆而并没有情感上的体验，究竟如何来提高审美能力呢？《纲要》明确指出："幼儿园应在丰富多彩的活动中扩展幼儿的经验，提供语言发展的条件。"丰富多彩的活动是幼儿语言发展和

审美能力提高的前提。

（一）领域互渗说童谣

《纲要》指出："幼儿语言的发展与其情感、经验、思维、社会交往等其他方面的发展密切相关。"因此，各个领域的教育活动，要注意相互联系，相互渗透，将有助于幼儿获得广泛的、丰富的经验，以及巩固所学的知识内容。

如《数数歌》，这首儿歌是专门为培养数目观念而创作的。它把数学和文学巧妙地结合起来，让幼儿在饶有兴趣的气氛中掌握一些数的概念。《数数歌》应该是适合幼儿认识水平的最早的算术教材，除此之外还有"一二三四五，上山打老虎，老虎打不着，碰到小松鼠，松鼠有几个，让我数一数，数来又数去，一二三四五"等。

又如童谣《编花篮》，如果仅仅是枯燥的学习背诵，幼儿既不会感兴趣，也不会理解童谣的内容。而如果和体育活动相结合，让幼儿边说边做，效果则大不相同。朗朗上口的儿歌，加上有趣的游戏，既增强了幼儿的体质，又使幼儿在游戏中锻炼了交往能力、合作能力。

（二）说说画画学童谣

童谣，特别是幼儿自编的童谣，是来自于幼儿自己的生活，是从活动中产生的。它所表达的是幼儿最单纯、最向往、最开心的童年游戏生活。而画童谣，能够让幼儿的形象思维得到进一步地发展，建立文字与绘画的对应关系，能开发幼儿多方面的潜能。

如童谣《骑马》："胖娃胖嘟嘟，骑马上成都。成都又好耍，胖娃骑白马。白马骑得高，胖娃耍关刀。关刀耍得圆，胖娃吃汤圆。汤圆掉了，把胖娃气吹了。"在画的过程中，幼儿自由地表现，用一个符号、几根线条、几块色彩，表达着发自内心的感受，这既激发了幼儿学习童谣的兴趣，又让幼儿对童谣有了进一步的理解，挖掘了幼儿的想象和创造潜能，增强了幼儿的记忆。

（三）快快乐乐唱童谣

童谣的音乐性几乎是天然的。在它语言的音韵美和节奏感上，其音乐性的重要意义丝毫不亚于语义。谱上曲子的童谣更易于被幼儿们接受。如童谣《摇啊摇》，将它与歌曲的形式相结合，能够使童谣的意境锦上添花，优美、舒缓的音乐更易于幼儿理解童谣表达的情感。这样不仅让幼儿感受了童谣的音韵美，还培养了幼儿的节奏感。

（四）自编自导演童谣

很多童谣本身就是一个个浓缩、完整的故事。老师可以带领幼儿把童谣改编成小型故事表演，进而开发幼儿的表演能力。在改编过程中，充分发挥幼儿的想象力，激发他们的兴趣。一旦幼儿有了兴趣，便会乐此不疲地学。如童谣《唐僧骑马咚那个咚》，我们是这样组织教学的，先让小朋友学会说童谣；然后选定角色，有孙悟空、猪八戒、唐僧、老妖婆等；接着，幼儿自己制作道具、服装，自编动作。这样既发展了幼儿的交往能力又锻炼了表演能力，还高质量地完成了既定的教学任务。

（五）结合生活编童谣

幼儿的潜力是无限的。我们要积极地鼓励幼儿结合周围事物、景物、人物，即情即景地创编童谣。例如在教幼儿学童谣《不字歌》时，我们刚刚学了两遍，昊昊小朋友就说："老师，我也想编一句，你们肯定谁也猜不着。"我便及时抓住这个教育契机，请他来编，昊昊说："什么是蛋不能吃?"幼儿的积极性一下子被调动起来，你一言我一语的开始编下一句，有的说"铁蛋是蛋不能吃"，有的说"坏蛋是蛋不能吃"，还有的说"笨蛋是蛋不能吃"……幼儿的创新思维喷涌而出，在依据原作格式的基础之上，创编出许多优秀的作品。

四、充分利用家庭与社区资源，为幼儿感受美与表现美提供更加广阔的空间

我和幼儿开展的童谣活动，唤起了家长们对童年的记忆，他们也积极主动地参与到我们的活动中，每天晚上都要和幼儿一起说说幼儿园新学的童谣，并纷纷把自己小时候说过的童谣写下来请幼儿

带到幼儿园，不到两周的时间，我们就整理出三本小册子《我自己喜欢的童谣》《爸爸妈妈小时候喜欢的童谣》《爷爷奶奶小时候喜欢的童谣》等共95首。我把这些小册子放到图书区。幼儿非常感兴趣，一有空闲就去翻阅，并相互介绍自己收集的童谣。

总之，童谣，是幼儿认识世界的放大镜和望远镜；是幼儿真善美心灵启蒙的钥匙和向导；也是幼儿天真遐想的翅膀和跳板。我们要不断挖掘其中的教育资源，进一步地丰富幼儿语言的审美经验，提高他们感受语言美的能力，激发他们表现语言美的欲望和创造语言美的积极性。

附

原作（来自民间）

什么是鸡不长毛？
田鸡是鸡不长毛。
什么是鹅脖不长？
企鹅是鹅脖不长。
什么是马不拉车？
河马是马不拉车。
什么是猫不捉鼠？
熊猫是猫不捉鼠。

幼儿创编

什么是虎不上山？
壁虎是虎不上山。
什么是牛不耕田？
蜗牛是牛不耕田。
什么是包不能背？
面包是包不能背。
什么是布剪不断？
瀑布是布剪不断。
什么是球不能踢？
地球是球不能踢。
什么是水不能喝？
胶水是水不能喝。
什么是笔不写字？
电笔是笔不写字。
什么是书看不懂？
天书是书看不懂。

小班幼儿创编儿歌能力的培养

吴秋英

儿歌是儿童歌谣的简称。儿歌题材广泛，词句简短，结构单纯，内容生动，想象丰富，有优美的旋律、和谐的节奏，是适合儿童吟诵的韵体作品。儿歌是儿童最早接触的文学形式。孩子在婴儿时期就开始听成人吟诵歌谣。儿歌词句简短，节奏性强，押韵上口，易于儿童记忆和吟诵，是幼儿喜欢、容易普及的形式。儿歌的特点是想象丰富，语言通俗、简练，音调和谐，节奏鲜明，朗朗上口，感情色彩鲜明。儿歌在表现主题上比较直截了当；从语言表现形式上看，韵律严格、规整；从篇幅上看，比较短小。儿歌要构思新颖，有特点，有独创性，要善于从生活中捕捉和反映儿童思想感情、生活情趣等。

小班幼儿非常喜欢说儿歌。刚刚度过婴儿期的 3 岁幼儿，正处于直觉行动到具体形象的过渡时期，他们的认识很大程度上要依赖于行动，他们喜欢边说儿歌边做动作。教师要给他们用口头和肢体语言一同来表达思想的机会，使他们说得更有兴趣。因此，在教学中，我常挑选一些适合小班幼儿的儿歌教给他们，并且和幼儿一起创编儿歌。我们一起想象，一起创编。在这种和谐的师幼互动中，一首首儿歌“诞生”了。和幼儿一起创编是一件快乐而有趣的事情。下面是一些创编儿歌的点滴体会。

一、选择短小有趣、内容贴近幼儿生活的儿歌，供幼儿欣赏和学习

优秀的儿童文学作品是幼儿语言学习的范例，教师应每天给幼儿安排一定时间进行儿童文学欣赏。我经常选择一些比较优秀的儿歌、短诗等，供幼儿欣赏和学习。

《我是一个大苹果》是一首朗朗上口、节奏感和韵律感都较强的儿歌，幼儿不但爱说，还能有效地练习 2/4 拍节奏。这首儿歌取材

于《幼儿园快乐与发展课程幼儿用书》。儿歌是这样的："我是一个大苹果，小朋友们都爱我。请你先去洗洗手，要是手脏别碰我。"书上每句儿歌旁边都画有一个可爱的苹果娃娃，并有相应的表情和动作。儿歌上边有节奏谱× × | × × | × × | × — ‖，在幼儿会说之后，请幼儿打开这一页。有的看着书边说儿歌边拍手，有的像识字的小学生一样指认着儿歌中的每一个字，认真地说着。这首儿歌因其图文并茂和节奏谱的出现，更加吸引了幼儿。幼儿在平时阅读时，也常常翻到这一页"表演"一番。

无论是传统儿歌《一二三四五》、童谣《大拇哥二亩地》，还是一些新儿歌、短诗都深受幼儿喜欢。每天我和幼儿都会快乐地说上几首。这样既提高了幼儿的学习兴趣，又丰富了幼儿的经验。这些作品短小而有趣、生动又活泼，它们的节奏美、韵律美和语言美对幼儿也产生了潜移默化的影响。这为幼儿、教师一起创编儿歌奠定了良好的基础。

二、结合生活经验，理解生活内容，激发幼儿的创编兴趣

每年九月份是小班幼儿的分离焦虑期。刚开学时，孩子们的哭声此起彼伏，致使教师基本无法进行集体性的活动。这时教师要做的是运用多种多样的方式和方法帮助幼儿度过这段时期。渐渐地，幼儿的哭闹现象减少了，有时能够安静一会儿和老师做游戏了。创编就从这里开始了。

幼儿喜欢"切"的动作，而且知道面条的特点，也有和家人一起吃面条的经历。于是，一首《切面条》的儿歌很快就编出来了。我先和幼儿边切边说"切呀，切呀，切面条"，然后启发幼儿说出："面条是什么样的？切出的面条会越来越怎么样？面条应放到哪里去煮？煮熟的面条应先盛给谁？"在我的启发下，孩子们积极地应答，他们一边和我做动作，一边说，一首朗朗上口的《切面条》就这样编好了。儿歌是这样的："切呀，切呀，切面条，切出的面条长又长，切出的面条多又多。把它放到锅里面，煮呀煮，煮呀煮。一碗给爷爷，一碗给奶奶，一碗给爸爸，一碗给妈妈，一碗是我自己

的。”这首儿歌里有孩子们最亲近的人。通过“念叨”他们，孩子们好像回到了亲人们的身旁。小班幼儿常把幻想当现实。这时，他们假想和亲人一起吃面条，就会暂时消除分离焦虑。幼儿特别喜欢这首儿歌，回到家也常常说起。现在许多家长都学会《切面条》了。

三、结合领域目标，采取多种形式，培养幼儿的创编意识

为了达到一个目标，方式方法是很多的。结合儿歌组织教学是幼儿喜闻乐见的一种形式。

“尝试点数 5 个物体以内的物品，初步感知理解 5 个以内物体的数量”是小班的培养目标之一。为了提高幼儿点数的兴趣，我和幼儿创编了儿歌“手指歌”，我先编出了第一句“1 铅笔，手中拿”，然后伸出两根手指（食指和中指）做剪的动作，同时问：“什么声音?”幼儿说：“咔嚓嚓。”紧接着，我伸出三根手指。问“像什么?”答：“像叉子。”再问：“叉什么?”有的幼儿立刻说：“叉蛋糕。”不一会儿，四根手指的、五根手指的也编出来了。《手指歌》是这样的：“1 铅笔，手中拿；2 剪刀，咔嚓嚓；3 叉子，叉蛋糕；4 菜刀，切南瓜；5 小鱼，游游游……”所以说，教师要通过各种形式启发幼儿，培养幼儿举一反三的能力，从而达到活跃幼儿思维的目的。

四、结合年龄特点，从幼儿的兴趣出发，培养幼儿创编儿歌的能力

大千世界，幼儿喜爱的事物数不胜数。有香甜可口的各种食品，有形态各异、大大小小的毛绒玩具，有各式各样的电动玩具，还有一些好玩但较为危险的玩具，如：“枪”等。因为小班幼儿还没有学会正确地与人交往，所以很少为他们准备玩具枪。那么怎样让幼儿也享受到玩枪的乐趣呢？于是一首《小手枪》就应运而生了。我一边伸出左手的大拇指和食指，做打枪状，一边说：“一把小手枪”，然后伸出右手，幼儿立刻编出下一句：“两把小手枪”，紧接着我又说：“用它干什么?”幼儿说：“打坏人。”最后我们又添加上生动的象声词：“啪！啪！啪啪啪！”孩子们很快就学会了。在一些过渡环

节中，幼儿会自言自语地说起这首儿歌，还配以形象的动作。儿歌是这样的："一把小手枪，两把小手枪，用它干什么？用它打坏人。啪！啪！啪啪啪！"这首儿歌有对数的认识，有对物体形状及用途的了解，最后的几声"啪"，还表达出了幼儿愉快的情绪。

五、结合生活常规培养，给幼儿更大的"创作"空间

常规就是幼儿必须遵守的日常生活规则。它是幼儿园为了使幼儿的生活内容丰富而有规律，调动幼儿在一日生活活动中的主动性、积极性，培养其自主性和独立性而采取的措施。幼儿期是培养幼儿良好习惯的关键时期，因此幼儿园必须重视幼儿常规的培养。平时教师在培养幼儿常规时，我们常常运用儿歌帮助幼儿掌握常规要领。因此我和幼儿一起在每天的洗手、进餐等生活环节中，不断编出一首首小儿歌。洗手时我们说《洗手歌》："饭前便后要洗手，先冲——一冲，再搓——一搓，再冲——一冲，再甩——一甩，小毛巾，手中笑，香香的小手别跑掉。"进餐前我们说《进餐歌》："文明进餐要做到：身不歪，腿不摆，眼睛看着勺和碗。香甜米饭来一口，丰富营养菜中有，饭一口，菜一口，饭菜一对好朋友。"这些儿歌朗朗上口，好学易懂。幼儿很自然地按要求去做，渐渐地养成了良好的生活习惯。幼儿从中也感受到生活中的许许多多内容都可以编成儿歌，"创作"空间变得更大了。

和幼儿的共同游戏，共同创编，不仅激发了幼儿创编儿歌的兴趣，初步培养了幼儿创编儿歌的意识和能力，还给幼儿建立了更大的"创作"空间。总之，创编儿歌活动使幼儿的语言表达能力、思维能力、想象力、创造力均得到一定程度的提高。幼儿在创编儿歌的过程中，思维活跃，充满激情，做到了"想说，敢说，喜欢说"。这就初步培养了幼儿的想象力和创造力，使幼儿感受到了儿歌的语言美和韵律美。

家园合作，共同提高中班幼儿语言能力

于 昕

皮亚杰认为："思维的结构越精密，就越需要语言来完成这种精密细致的工作。"语言是人与人之间交流的工具。幼儿期的语言是幼儿表达自己需求的一种方法，也是他们同成人或同伴沟通的一种手段。

家园合作有助于发挥合作教育的优势，有助于共同发展幼儿的语言能力。在家园共育的实践中，我们帮助家长树立正确的教育观念，争取家长的支持和理解，使家长逐渐认识到幼儿语言教育的重要性，并主动与我们进行合作，使幼儿的语言能力得到提高。

一、转变家长观念，提高家长教育能力

（一）通过互动式家长会，引起家长对幼儿语言能力的重视

"家长是幼儿最持久的教师，家长的教育理念和言行直接影响着幼儿的身心发展。他们对幼儿的游戏和活动的关注以及表现出的兴趣，与幼儿的进步、发展有着密切的关系。"在语言教育方面，有些家长能够意识到语言能力对幼儿的认知能力、社会性及情感的发展都有积极的影响。但是，对如何培养幼儿的语言能力，很多家长都感到迷茫、困惑。

为了转变家长的观念、提高家长对语言发展的认识，我们班上三位教师做了家长调查，了解到大部分家长对幼儿的语言培养不是很重视，找不到正确的教育方法。根据这个结果，我们三位教师对家长开展了一次开放式的互动家长会，通过这次活动能够帮助家长提高对幼儿语言教育的认识，为家长树立了正确的教育观念。

1. 家长们存在的观念误区

（1）幼儿的模仿：有的幼儿听到周围的伙伴讲话时口吃，就会去模仿，慢慢地形成了习惯。而家长没有及时地纠正与引导，幼儿就会成为口吃。

（2）“树大自然直”：有的家长认为现在话说不好，长大后自然就会流利。其实不然，幼儿期是语言发展的关键期，幼儿语言关系到幼儿的思维方式、自信心等多方面的素质，会影响幼儿的一生。

（3）强制背诵：有的家长强制幼儿背诗歌、唐诗，没有重视幼儿兴趣的培养，没有了兴趣的幼儿只会排斥。这就会造成幼儿不敢说或不愿意说。

2. 帮助家长树立正确观念

有家长问：“老师，我家孩子现在的年龄应该是很爱讲话的，可是他却不善于表达，这是怎么回事呢?”我听了家长的话，帮她分析：“孩子已经长到自由表达的年龄，但他的一些想法在头脑中还不能理顺，没有一个整理的过程，导致他说不出。家长可以带他多认识、多观察周围事物，丰富他的生活经验，让他发现事物的简单规律，慢慢地再用语言表达出来，他就会变得主动大胆地表达自己的想法了。”

（二）通过家长园地的宣传，帮助家长提高教育技能

在家长园地中的“语言天地”专栏，定期更换一些有关培养幼儿语言能力的理论文章，供家长观看与学习。同时开设了“小剧场”专栏，随时积累幼儿在表演故事、讲述故事、交流谈话活动中的照片，还有儿歌、故事等。通过向家长介绍，使他们对幼儿语言能力的培养越来越重视，并从中学习到一些教育策略。

二、家园共同为幼儿创设良好的语言环境

教师和家长要为幼儿“创造一个自由、宽松的语言交往环境，支持、鼓励、吸引幼儿与教师、同伴或其他人交谈，体验语言交往的乐趣，使幼儿敢说、想说、愿意说”。

（一）发挥教师和家长的良好榜样作用

幼儿身边的人都是他的老师。他们的一言一行、一举一动都会被他那双小眼睛“摄录”下来，并成为幼儿模仿和学习的主要内容。在幼儿园里，教师的语言要规范、亲切、文明，语速、音量适宜幼

儿，并引导、鼓励幼儿大胆地进行自我表达。在家庭中，家长也要意识到自己语言规范对幼儿的影响，要指导与引导幼儿使用正确的普通话与他人语言沟通，同时也能够作为一个忠实的倾听者，鼓励幼儿勇敢地表达。

（二）为幼儿创造不同的交流环境

根据本班幼儿的发展与需要，我带着他们与大班幼儿交流、游戏，听一听哥哥姐姐讲的儿歌、故事。到小班做一个“小老师”，给弟弟妹妹讲故事、说儿歌。同时，家长根据幼儿的语言发展情况，带幼儿到书店、公园、广场等公共场所与其他幼儿共同活动，并鼓励幼儿勇敢去和其他陌生小朋友进行语言交流。幼儿在不同的语言交流环境中，学到了多种语言表达方式，丰富了语言表达的经验。

三、家园合作提高幼儿语言能力

（一）结合语言主题活动，发挥家长资源优势

在开展“春天”主题活动时，活动的主要来源、思路以及准备开展的活动在“家长园地”中展示给了家长。李可的妈妈是一位语文老师，她主动和我们商量，给本班幼儿开展一次语言活动《小鸭找妈妈》。她生动的语言、优美的动作吸引了幼儿的注意力。活动结束后，听到孩子们都在说故事中的一些语句。有的能够很容易地把整个故事复述下来，有几个幼儿还表演了这个故事。在活动中，幼儿的语言表达欲望和表达能力都得到了充分发挥。

（二）开展多种语言常规活动，发挥家长的引导作用

在班内开展的各项常规活动中，给幼儿提供表达与交流的机会，得到了家长的主动配合。我们共同商讨并做到：①每天早晨进行“晨间新闻”；②每周一首新儿歌；③每月欣赏一个文学故事（幼儿能够理解故事的意义）。

有个幼儿这样描述他早晨看见的情景：“今天，我和妈妈一出门。哇！外面怎么全是烟！妈妈连忙告诉我，这不是烟，冬天到了，下大雾了。我这才明白，原来是雾。我们像在太空中一样，如果一

直这样该多好呀！我到幼儿园，出来散步时，太阳出来了，雾不见了，原来雾怕太阳公公呀！”听到这精彩的表达，我兴奋得为孩子鼓起了掌。

幼儿在家长的引领下，使自己的知识经验有所增长。在这些活动中，幼儿有了充分的自我表达的机会，丰富了语言表达的形式，增强了口语表达能力。

（三）开展亲子阅读活动，提高幼儿的早期阅读水平

读书足以怡情，足以长才。而幼儿园的幼儿是一个特殊的群体，他们对阅读的解读比成人更为宽泛。文字、图画、声像材料等都是他们的阅读材料。如何让幼儿更好、更快地进入学习状态呢？亲子阅读是非常有效的手段和途径。

1. 指导家长亲子阅读的方法

（1）同向阅读法。即把幼儿抱在怀里，一起来阅读，时间最好是 10～15 分钟。

（2）利用问题引起幼儿的思考。在阅读时运用边对幼儿提问边阅读的方式，鼓励幼儿大胆想象画面内容，帮助幼儿发展想象力。

（3）鼓励幼儿大胆讲述。当遇到幼儿对阅读失去兴趣时，可以请他来讲故事，自己做一个倾听者，幼儿就会再次产生兴趣，同时还锻炼了幼儿表达能力。

2. 开展书籍借阅活动

我班根据幼儿的阅读能力及阅读范围，在“图书角”投放了丰富的图书。为了更好地开展“亲子阅读”活动，我们开设了“家长借阅”的活动。家长可以把幼儿园的书借回家和幼儿一起阅读，激起幼儿阅读的兴趣点，提高幼儿阅读能力。

（四）利用家长开放日活动，让家长体验语言教育的成功

经过一段时间的家园配合实践活动，我们利用家长开放日的活动，邀请家长来班里观看幼儿的儿歌、故事表演等。看一看我们是如何把语言和其他领域相结合、相运用的。如：在开展以故事《神奇的大公鸡》为切入点的主题活动时，幼儿根据自己表演的需要，到美工区制作头饰。又根据故事的内容创编了故事《美丽的大公鸡》，并以表演的形式在家长开放日时进行展示。家长们观看之后，更加地认识到语言能力对幼儿各方面的积极影响，家长也更主动地培养幼儿的语言能力。

总之，在幼儿语言能力发展的过程中，教师和家长起着同样重要的作用。在家园共育过程中，幼儿的语言表达能力、理解能力、沟通能力等都得到很好的发展。幼儿的语言还能够很好地展现他们智力的渠道，释放情感，开创思维。

让我们幼儿园同家庭共同为幼儿创造一个能够展示自己语言表达能力的平台，让幼儿自由地表达情感、交流经验、争辩对错，满足他们“说”的意愿。

浅谈幼儿语言能力在科学领域中的发展

彭立霞

幼儿语言教育要为幼儿创造一个自由、宽松的语言交往环境，培养其语言能力的发展，即语言理解能力、表达能力、交往能力、欣赏文学作品的能力以及前阅读和前书写的能力等。幼儿这些能力的培养仅仅靠专门的语言教育活动是远远不够的，还必须在幼儿园各领域中进行渗透。健康、社会、科学、艺术等领域的教育内容虽然不是以语言为主，但其中部分活动包含着大量语言教育因素，因此，幼儿的语言能力在这些领域的教育活动中也获得不同程度的发展。

在科学领域的研究中，我发现在科学小组实验、集体分享经验、自然角和科学活动区的探索等活动中，都蕴涵着促进幼儿语言发展的因素。

一、在集体教育活动的各环节中，发展幼儿的语言表达能力

科学集体教育活动的导入、分组实验探索、集体分享经验等环节中，都蕴涵着语言教育的契机。教师要在各环节中为幼儿提供宽松语言环境，激发幼儿的表达欲望、发展其语言表达能力。

（一）以科学故事为导入，激发幼儿的表达欲望

幼儿喜欢听故事，故事中的人物、情节，很容易激发幼儿的情感共鸣。他们和故事里的主人公一起哭、一起笑、为他们着急、为他们加油、为他们出谋划策。很多以故事为引子的科学探究活动，能够激发幼儿强烈的探究欲望，同时也能够激发幼儿的表达欲望。例如，在《三只熊》的故事中，小姑娘说大碗里的粥太热，中碗里的粥太凉，小碗的粥不热不凉正合适。我向幼儿提出疑问：“真的是这样吗?”幼儿纷纷发表看法，并引发探索活动进行验证。《曹冲称象》的故事里，讲了人们想要称一称大象的重量，在只讲故事开头

的情况下，请幼儿说一说："你能用什么方法称出大象的重量呢?"幼儿在故事情节和问题情境的吸引下，表达欲望被充分激发。

在《乌鸦喝水》的实验探索中，我只给幼儿讲了故事的开头：一只乌鸦口渴了，到处找水喝。它发现了一只深深地埋在沙土里的瓶子，瓶子里的水没有到瓶口，乌鸦喝不到……请幼儿想一想后面发生的事情。幼儿关注的焦点一直是故事中的乌鸦怎样才能喝到水。围绕这个焦点，幼儿献计献策。有的幼儿说："把瓶子放倒。"有的反驳说："瓶子在土里埋得很深，放不倒。""我好像听过这个故事，乌鸦往瓶子里装石子。后来就喝到水了。""为什么要往里装石子?"……

以故事为科学活动的导入，为幼儿提供了丰富的语言表达内容。表达的目的性更加明确，充分调动了幼儿的表达和交流的欲望。这使幼儿的语言表达能力在特定的情景和特殊的情节中得以更好地发展。

（二）以问题为引领，培养幼儿的话题讨论能力

科学探索活动，是幼儿猜想讨论、动手操作、实验验证的过程，是幼儿运用已有的经验、扩展新经验的过程。幼儿在这个过程中，最常用到的方法就是讨论。讨论是指幼儿同伴之间、幼儿与老师之间互相探讨各自的发现、想法和疑虑。大班幼儿应"能围绕一个话题进行讨论，或轮流发言"，并且在讨论过程中，使幼儿的表达能力得到很好的发展。

在"水不见了"的活动中，教师只是扮演了一个提问题的人，用一个个有意义的问题引导幼儿在讨论中交流经验，培养幼儿在交流中发展围绕话题讨论的能力。

"哪里的水会变干?"问题一提出，讨论就跟着开始了：

"我妈妈洗完的衣服上有水，放到阳台上晒一段时间就会变干。"

"我洗完手以后不擦手，过一会儿手上的水就干了。"

"下完雨后地上有水，太阳一晒就干了。"

……

在孩子们讨论告一段落，新的问题"水到哪里去了?"又掀起了一阵讨论热潮：

“被风吹走了呗。”

“对，被风吹走了。”

“风把水吹到天上，变成白云，然后变成雨落下来了。”

……

教师的问题随着探究的推进逐渐展开，在这些问题的引领下，孩子们的探究不断走向深入。他们的交流的能力也会得到有效的提高。

（三）以实验记录为手段，培养幼儿的符号识别和使用能力

教师要：“引导幼儿有认识标记、符号、文字的兴趣和愿望，培养幼儿对图形、符号的观察和辨别能力；能尝试用图示、符号、辅助材料及其他方式简单记录日常生活的经验，并用相应的语言讲述。”在科学活动中，我们鼓励幼儿尝试用符号记录等方式记录实验的过程和自己的发现。

在“乌鸦喝水”的实验过程中，幼儿尝试哪些物体能够使瓶子里的水面上升，并记录实验结果。例如，有的幼儿表示水面上升用“↑”，有的幼儿则画了两个瓶子，第一个瓶子的水面低，第二个瓶子的水面高，这也表明水面上升了。幼儿用了不同的方法表示了同一个实验结果，在看记录表讲述时，也都正确表达了自己的实验结果。

在科学探索过程中，幼儿用符号进行记录，再以语言进行说明。这可以使幼儿的表述更加清楚。幼儿熟练运用、识别符号能力的发展为幼儿以后对文字符号识别奠定了坚实的基础。

二、在自然角的探索过程中发展幼儿交往能力

《纲要》中明确指出：“幼儿同伴群体是宝贵的教育资源，是幼儿成长环境的重要组成部分，帮助幼儿建立良好的伙伴关系……鼓励幼儿积极主动与同伴交往，在交往的过程中……获得积极的情绪体验。”

大班幼儿的活动自主性、主动性提高，同伴间互动、合作增多，

并开始注意向同伴学习。自然角中幼儿自由的交流与交往，符合大班幼儿交往的需要。探索过程成为幼儿运用语言交往的极好机会。

孩子们做事情都喜欢与人为伴。有一个幼儿给自然角植物浇水，其他幼儿也会接踵而来。人多就会拥挤，拥挤就会出现矛盾，有了矛盾就要解决，解决矛盾的过程也正是幼儿学习和发展的过程。有的幼儿就说："我们分着浇水，有的人早晨来幼儿园就浇水，有的人吃完饭再浇，有的吃完午点再浇。"有的幼儿反对道："如果忘了浇水的时间怎么办?""那我们都别浇水了!""那植物干死了怎么办?""要不然就让每天的值日生浇水，把所有的植物都浇一遍。"这个办法不错，大家都纷纷表示同意。在激烈的争论中逐渐培养和发展了幼儿分工、合作的意识，还有用语言与人交往、解决问题的能力。

三、在科学实验书籍的阅读过程中，发展幼儿早期阅读能力

我们应从小培养幼儿对书籍的兴趣，并培养幼儿利用图书资料查询收集信息的能力。为此，我们为幼儿提供了图文并茂的科学类图书，其中以科学小实验为主。每个实验都包括实验名称、实验准备、实验步骤、实验揭秘等。在幼儿获得信息的同时，图书的投放也为幼儿的早期阅读提供了帮助。

实验图书以色彩鲜艳的图画为主。每个实验的实验过程只有 2～4 幅图。实验步骤简单清楚。幼儿通过仔细观察都能够明白其中的内容，个别幼儿不明白时，也会向教师或身边的幼儿请教。幼儿的阅读兴趣极为浓厚。每天都有幼儿到科学活动区来看书，在看明白一个实验后，有的幼儿自己准备材料，有的请求教师和同伴的帮助，先后进行了"降落伞""不怕水的纸""会变色的芹菜""水的循环""土豆闯迷宫"等实验。

幼儿在看书获取经验、自己动手和求得他人帮助获取需要的材料、实验探索得出结论的过程中，体会到了图书的重要作用，初步感受到阅读活动带来的成功体验。这进一步激发了幼儿阅读的兴趣和愿望。

总之，科学领域中蕴涵着许多幼儿语言教育的契机。科学集体教育、自然角、科学区等科学领域的活动，都有其对应的语言交流形式。幼儿在这些科学活动中接触了大量的物体，观察了多种现象，从事了多种操作活动，探索了事物间的关系和联系，因此他们才有可能运用语言，充分地阐明自己对事物的认识。在这个过程中，幼儿的语言理解、语言表达、符号识别和运用、前阅读和前书写等能力都得到了较好的发展。幼儿真正可以做到想说、敢说、喜欢说、有机会说，并能体验到运用语言带来的成功和喜悦。

第二节 典型主题活动

美丽的春天（小班主题活动）

吴秋英 张春利 付东红

主题由来

春天是万物复苏的季节。在幼儿园里、大自然中，处处都表现出生机勃勃，变化万千：红红的花、绿绿的草、嫩嫩的小芽、飞舞的蝴蝶等。散步时，有的小朋友说小草出来了，有的蹲下来看小蚂蚁。我们一起说《春天到》，并以诗歌为切入点，鼓励幼儿运用多种感官观察春天、了解春天，感受春天的美，进而使幼儿萌发热爱大自然的情感。

主题目标

1. 使幼儿能从花草树木、人们的服饰感知春天的主要特征，知道春天来了；认识桃花、迎春花、柳树等，增强幼儿爱护花草树木的意识，萌发热爱春天的情感

2. 使幼儿会用数个短句说出春天的景色，表达对春天的感受；喜欢并能够在集体前声音响亮、口齿清楚地讲话和表演

3. 使幼儿能注意倾听音乐，能感知曲调的优美和活泼；能用自然的声音唱歌，用自己的歌声和舞蹈表达对春天的喜爱之情

4. 使幼儿会用棉签、印章等工具描绘春天；初步掌握撕、团、印、粘、剪等技能

5. 激发幼儿对自然角的植物感兴趣，让幼儿学习照顾植物，观察植物，给植物浇水

环境创设

1. 春天的主题墙饰：小蝌蚪找妈妈，美丽的春天

2. 幼儿和家长、教师共同布置自然角

区域融合

1. 美工区

目标：根据自己的意愿选择材料，用撕、团、印、粘、剪等形式表现春天。

材料：春天的图片、图书、小动物的图画以及彩纸、小棍、彩泥等。

2. 益智区

目标：通过各种游戏，感知1和许多，会手口一致地点数。

材料：相同的小花、小草、小蚂蚁、小蝴蝶等各4个；成双成对的春天的动物、植物图片若干。

3. 图书区

目标：喜欢听故事、看图书，学习用短句、短语表达对春天的认识。

材料：春天的图片、系列图书《春》、故事书《小蝌蚪找妈妈》、儿歌《嫩芽》的图片。

4. 娃娃家

目标：练习给娃娃穿脱衣服，感受春天人们服饰的变化。

材料：服饰、水果（玩具）、春天的照片。

家长工作

1. 建议家长多带孩子去户外游玩，感受春天的温暖和美丽
2. 引导幼儿观察春天的变化，并学习“暖和”“嫩绿”等词汇
3. 和孩子一起画春天，用多种材料表现春天
4. 向家长宣传春季预防传染病的知识

主题网：美丽的春天（图见下页）

活动一　故事《小蝌蚪找妈妈》

活动目标

1. 引导幼儿听故事，使幼儿了解小蝌蚪生长变化的过程
2. 使幼儿能用短句大胆学说故事中的对话
3. 重点领域：语言、社会

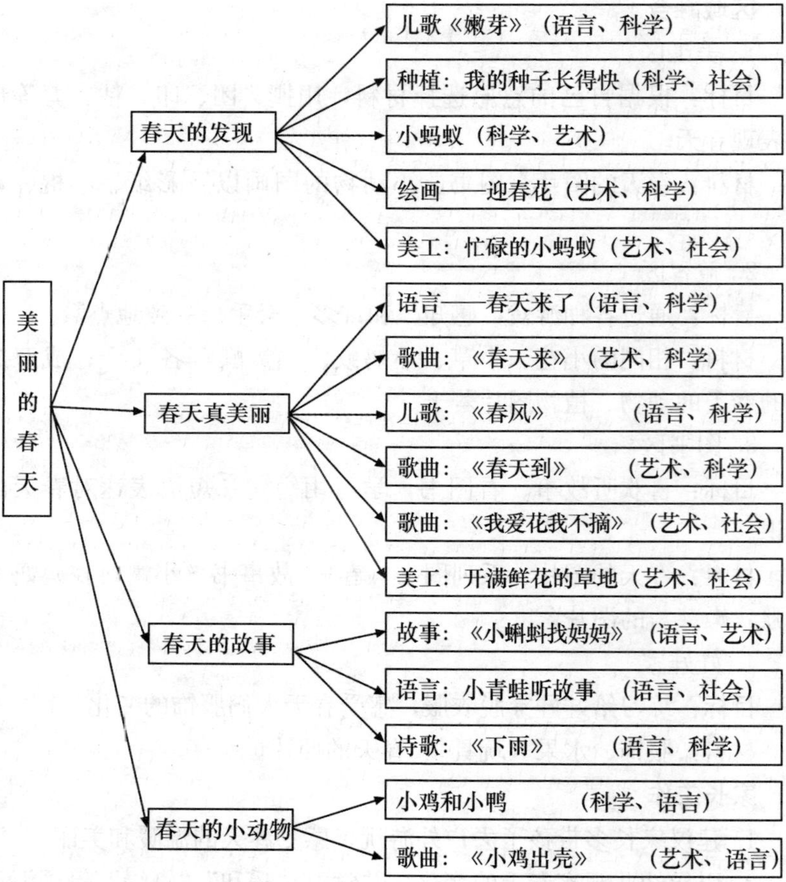

活动准备

大书《小蝌蚪找妈妈》

活动过程

1. 谈话：春天真美丽

提问：观察自然角里的小蝌蚪，谁能说一下小蝌蚪长得什么样？

2. 教师完整讲述故事

提问：

（1）小蝌蚪找妈妈时都遇到了哪些小动物？

（2）小蝌蚪变青蛙先长出了什么？过两天又长出了什么？它的

小尾巴有什么变化？

3. 教师和幼儿分享阅读图书《小蝌蚪找妈妈》，边讲边提问

（1）小蝌蚪遇到鸭妈妈，它们问什么？鸭妈妈怎么回答的？

（2）小蝌蚪遇到鱼妈妈，它们问什么？鱼妈妈怎么回答的？

（3）接着，小蝌蚪又遇到了谁？它们问什么？乌龟妈妈怎么回答的？

（4）游着游着，小蝌蚪碰到谁？它们问什么？鹅妈妈怎么回答的？

（5）最后，小蝌蚪找到妈妈了吗？青蛙妈妈说什么？

4. 模仿小蝌蚪游来游去结束活动

活动建议

1. 给幼儿更多想象和表达的机会

2. 小蝌蚪游时可以分组进行

活动二　儿歌《嫩芽》

活动目标

1. 理解儿歌内容，了解春季植物发芽的自然现象

2. 初步学会儿歌

3. 重点领域：语言、艺术

活动准备

与儿歌内容相符的图片 4 张："嫩芽""春雨妈妈""春雨爸爸""嫩芽笑"。

活动过程

1. 针对晨间户外散步观察提问

（1）你看见树上有什么？

（2）嫩芽是什么颜色的？

2. 教师朗诵儿歌《嫩芽》

语速放慢，结合演示文稿，使幼儿感受诗歌的美。

3. 出示"嫩芽""春雨妈妈""春雨爸爸""嫩芽笑" 4 张图片

教师再次朗诵儿歌《嫩芽》。之后提问：

（1）嫩芽，嫩芽，长着什么？

（2）春雨妈妈来做什么？

（3）春雨爸爸做什么？

（4）嫩芽，嫩芽，是春天的什么？

4. 幼儿跟说儿歌《嫩芽》

教师提问：

（1）儿歌里把嫩芽说成是什么？

（2）为什么说“春雨妈妈来喂奶？”

5. 引导幼儿边说儿歌边创造性地用动作表现儿歌

活动建议：

1. 教师可以在带领幼儿晨间散步时，站在树下先说几遍儿歌，让幼儿熟悉

2. 理解语句“春雨妈妈来喂奶”时，教师应给幼儿更多表达自己想法的机会

活动三　开满鲜花的草地

活动目标

1. 引导幼儿学习用手指点画的方法表现大小不同的各种花朵，发展幼儿对色彩的感受能力

2. 使幼儿养成认真作画，保持画面整洁的良好习惯

3. 重点领域：艺术、社会

活动准备

画有山坡、小蚂蚁的长卷背景图一张，红、黄、绿、黑四种颜色颜料，油画棒。

活动过程

1. 引起幼儿绘画欲望

教师以小蚂蚁的口吻说：“我是小蚂蚁欢欢，我最喜欢春天里美丽的草地了，你们和我一起去看一看草地上的小草、小花好吗？”

2. 教师讲解示范小花的画法（手指点画，画出花瓣）

给每组幼儿一张步骤图，同时鼓励幼儿自己运用不同的点画

方法。

3. 幼儿分组画“开满鲜花的草地”

要求：

（1）大胆地画出你喜欢的小草、小花或者小动物。

（2）注意保持画面的干净、整洁。

4. 将集体绘画作品装饰墙壁

引导幼儿欣赏，大胆讲解自己的作品。

活动建议：

教师多准备几个背景图，为幼儿提供更多的创作空间，供幼儿选择点画。

活动四 歌曲《春天到》

活动目标

1. 能用欢快活泼的声音演唱《春天到》

用渐慢渐弱的声音表现对春天的喜爱。

2. 引导幼儿合拍地走步和学走小碎步，有创新动作的意识

3. 重点领域：艺术、语言

活动准备

利用生活环节欣赏春天的变化、歌曲磁带。

活动过程

1. 律动

走步和走小碎步。在走小碎步的时候引导幼儿一拍两步用前脚掌轻轻地走，动作合拍。

2. 发声练习

小动物怎样叫。要求：声音自然、不喊唱。

3. 学唱歌曲《春天到》

（1）听一听歌曲里唱了什么？它们都在干什么？

（2）请幼儿欣赏歌曲。教师示范唱歌曲，注意唱出歌曲中重点的旋律变化。教师开始时要唱得明快活泼，在歌曲结尾时要声音渐弱、渐慢，最大限度地表现出对春天的喜爱之情。

（3）幼儿完整学唱歌曲。教师重点指导：幼儿歌曲前半部分明快活泼，歌曲结尾处声音渐弱、渐慢。

（4）幼儿集体跟随教师琴声演唱。

活动建议

1. 学唱的过程中，可以引导幼儿用动作表现歌曲内容

2. 可以利用散步时间引导幼儿记歌词

主题活动反思

在“美丽的春天”的主题活动中，教师带领幼儿在美丽的大自然环境中，抓住典型的动植物，利用散步等生活环节，运用故事、儿歌、歌曲等幼儿喜闻乐见的形式，引导幼儿了解、认识春天，感受、发现了春天的美，并能够说出春天的明显特征。

幼儿还逐渐喜欢听故事、看图书，并能用短语、短句表达自己的理解。在教师引导下，尝试着运用多种材料表现春天。与此同时，幼儿还乐意与同伴一起参加绘画、制作、唱歌等活动，初步学习了互助、合作和分享。活动中，幼儿的想象力得到了发展。比如，在儿歌《嫩芽》教学中，幼儿要把嫩芽想象成一个小娃娃。进行美工活动“开满鲜花的草地”时，幼儿要利用自己的想象来添画小花、小草和小动物。

整个活动幼儿能够积极主动地参与，但活动的游戏性还需要加强。

附

儿歌《嫩芽》

佚名

嫩芽，嫩芽，
张着小嘴巴。
春雨妈妈来喂奶，
春雨爸爸亲亲他。
嫩芽，嫩芽，
春天的好娃娃。

春 天 到

佚 名 词曲

韩德常 配伴奏

1=C 中速 活泼的

5 3 | 5 6 5 3 | 2 — |1 2 | 3 2 1 2| 3 — |5 3|

小鸟 声 声 叫，它说春 天 到，满地

5 6 5 3 | 2 — |3 5| 2 1 2 3 |1 —‖

小 青 草，抬头 微 微 笑。

小花籽儿找快乐（中班主题活动）

刘雨东　于　昕　闫冬雪

主题由来

《小花籽儿找快乐》是一个充满童趣的故事。它结合幼儿的生活，以小花籽儿寻找快乐为线索，描写了小花籽儿在寻找快乐的过程中发现为别人带来快乐的同时能得到大家的喜欢，自己也得到了快乐。故事语言质朴、贴近生活，同时又突出了因为关爱身边的人，所以得到快乐的道理，深受幼儿的喜欢。所以我们以《小花籽儿找快乐》这个故事为切入点开展了主题系列活动。

主题目标

1. 培养幼儿安静倾听的习惯，使幼儿能够利用各种辅助材料（如图片、墙饰等）用自己的语言讲述故事

2. 培养幼儿乐意与同伴一起表演，表达愉快的心情，让幼儿体会“给大家做事，得到大家喜欢，自己快乐”的道理

3. 使幼儿能够大胆地与人相互交流，体会交流的快乐

4. 引导幼儿了解一些动物特征和生活习性，并学会总结比较

5. 引导幼儿模仿一些动物跳、跑、飞等动作，发展幼儿动作的协调能力

6. 通过画、折、剪、贴等活动发展幼儿的动手操作能力

7. 引导幼儿认识各种各样的种子，并开展种植活动，了解植物的生长过程

环境创设

1. 提供故事图书

2. 主题环境创设

各种各样的种子；故事《小花籽儿找快乐》；我自己的快乐；学做快乐的人。

区域融合

1. 美工区

目标：锻炼幼儿的动手能力，发展想象力。

材料：各种纸、画棒、笔、剪刀、故事书、图片。

2. 益智区

目标：了解种子的主要特征和生长过程。

材料：各种各样的种子、种植容器、植物生长记录。

3. 建构区

目标：能够与同伴商量的进行搭建，并能根据故事需要添加材料。

材料：积木、易拉罐、各种花草、其他辅助材料。

4. 图书区

目标：掌握看书的正确方法，能仿编故事，并能在众人面前大胆讲述。

材料：各种图书、手偶、可操作的故事盒。

5. 表演区

目标：能够根据故事内容用自己的语言和动作进行表演。

材料：头饰、服装、花朵、其他各种道具。

家园工作

1. 和幼儿共同收集各种各样的种子

2. 帮助幼儿发现自己快乐的事情，能把快乐的事情讲给别人听

3. 邀请家长看幼儿的故事表演

主题网：《小花籽儿找快乐》（图见下页）

活动一　故事欣赏《小花籽儿找快乐》

活动目标

1. 理解故事内容，引导幼儿体会“给大家做事，受到大家欢迎，同时自己也快乐”的道理

2. 鼓励幼儿大胆、连贯地讲述故事中的对话

3. 重点领域：艺术、语言、社会

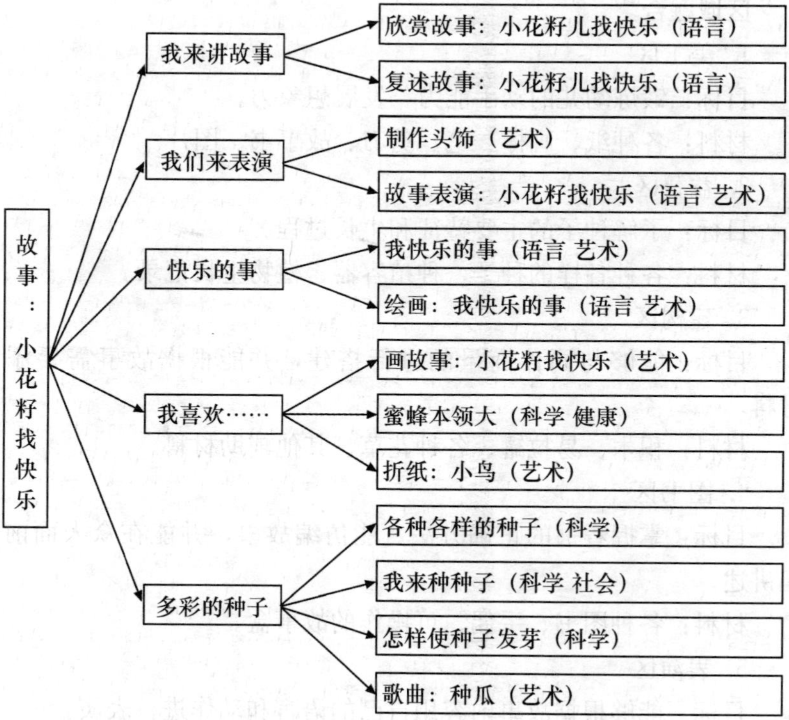

活动准备

和大班幼儿排练《小花籽儿找快乐》；故事中的角色头饰。

活动过程

1. 欣赏情景剧《小花籽儿找快乐》，由大班姐姐、哥哥表演

（1）带着问题欣赏故事：刚才小花籽儿遇到了谁？它们都说了什么？小花籽儿找到自己的快乐了吗？为什么？

（2）欣赏故事表演《小花籽儿找快乐》。请幼儿说说自己对故事的理解，鼓励幼儿大胆表达自己的想法。

2. 请幼儿完整地欣赏一遍故事

欣赏后讨论：小花籽儿的快乐是什么？它为什么会觉得快乐？

小结：只有为大家做好事，大家才会喜欢你，自己才会得到快乐。

3. 第二次欣赏《小花籽儿找快乐》

教师作旁白，引导、鼓励幼儿学说故事中的对话。

4. 请幼儿说说自己觉得快乐的事情，也可以鼓励幼儿大胆地与别人交流

活动建议

与家长取得联系。让家长和幼儿互相说一说自己快乐的事情，使幼儿真正了解快乐的意义。

活动二　复述故事《小花籽儿找快乐》

活动目标

1. 能根据图片复述故事的主要内容，并用不同的语气表现角色的心情

2. 能自主选择故事角色，感受集体表演的乐趣

3. 重点领域：语言、科学

活动准备

与故事相适应的情景图（带有磁铁的图片）。

活动过程

1. 教师引导幼儿回忆故事

小花籽儿都遇到了谁？它们都做了什么？为什么快乐？

2. 教师带领幼儿看图片集体讲述，巩固故事的主要内容

教师边提问边回忆故事中的主要情节，引导幼儿说出故事中动物的对话。

有颗黑黑的小花籽儿，从哪里蹦了出来？它要干什么去？小花籽儿看见太阳公公问了它什么呢？太阳公公怎么回答的呢？（引导幼儿依次说出它们之间的对话）

小花籽儿要去寻找自己的快乐。它请谁帮忙，风姑姑带着小花籽儿飘呀飘，飘过了哪里？最后飘到了哪里？把什么当做自己的家？它要在山上做什么？

春天来了，黑黑的小花籽儿变成了什么？引来了谁？小花籽儿已是一朵大红花了，它看到大家那么快乐，它的心情是什么样的？

3. 请幼儿自选故事中的角色，进行复述

教师叙述故事旁白，鼓励幼儿积极参加复述。

4. 选角色进行初步表演

活动建议

1. 在复述过程中，边操作图片边进行复述

2. 鼓励幼儿用自己的语言把故事串联起来，讲给小朋友们听

活动三　制作漂亮的头饰

活动目标

1. 能够用废旧材料，做出自己喜欢的头饰

2. 能够与同伴商量并解决遇到的问题

3. 重点领域：艺术、语言、社会

活动准备

硬纸板、笔、剪刀、订书器。

活动过程

1. 激发幼儿做头饰的兴趣

怎样让别人知道你扮演的是什么呢？

2. 讨论

怎样做出头饰呢？

3. 幼儿自己制作头饰

重点指导幼儿解决遇到的困难。例如，硬纸板应该怎样订？自己一个人订不了，怎么办？培养幼儿的合作意识。

4. 展示自己做的头饰

请幼儿戴一戴自己的头饰。

活动建议

1. 制作后给幼儿充分展示的机会，使之发现头饰的不足，提出改进措施

2. 建议把头饰放在表演区，进行故事表演

3. 可以在美工区继续制作头饰

活动四　故事表演《小花籽儿找快乐》

活动目标

1. 愿意与同伴交流，并能与同伴合作表演

2. 能发现表演中存在的问题，想出解决的办法

3. 重点领域：艺术、语言、社会

活动准备

幼儿自制的头饰，道具。

活动过程

1. 讨论

今天咱们表演《小花籽儿找快乐》。小朋友们想想咱们应该怎样布置场地呢？引导幼儿相互协商，分配角色，共同布置表演场地。

2. 幼儿自愿选择自己喜欢的角色

3. 分组表演

（1）能认真观看表演，并提出自己的想法。

（2）教师与幼儿共同制订出下次表演重点解决的问题。

活动建议

1. 家长和幼儿制作一些服装、头饰

2. 在区域活动中提高幼儿的表演技能

活动五　科学活动——各种各样的种子

活动目标

1. 认识常见的种子，知道种子有不同的形状和种类

2. 能用不同的种子拼摆自己喜欢的图形，能按特征进行分类和排序

3. 重点领域：科学

活动准备

幼儿收集各种各样的种子。

活动过程

1. 请小朋友们介绍自己带来的种子（种子的名称、颜色、形状等）

2. 请小朋友将种子摆好，引导幼儿发现种子的大小、颜色、形状的不同

3. 种子游戏

(1) 我给种子来排队：引导幼儿按照种子的大小进行排序。

(2) 我帮种子找家：引导幼儿按颜色、形状分类。

(3) 欣赏种子画：你想用种子拼成什么图案呢?

4. 幼儿拼摆，并相互欣赏

活动建议

1. 请家长收集各种各样的种子

2. 在区域游戏中可以制作种子粘贴画

主题活动反思

本次活动是以故事为起点开展的主题活动。它通过教师有感情地讲故事、带领本班幼儿观看大班幼儿表演的童话剧、自己尝试表演等形式，有效激发了幼儿活动兴趣，使幼儿在反复的欣赏中体验快乐的感受。我们还拓展了其他领域的知识，比如，认识各种各样的种子，用幼儿自己的语言描绘出种子的特点；开展了种植活动，感受了种子的变化；对故事中的动物有了进一步的了解……通过本次主题活动，幼儿能够主动帮助别人，感受到了别人喜欢自己的快乐，而且能够用语言、绘画表现自己快乐的事。在此基础上促进了幼儿在语言、绘画、认知、情感等方面的发展。

如果能够结合生活，让幼儿体验更多的快乐，获得情感上的体验，活动会更加有价值。

附

小花籽儿找快乐

莫家梁

有颗黑黑的小花籽儿，悄悄地从妈妈的怀里蹦了出来，它要出去寻找快乐。

它看见太阳，问："太阳公公，你快乐吗?"太阳笑着说："快乐，快乐，我给大家阳光和温暖，大家喜欢我。"它看见小鸟，问："小鸟，你快乐吗?"小鸟笑着说："快乐，快乐，我给大家唱歌，大家喜欢我。"它看见蜜蜂，问："蜜蜂，你快乐吗?"蜜蜂笑着说："快乐，快乐，我给大家采蜜，大家喜欢我。"它看见青蛙，问："青蛙，你快乐吗?"青蛙笑着说："快乐，快乐，我给大家捉害虫，大家喜欢我。"

小花籽儿要去寻找自己的快乐。它请秋风姑姑帮忙，风姑姑带着小花籽儿飘呀飘，飘过大河、飘过草原，最后飘到一座大山上。

小花籽儿很喜欢这儿，它留下来了，把大山当做自己的家，它要在山上开朵花。

春天来了，黑黑的小花籽儿真的开出了一朵美丽的大红花，香喷喷的，好闻极了，香味传得很远很远，蜜蜂、蝴蝶飞来了，还有大人、小孩都跑来了。小花籽儿已是一朵大红花了，它看到大家这么快乐，高兴地想："大家喜欢我，我真的很快乐。"

快乐的手偶剧场（大班主题活动）

高书红　张　伟　王　芳

主题由来

木偶剧团来幼儿园演出了。生动有趣的故事情节与形象逼真、新颖多变的小木偶深受幼儿的喜爱。一个个精彩有趣的故事情节、生动的表演使幼儿完全融入到了美丽的童话世界里。幼儿在欢声笑语中认识了木偶的种类，了解了中华民族的传统文化，而且明白了不要轻信别人的花言巧语、团结就是力量等一系列深刻的道理。表演结束后，幼儿还在津津有味地讨论着木偶表演的话题。他们拿来家里的手偶玩具，边动边说故事里的对话。于是，教师抓住幼儿的兴趣点，生成了“快乐的手偶剧场”的主题活动。

主题目标

1. 在看看、做做、玩玩的活动中，了解木偶的操作方法和制作方法，激发幼儿对木偶表演的兴趣

2. 收集各种材料，进行制作手偶的活动，发展幼儿动手操作能力

3. 能够对故事进行大胆的创编和创造性地讲述，鼓励幼儿大胆发表自己的想法

4. 能够根据故事角色特点，选择相应的乐曲、乐段为故事进行配乐，表达自己的情感，表现故事的情节内容

5. 通过与教师、家长、同伴合作制作手偶、道具、绘画海报等多种形式培养幼儿美术表现技能，并能够大胆地表现自我，感受创作、表现的乐趣

6. 通过买票、卖票的游戏环节，使幼儿对数的加减运算有进一步的理解与感知，并在游戏中感知单、双数的不同

7. 在活动中引导幼儿主动、友好地与他人交往，掌握交流、合作的方法，能够独立地解决问题，增强自信心

环境创设

1. 正确操纵手偶方法的图示，展示各种各样的手偶

2. 和幼儿共同布置手偶剧场：制作手偶、表演用的幕、画海报、门票、表演的背景墙。

区域融合

1. 美工区

目标：能用不同的材料和方法制作手偶。

材料：废旧手套、棉花、笔、剪刀、颜料、各种纸。

2. 表演区

目标：在表演的过程中能够发现问题并尝试解决问题。

材料：表演需要的服装、道具、幕、各种手偶、音乐。

3. 图书区

目标：学会运用工具书，知道从书中寻找答案。

材料：有关木偶表演的书和制作手偶的步骤图。

4. 益智区

目标：探究木偶制作的方法，激发幼儿对新事物的兴趣。

材料：操作木偶的步骤图、各种桌面玩具、木偶制作的步骤图。

家长工作

1. 和幼儿一起收集、制作各种手偶

2. 和幼儿一起创编故事进行表演

3. 定期来观看幼儿的表演

主题网络图（图见下页）

活动一　欣赏手偶故事表演——小红帽

活动目标

1. 喜欢看表演，能够理解故事的主要内容

2. 能够遵守规则，安静、礼貌地观看表演

3. 了解表演所需要的各种道具，激发自己进行表演的欲望

4. 重点领域：语言、社会

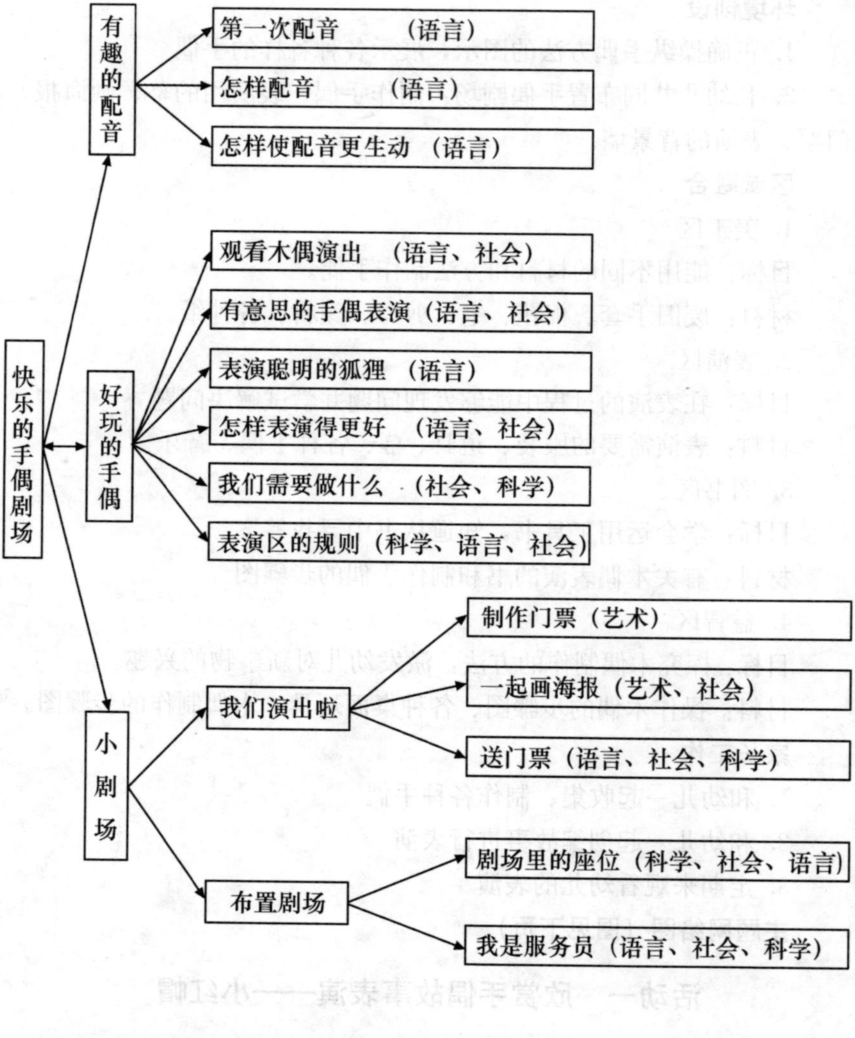

活动准备

事先了解一些关于木偶表演的知识、讨论看表演时的要求。

活动过程

1. 欣赏手偶表演

2. 讨论

说一说你刚才看的木偶表演和我们平时看的动画片有什么不一

样的地方。

重点：教师注意倾听幼儿的想法，给幼儿充分的说的机会，引导幼儿知道要有人举起木偶进行表演，木偶的身上还要有线牵引。

3. 提问

（1）故事里的小红帽为什么被大灰狼骗了？

（2）咱们小朋友要怎样做才不会被别人骗到？

4. 怎样才能让手偶动起来

5. 幼儿尝试让手偶动起来的方法

活动延伸

我们可以用手偶来表演什么故事？

活动建议

1. 要满足幼儿的好奇心，让幼儿自己动手尝试操纵手偶，老师不要干涉太多

2. 鼓励家长和幼儿一起收集材料，制作手偶

活动二　手偶表演《聪明的狐狸》

活动目标

1. 能够大胆地用肢体动作和不同的语言表演故事

2. 体验表演带给自己和他人的乐趣

3. 重点领域：语言

活动准备

故事、手偶。

活动过程

1. 幼儿自由分组：一组当观众、一组尝试表演

2. 请观众针对幼儿出现的问题进行讨论

（1）他们有什么优点？

（2）你觉得还有什么需要改进的地方？

（3）怎样做才能让别人更爱看你的表演？

3. 试一试，谁表演得更好

鼓励幼儿大胆尝试。大家向表演得好的小朋友学习。

4. 听取别人的意见，再次进行表演，注意刚才提出的问题

5. 另一组进行表演

引导幼儿从肢体动作、声音表现等方面进行正确评价，表达要清楚。

活动延伸

指导幼儿在表演区进行练习。

活动建议

1. 给幼儿一定的时间和空间让幼儿自由表演

2. 鼓励幼儿同伴间相互学习，分享经验

活动三　制作活动——表演区的道具

活动目标

1. 能够根据表演需要，共同制订分工合作计划表并能与同伴分工合作完成各项任务

2. 能运用找书籍、同伴商量、在电脑上查询等方法解决遇到的问题

3. 重点领域：艺术

活动准备

画笔、画纸等。

活动过程

1. 制订分工合作计划表

(1) 讨论："咱们要进行表演，需要做哪些准备工作?""怎么样才能让更多的小朋友都知道咱们的表演呢?"

(2) 制订计划表：引导幼儿用自己能看清的方式制订计划表。

2. 幼儿根据刚才的分工计划表自己选择活动内容

3. 幼儿分组进行制作

道具组制作服装；演员组排练节目；门票组制作门票和海报；其他幼儿布置小剧场。

重点：在活动中教师要给幼儿充分的自由和时间，让幼儿自己发现问题，解决问题。

4. 幼儿互相交流

我刚才做什么了？是怎么做的？体验解决问题后的成功感。

活动延伸

幼儿在美工区继续制作。

活动建议

给幼儿充分的自由让他们自己选择喜欢的同伴和任务，充分发挥幼儿活动的主动性。

活动四　剧场里的服务员

活动目标

1. 感受到自己作为一名服务人员的责任，乐于为他人进行服务

2. 进一步感知数字加减的意义

3. 重点领域：社会、语言

活动准备

餐具、制作的干果、饮料、一次性纸杯、门票、幼儿自制的钱。

活动过程

1. 看录像进行讨论

(1) 剧场里都应该有哪些工作人员？

(2) 服务员都需要干些什么？

(3) 我们小剧场里的服务员除了这些还可以干些什么？

2. 讨论

我们剧场的服务员应该有几个呢？他们都应该做什么？准备什么材料？

指导重点：能够大声、连贯地讲述自己的想法。

3. 幼儿体验

我是小服务员，让幼儿体验当服务员的辛苦和快乐。能够与同伴共同寻找可以用到的材料。明白服务中要讲卫生，保证别人不生病。

活动延伸

在美工区制作小剧场的材料。

活动建议

1. 带领幼儿观察商场或餐厅、剧院的服务人员是怎样为大家服务的

2. 为幼儿准备丰富的材料真正体验服务的感觉

活动五　数学活动——单号和双号

活动目标

1. 感知、理解单、双数的不同之处

2. 能够依据单、双数为小剧场排座位

3. 重点领域：科学、社会、语言

活动准备

数字卡片、小椅子、参观电影院。

活动过程

1. 提问

剧场里的座位是如何摆放的？

2. 小椅子排座位

它们是单数还是双数？应该怎样摆？

重点：能够按 1、3、5、7、9 和 2、4、6、8、10 的顺序排座位。

活动延伸

在科学区中感知单数和双数。

活动建议

在日常生活中帮幼儿理解和认识单、双数。

主题活动反思

整个活动教师能够抓住幼儿的兴趣点和幼儿共同生成他们感兴趣的活动。这种由幼儿兴趣支撑的活动，不用教师刻意地引导，幼儿就能够全身心地投入到活动中来，积极地解决活动中遇到的问题，真正地成为活动的主人。

想说、会说、喜欢说以及提供有机会说的环境对幼儿的语言学

习非常重要。我们把幼儿的语言发展和表演区结合起来，从开始的配音到幼儿找道具，从有表演意识到幼儿自己尝试手偶表演，从小剧场的设置到幼儿去别的班演出，整个的过程教师都以参与、建议、借助材料引导的方式帮助幼儿学习，使他们在活动中观察能力、与人交往的能力、合作能力、数学能力、语言表达能力等都获得了发展。更重要的是他们在主动参与的过程中体验了成功的喜悦，增强了自信心，这对他们今后的发展是非常重要的。

皮影剧场开幕了（大班主题活动）

王英辉　宋久红　杜晨阳

主题由来

皮影戏，是一种历史悠久、传播广泛、风格独特的民间戏剧艺术形式，是我国民间工艺美术与戏曲巧妙结合而成的独特艺术品种。为了使幼儿对这种古老的民间艺术形式有更多的了解，感受灯光、影像、唱腔的奇幻组合所营造出来的艺术效果，感受皮影人物独特的形象，欣赏美丽的色彩、富于变化的花纹中蕴涵的美。我们结合幼儿熟悉的故事，开展皮影戏表演活动，让幼儿在制作道具、尝试表演、布置剧场等动手操作的过程中，亲身感受这种古老民间艺术的魅力。

主题目标

1. 引导幼儿通过欣赏、认识皮影戏所表现的事物和主题含义，感受作品的美感特点，了解皮影戏的表现方法

2. 支持、鼓励幼儿尝试运用绘画、制作等美术手段制作简单的皮影

3. 引导幼儿理解皮影戏中声、光、电的简单科学原理

4. 支持、鼓励幼儿主动参加皮影戏表演活动，在活动中获得充分的愉悦感，能够与同伴合作表演简单的故事

5. 鼓励幼儿大胆地表现自我，并乐于与其他人交流表演的体验，大胆地邀请别人观看皮影戏，充分感受创造、表现与合作的乐趣

6. 鼓励幼儿学会与他人交往，能有目的、有计划进行准备，培养共同解决困难的能力

环境创设

1. 创设光线较暗的环境，布置皮影表演剧场，创设相应的氛围

2. 展示皮影图片和相关信息，欣赏皮影人物的美妙，皮影的制作步骤和操作方法

3. 问题式主题墙饰

影子从哪来？神奇的皮影，什么材料更适合做皮影等。

区域融合

1. 美工区

目标：能运用各种材料尝试制作皮影，并选择最适合的材料。

材料：薄厚、颜色、质地均不同的各种纸张；薄厚不同的塑料板等制作步骤图。

2. 科学区

目标：探索灯光与影子的关系，感受科学活动的有趣。

材料：电筒、台灯、纸盒、暗箱。

3. 图书区

目标：学习查阅资料，帮助自己解决问题。

材料：皮影的图书和制作步骤图以及相关资料。

4. 表演区

目标：鼓励幼儿尝试进行皮影戏表演，能够正确使用工具和材料。

材料：皮影的图片、灯光、大幕、纸、薄塑料板和彩笔。

家长工作

1. 请家长和幼儿共同收集准备各种制作皮影的材料

2. 请家长参与制作活动，在和幼儿共同制作的过程中体验乐趣

3. 邀请家长观看幼儿的皮影表演，提出建议

主题网络图（图见下页）

活动一　欣赏皮影戏

活动目标

1. 了解皮影戏的表演形式，知道操作皮影的简单方法

2. 感受表演氛围和独特的艺术效果，激发幼儿表演的兴趣

3. 重点领域：艺术

活动准备

皮影动画。

活动过程

1. 请幼儿欣赏皮影戏

“皮影戏里的人物是什么样的？他们的动作有什么特点？”“皮影

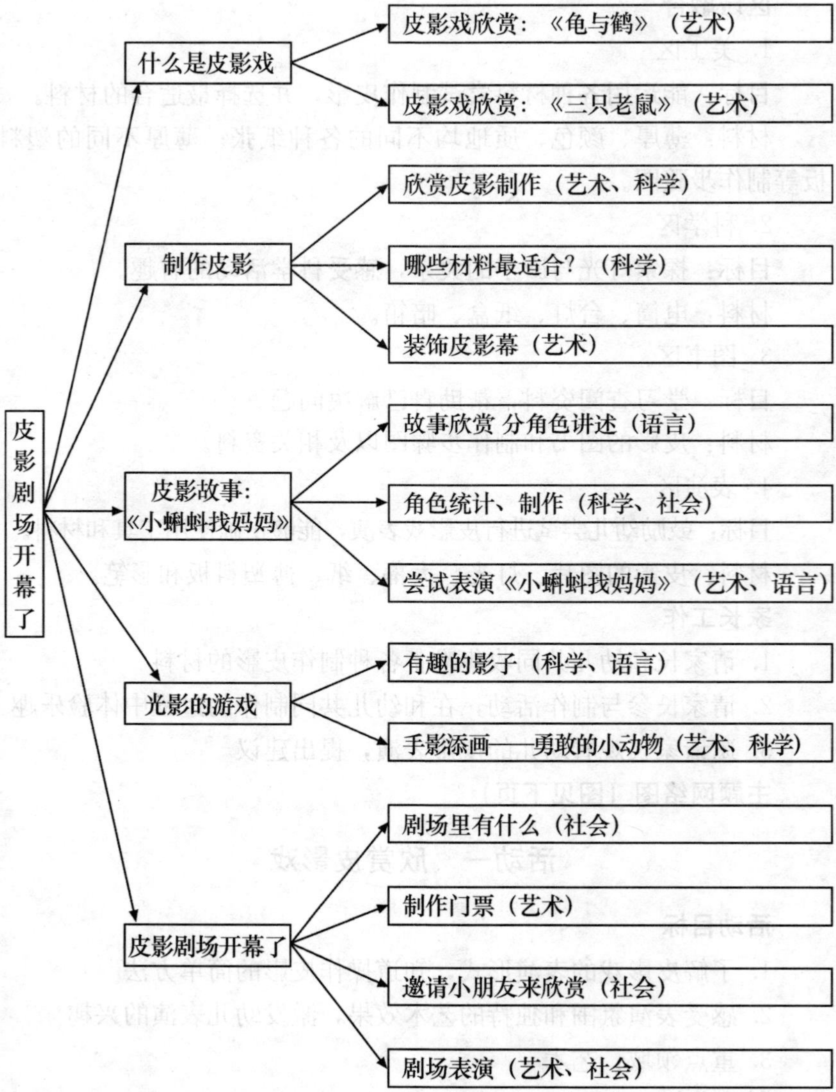

戏和动画片有什么不同？”

2. 再次欣赏

讨论：皮影表演中，演员是怎样操作的？让幼儿说一说。

3. 教师简单介绍有关皮影戏的来历和表演特点

（1）皮影人物的制作材料。

（2）皮影人物的简单制作过程。

4. 欣赏皮影人物图片，感受地方文化的美

（1）介绍皮影作品上的传统的花纹、颜色。

（2）欣赏皮影与剪纸。

5. 共同收集有关皮影的知识，丰富幼儿对皮影的认识

活动建议

1. 应该多给幼儿接触皮影戏的机会

2. 给幼儿寻找答案的机会，促使幼儿主动去了解皮影戏

活动二 制作皮影的材料

活动目标

1. 通过寻找适合做皮影的材料，培养幼儿解决问题的能力

2. 学习使用、制作统计表，能进行简单统计

3. 重点领域：艺术、科学

活动准备

各种材质不同的塑料纸、卡纸、颜料等。

活动过程

1. 导入，激发兴趣

“我们可以用哪种材料做皮影？”鼓励幼儿大胆说出自己的想法。

2. 教师引导幼儿根据皮影材料的选择要求进行筛选

3. 制作统计比较表

帮助幼儿进行横向比较，找到最适合的材料。

表 1 制作皮影材料对比

项目	软硬程度	是否透光	能否涂色	材料来源、数量	优点	缺点	选择指数
薄纸	×	×	√	√		太软而且不透光	2
硬卡纸	√	×	√	√		不透光，没有颜色	3

续表

项目	软硬程度	是否透光	能否涂色	材料来源、数量	优点	缺点	选择指数
薄塑料袋	×	√	×	√		太软，不好操作	2
硬塑料板	√	√	×	×		数量少，不好找	2
薄玻璃	×	√	×	×		易碎，不好操作	1
幻灯片膜	√	√	√	×	软硬适中、透光、能涂色	材料难找到	3
热压硬膜	√	√	√	√	软硬适中、透光、能涂色、材料好找		4

活动建议

帮助幼儿归纳适合做皮影的材料的特点，如是否透光、软硬程度等，方便幼儿在寻找材料时进行比较。

活动三　皮影制作《小蝌蚪找妈妈》

活动目标

1. 了解故事的主要人物，并初步尝试制作背景

2. 会进行简单的分工、与同伴合作，共同完成任务

3. 重点领域：艺术、科学、社会

活动准备

剪刀、纸、压膜材料、幕布等，幼儿对故事非常熟悉。

活动过程

1. 激发幼儿制作《小蝌蚪找妈妈》皮影的兴趣

我们皮影剧场要排练一个《小蝌蚪找妈妈》的节目，应该先做哪些准备呢？

2. 熟悉故事人物、情节、背景

（1）“小蝌蚪去找妈妈了，它们第一个遇到的是谁?”“第二个遇到了谁?”

教师依次引导幼儿熟悉故事中出场的人物及顺序。

（2）引导幼儿分析故事发生的背景。

3. 引导幼儿制作皮影

（1）幼儿分工。

背景：水草、水泡、水波纹进行分工。

人物：故事里的青蛙妈妈、小蝌蚪、虾公公、大鲶鱼等人物进行分工。

（2）幼儿分别制作故事背景及人物，教师在巡视过程中提醒幼儿剪刀的使用常规。

（3）粘贴幕布，布置背景环境。

4. 幼儿尝试运用自己制作的皮影演出

幼儿轮换表演、欣赏。发现问题后，再进行改进。

5. 幼儿如有解决不了的问题，请求教师或者家长的帮助

活动建议

1. 幼儿一起布置池塘场景时，要提示幼儿合理布局

2. 压膜材料不好剪，指导幼儿正确使用剪刀

活动四　皮影剧场开张了

活动目标

1. 熟悉小剧场的工作程序，了解各个环节的主要任务，培养幼儿的任务意识

2. 在分工合作中培养幼儿学习制订计划，执行计划的能力

3. 重点领域：艺术、科学、社会

活动准备

幼儿自制皮影戏票、幕布、剧场环境等。

活动过程

1. 讨论

皮影剧场开幕了，需要进行哪些方面的准备?

2. 分工合作

幼儿根据讨论的结果进行自由分工，每一个小组的成员安排自己所负责的工作。

(1) 负责演出剧目的小组，教师指导幼儿分配角色和剧目演出的顺序，确定每一集的名称，准备灯光道具。

(2) 负责宣传的小组，鼓励幼儿积极想办法做宣传，吸引观众来看表演。

(3) 负责门票的小组，"买票的地点设在哪里？应该怎样买票和卖票?"

(4) 负责音乐、剧场环境的小组，教师指导这部分幼儿安排观众的入场顺序，提示观众安静观看等。

3. 分头实施

幼儿按自己制订的计划完成本组工作，准备正式演出。

4. 皮影剧场开幕了

5. 总结、提出问题

大家帮忙解决，或延伸到区域活动中。

活动建议

1. 教师指导幼儿明确分工，能很好地完成自己的任务

2. 教师随时查看灯光、音响设备，指导幼儿正确使用

主题活动反思

在整个教育活动过程中，从欣赏皮影图片、皮影戏到引发幼儿制作表演活动，再到皮影剧场的开幕，教师都牢牢抓住了幼儿的兴趣点，一步一步激发幼儿参与活动的热情，引导幼儿全身心地投入活动，积极地解决活动中遇到的问题，使幼儿真正成为活动的主人。

教师引导幼儿感受生活、环境和艺术中多种美的形式，使他们用自己喜欢的形式富有个性地表达创造。这是艺术教育的核心价值所在。在让幼儿感受皮影戏独特的艺术魅力的同时，我们结合幼儿的接收特点开展了《小蝌蚪找妈妈》《三只老鼠》《龟与鹤》等幼儿能够理解的故事进行表演。其中幼儿通过亲手制作、自主排练、分

工合作、筹备演出等环节，提高了动手能力、合作能力、观察能力、与人交往的能力等，同时在父母、同伴、教师的高度赞扬中获得了自信和快乐的感受。

附

小蝌蚪找妈妈

方惠珍　盛璐德

暖和的春天来了。池塘里的冰融化了。柳树上长出了绿色的叶子。

青蛙妈妈在泥洞里睡了一个冬天，也醒来了。她从泥洞里慢慢地爬出来，伸了伸腿，扑通一声，跳进池塘里，在碧绿的水草上，生下了许多黑黑的、圆圆的卵。

春风吹着，阳光照着，池塘里的水越来越暖和了，青蛙妈妈生下的卵，慢慢地活动起来，变成一群大脑袋、长尾巴的小蝌蚪。

小蝌蚪在水里游来游去，非常快乐。

有一天，鸭妈妈带着小鸭子到池塘里来游水。小鸭子跟在妈妈后面，嘎嘎嘎叫着。小蝌蚪看见了，就想起了自己的妈妈。

他们你问我、我问你："我们的妈妈在哪里呢？"可是谁也不知道。

他们一齐游到鸭妈妈身边，问："鸭妈妈，鸭妈妈，您看见过我们的妈妈吗？请您告诉我们，她在哪里？"

鸭妈妈亲切地回答说："看见过。你们的妈妈有两只大眼睛，嘴巴又阔又大。好孩子，你们到前面去找吧！"

"谢谢您，鸭妈妈！"小蝌蚪高高兴兴地向前面游去。

一条大金鱼游过来了。小蝌蚪看见大金鱼头顶上有两只大眼睛，嘴巴又阔又大。他们想：一定是妈妈来了，就追上去喊："妈妈！妈妈！"

大金鱼笑着说："我不是你们的妈妈。我是小金鱼的妈妈。你们的妈妈肚皮是白色的，好孩子，你们去找吧！"

"谢谢您！金鱼妈妈！"小蝌蚪又向前面游去。

一只大螃蟹从对面游了过来。小蝌蚪看见螃蟹的肚皮是白的，就迎上去大声叫："妈妈！妈妈！"

螃蟹摆着两只大钳子，笑着说："我不是你们的妈妈。你们的妈妈只有四条腿，你们看我有几条腿呀？"

小蝌蚪一数，螃蟹有八条腿，就不好意思地说："对不起呀，我们认错了。"

一只大乌龟在水里慢慢地游着，后面跟着一只小乌龟。小蝌蚪游到大乌龟跟前，仔细数着大乌龟的腿：

"一条，两条，三条，四条。四条腿！四条腿！这回可找到妈妈啦！"

小乌龟一听，急忙爬到大乌龟的背上，昂着头说："你们认错啦，她是我的妈妈。"

大乌龟笑着说："你们的妈妈穿着好看的绿衣裳，唱起歌来'呱呱呱'，走起路来一蹦一跳。好孩子，快去找她吧！"

"谢谢您，乌龟妈妈。"小蝌蚪再向前面游过去。

小蝌蚪游呀游呀，游到池塘边，看见一只青蛙坐在圆圆的荷叶上"呱呱呱"地唱歌。

小蝌蚪游过去，小声地问："请问您：您看见过我们的妈妈吗？她有两只大眼睛，嘴巴又阔又大，四条腿，走起路来一跳一蹦的，白白的肚皮绿衣裳，唱起歌来呱呱呱……"

青蛙没等小蝌蚪说完，就"呱呱呱"大笑起来。她说："傻孩子，我就是你们的妈妈呀，我已经找了你们好久啦！"

小蝌蚪听了，一齐摇摇尾巴说："奇怪！奇怪！为什么我们长得跟您不一样呢？"

青蛙笑着说："你们还小呢。过几天，你们会长出两条后腿来；再过几天，又会长出两条前腿。四条腿长齐了，脱掉尾巴，换上绿衣裳，就跟妈妈一样了。那时候，你们就可以跳到岸上去捉虫吃啦。"

小蝌蚪听了，高兴得在水里翻起跟斗来："呵！我们找到妈妈了！我们找到妈妈了！"

青蛙扑通一声跳进水里，带着小蝌蚪一块儿游玩去了。

后来小蝌蚪长大了，变成了小青蛙。小青蛙常常跳到岸上捉虫吃，还快活地唱着："呱呱呱，呱呱呱，我们长大啦！我们长大啦！我们会捉虫，捉净了害虫，保护庄稼。"

西游记（大班主题活动）

刘雪佳　高书红　张　伟

主题由来

每天晚上离园前，班上都会放一些幼儿喜欢看的动画片。我们发现，点播率最高的就是《西游记》。幼儿百看不厌，并自发地表演《三打白骨精》的故事，而且在户外活动时还把各种玩具当做兵器变来变去。他们还不停地问一些问题：猪八戒又懒又馋，为什么唐僧还要带他去取经？孙悟空真的会七十二变吗……还有的幼儿带来了玩具金箍棒、全套的《西游记》光盘、图书等。于是，一场轰轰烈烈的以《西游记》为主题的活动开始了。

主题目标

1. 让幼儿理解《西游记》的主要内容及主要人物的特点，学习有情节的儿歌、故事，使幼儿能自信、大胆地在集体面前讲述

2. 通过让幼儿初步尝试用废旧材料、捏泥、剪纸、绘画等多种形式制作《西游记》里的人物、服装、武器等，培养幼儿的动手能力及大胆想象的能力

3. 鼓励幼儿用夸张的动作、语言、表情大胆地表演故事，让其感受表现的快乐

4. 通过合作绘画连环画、分角色表演等活动，引导幼儿体验分享、互助、合作的快乐和意义，并学习独立解决交往中的问题

5. 通过模仿师徒四人降妖伏魔的系列体育活动，发展幼儿动作的协调性、灵活性、准确性以及合作能力

6. 通过和幼儿自制西游闯关、取经地图等游戏活动，发展幼儿的空间知觉及 10 以内加减运算能力

环境创设

1. 师幼共同收集有关《西游记》的图片、图书等资料，将其放在图书区供幼儿翻阅

2. 教师和幼儿一起创设活动墙饰《孙悟空大闹水晶宫》

3. 创设“西游记闯关”的墙饰

区域融合

1. 美工区

目标：喜欢用绘画、手工制作、泥工等多种方式表达自己的感受，并从中获得愉快的情绪体验。

材料：各种纸、油画棒、彩笔、剪刀、废旧材料、《西游记》人物面具、头饰。

2. 益智区

目标：在游戏中能积极观察，学习初步的推理和判断，养成勤于思考的习惯。

材料：塑料板、西游闯关迷宫、数字卡片、骰子、西游人物拼图。

3. 建构区

目标：在搭建过程中，学习数、量、形、比例、对称等相关概念，发展空间知觉。

材料：积木、各种硬纸板、薯片桶、花草树木。

4. 图书区

目标：能用自己的语言复述故事，能仿编、创编诗歌，进行创造性讲述。

材料：《西游记》的图书、图片等。

5. 表演区

目标：能比较客观地评价自己和他人的表演，听取别人对表演有帮助的建议，能够用自己的方式进行表演。

材料：《火烧盘丝洞》的动画光盘、西游人物的服饰、道具。

家长工作

1. 和幼儿一起收集有关《西游记》的图片、图书、玩具、故事录音带、VCD 等

2. 每天抽时间给幼儿讲《西游记》的故事，帮助幼儿理解、感受经典名著的魅力

3. 和幼儿一起用各种废旧材料制作《西游记》的演出服装及道具

4. 和幼儿一起创编短小的西游记儿歌，感受儿歌的韵律和趣味性

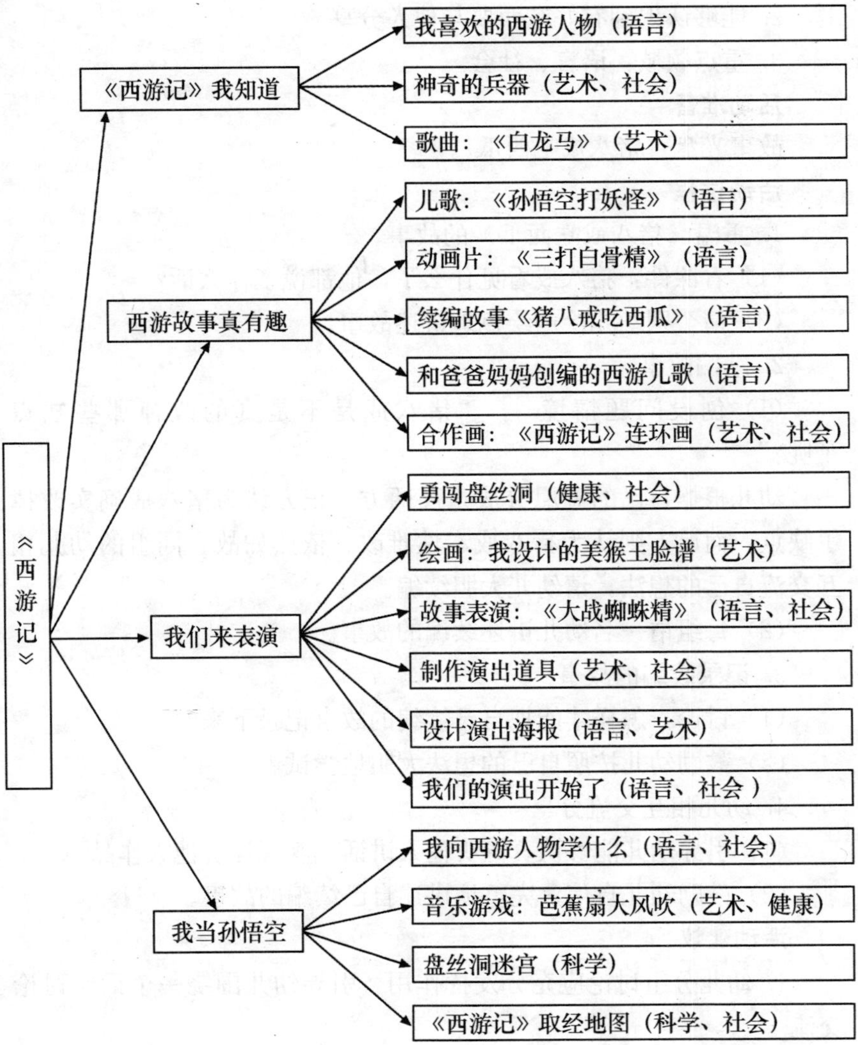

活动一 续编故事《猪八戒吃西瓜》

活动目标

1. 初步培养续编故事的本领，提高幼儿的想象力和创造力

2. 能够认识到有好东西要与他人分享

3. 重点领域：语言、社会

活动准备

故事光盘《猪八戒吃西瓜》。

活动过程

1. 重温《猪八戒吃西瓜》的故事

(1) 看课件：猪八戒看见什么了，他都说了什么话？

(2) 请个别幼儿绘声绘色地讲述故事。

2. 续编故事

(1) 创设问题情境——“猪八戒是不是真的改掉那些缺点了呢？”

幼儿根据自己的意愿分成正反两方。正方认为猪八戒确实改掉了缺点，而反方则认为猪八戒本性难改、依然如故。同组的幼儿相互交流自己的想法，请幼儿大胆续编。

(2) 每组请一名幼儿讲述续编的故事。

3. 记录续编的故事

(1) 讨论：怎样才能把自己续编的故事记录下来？

(2) 鼓励幼儿按照自己的想法大胆地尝试。

4. 幼儿相互交流分享

(1) 引导幼儿能够认真倾听他人讲话，客观评价他人作品。

(2) 鼓励幼儿自信、完整地讲述自己续编的故事。

活动建议

1. 幼儿分组讨论应充分发挥作用，引导幼儿围绕一个话题讨论交流

2. 进一步引导幼儿除了绘画，还可以尝试录音、写字、摄像等多种形式，丰富幼儿的认知

活动二　绘画——我设计的美猴王脸谱

活动目标

1. 能发现脸谱上的色彩美、线条美、对称美，感受传统艺术的魅力

2. 能够合理布局、大胆地设计一张脸谱

3. 重点领域：语言、艺术

活动准备

各种脸谱的图片。

活动过程

1. 欣赏幼儿带来的脸谱

第一次观察："请你们把看到的，觉得有趣、特别的地方找出来告诉大家，好吗？"重点引导幼儿感受脸谱的色彩美、线条美、对称美。

第二次观察："你们知道这些颜色有什么意义吗？"

红色表示个性忠诚的；黑色表示个性刚直的；它们表示的是好人。

白色表示个性多计谋的；黄色表示坏人。

蓝色、绿色的代表勇士；金色、银色的表示神话里的人。

小结：脸谱的颜色都代表着不同的含义，而且是左右对称的，图形非常夸张，如眉毛、眼睛、鼻子都很粗、很大，这样画是为了让看戏的人一看就知道台上有谁。

2. 幼儿自己设计并绘制脸谱，请教师指导

（1）请幼儿说一说准备设计一张什么样的脸谱。

（2）提醒幼儿注意画面的布局和整洁，鼓励幼儿用色大胆。

3. 幼儿交流展示作品

引导幼儿能够从脸谱的色彩、对称等方面来评价他人的作品。

活动建议

1. 如果采用多媒体的方式，让幼儿欣赏、了解脸谱，教学效果会更好

2. 应让幼儿在充分地感知、欣赏、理解的基础上再设计

活动三 故事表演《三打白骨精》

活动目标

1. 在理解故事的基础上，能够声情并茂地进行表演

2. 知道遇到问题要协商解决

3. 重点领域：语言、艺术、社会

活动准备

各种演出道具。

活动过程

1. 分析角色

(1) 观看动画片《三打白骨精》。

(2) 提问：你最喜欢故事里的哪一个角色？他的语言、动作、表情是什么样的？请你学一学。

2. 怎样表演

引导幼儿合理分组、分配角色，遇到问题知道协商解决。

3. 分组展示交流，大家相互提建议

讨论：每组表演得怎么样？我们怎样做能表演得更好？

指导重点：引导幼儿语言连贯、有语气地进行表演。

4. 幼儿再次调整、表演

活动建议

1. 要充分发挥同伴资源的作用，引导幼儿相互学习，提高表现能力

2. 可以拓展表演的内容，如去别的班表演活动、开设小剧场等

活动四 音乐游戏：我变变变

活动目标

1. 通过听音乐让幼儿感受体验孙悟空的特点，并能用形体动作表现出来

2. 重点领域：艺术、健康

活动准备

歌曲《猴哥》。

活动过程

1. 老师运用形体动作表演《猴哥》的情境，并提问

（1）哪里出现一块很特别的大石头？

（2）大石头里蹦出什么东西？

（3）孙悟空有什么超强能力？

（4）孙悟空是靠什么东西飞上天？

（5）孙悟空有什么武器？

2. 音乐游戏“我变变变”

（1）幼儿自由表现孙悟空。

（2）教师介绍游戏玩法。

（3）幼儿能够随音乐的变化变换动作。

活动建议

1. 教师在吸引鼓励幼儿参与音乐游戏的同时，还应注意提醒幼儿动作合拍、协调

2. 教师应充分结合本班幼儿的发展水平，发挥幼儿主动性、创造性，灵活地进行音乐游戏

主题活动反思

在主题活动中，幼儿尽情地想象、表达、表现。虽然主题活动历时两个月，但幼儿的学习热情丝毫没有减弱，每天他们都沉浸在好听的故事中，沉浸在自主表演的乐趣中。尤其是那些性格内向、不擅表现的幼儿，在这一主题活动中，他们也找到了自己学习、发展的空间，表现出了极大的热情。现在每个幼儿都可以绘声绘色地给你讲述几个西游故事，都可以自信大胆地进行故事表演，而且拿起笔来就可以画出生动形象的西游人物。通过这次活动，幼儿的语言表达能力、想象能力等都得到了提高，这是我们进行这一主题活动最大的收获。大班幼儿自主能力不断增强，所以教师就应有目的地引导幼儿，给他们更多的探索机会和空间，让他们去做自己想做的事。

附

猴　哥

1=F　2/4　　　　动画片《西游记》主题曲

张伟进　演唱

稍慢　　　　晓　青　记谱

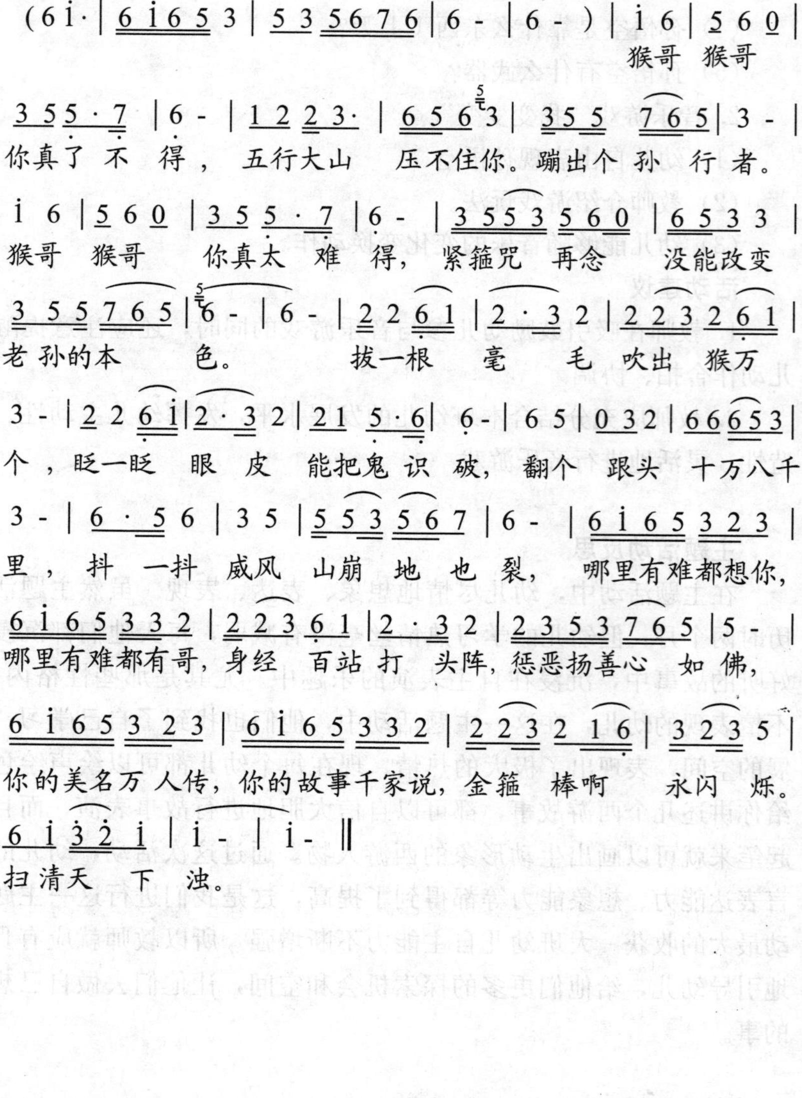

第三节　教育案例

关注小班幼儿自发的角色表演（真正的朋友）

刘　颖

活动由来

小班幼儿年龄小，喜欢看色彩鲜艳的图书，喜欢听生动有趣、有重复语言、重复情节的故事。这一是因为他们注意力集中的时间仅为5～10分钟，不能长时间地保持安静地做一件事情；二是小班幼儿的思维具有跳跃性，他们的思维过程呈现一种无序的状态。所以教师对幼儿日常生活中感兴趣的现象和事物加以引导，关注幼儿自发的活动是非常重要的。

活动目标

在生动的情境之中，自然地领会故事中的情节；使幼儿了解好朋友的真正意义，并感受同伴之间美好的情感。

活动过程

小班幼儿对听故事情有独钟。针对幼儿这个特点，我们班开设了故事天天讲的活动。一段时间以后，我发现幼儿听故事的兴趣越来越高，而且他们的语言表达能力得到了提升。部分幼儿有时候还会用故事里的语言来进行对话。在给幼儿讲故事时，我也发现年龄越小的幼儿越容易受环境、受情感的感染。这就需要教师以饱满的热情投入到活动之中。也只有这样幼儿才会沉浸其中。

今天又到讲故事的时间了，我声情并茂地给幼儿讲了一个新故事《真正的朋友》，当我讲完故事时，幼儿还沉浸在故事之中。过了一会儿，幼儿大声地说："老师，再讲一遍。"刚开始，我还担心幼儿理解不了这种比较抽象的故事，会不喜欢听这个故事，但是我觉得故事蕴涵的教育意义很好，篇幅也很简短，所以我就决定尝试一下，没想到幼儿这么喜欢这个故事。我备受鼓舞。与此同时，我也意识到这正是一个很好的教育契机。于是又给幼儿绘声绘色地讲了一遍《真正的朋友》。

当我讲完第二遍故事时，幼儿就嚷道："老师！老师！我们来表演这个故事吧？"我心里嘀咕着：他们会表演吗？但是又想起苏霍姆林斯基曾经说过："幼儿所有的活动都依赖于兴趣。没有兴趣也就没有创造。"也就是说教师应关注幼儿真正关心的热点，判断幼儿感兴趣的事物中所隐含的教育价值，支持幼儿探索的兴趣。于是，我给他们创造了一个机会，让他们试一试吧。

接下来，幼儿选择了自己喜欢的角色，开始表演。虽然幼儿的对话还不太熟练，动作也不是很美，但是他们却很自信。我为他们的表现感到很欣慰。这一组表演完了，下一组也想演。他们语言越来越熟练，角色一次比一次表演得贴近动物形象、特征。因此，我根据幼儿的兴趣和需要开设了表演角，投放一些动物的头饰、手偶等，增强表演的游戏性和趣味性。幼儿更加喜欢表演了。

兴趣是人们力求认识、探究某种事物的心理倾向，是推动个体活动的内在动机，幼儿一旦有了兴趣，就会得到很好的发展。所以教师要根据幼儿的兴趣和需要，关注幼儿日常生活中自发的表演活动，加以引导，使幼儿在自发的活动中获得发展。

活动反思

一个自由、宽松的语言环境，能够支持、鼓励幼儿体验文学作品中的乐趣。表演也许对于小班幼儿来说很难，但是如果幼儿感兴趣、有意义，教师应给予极大的关注和支持，使幼儿的兴趣得到满足，并从而积累和提升相关的知识经验。

通过这次活动，我更加明白：作为教师一定要深入了解幼儿的实际发展水平。教师依据幼儿的实际能力水平设计活动，不能自作主张地设计活动，更不能低估幼儿。与此同时，教师还应关注幼儿自发的活动，寻找有价值的教育契机，有目的地促进幼儿的发展。

附

真正的朋友（自编故事）

在一个小房子里，住着一只可爱的小猪，它非常喜欢交朋友。一天清晨，小猪拿着新采来的花去找它的朋友一起分享，它来到草坪上，大声喊道："小猫，小鹿，小狗，快来啊，看看我有好东西！"

小猫、小鹿和小狗听到了都跑了过来，说："什么啊，什么好东西啊？"

小猪说："看，这是我昨天在后山采到的鲜花，闻一闻多香啊！"

小猫说："嗯，真的好漂亮，闻一闻，真的好香啊！"

小猪说："小猫给你一朵，小鹿给你一朵，小狗给你一朵，我们一人一朵。走，去玩吧！"

小猫、小鹿和小狗一起说："谢谢小猪！"

小猪说："不客气，我们一起去玩吧！"

小猪、小猫、小鹿和小狗手拉手，一起做捉迷藏的游戏。小猪、小猫和小鹿藏，小狗来找。小猪藏到了大树后，突然一只大灰狼跳了出来，大声说道："小猪，我要吃掉你！"

小猪吓坏了，大声说："救命啊，小猫快来救我！"小猫吓得爬到了树上。

小猪又叫："小鹿快来救我！"小鹿吓得藏进了草丛里。

小猪吓哭了，喊道："小狗快来救我啊！"小狗听到了，很快跑了过来，打跑了大灰狼。小猪高兴极了，说："你才是我真正的朋友！"

小猫、小鹿听了，惭愧地低下了头。

青蛙的新衣服

于 昕

活动由来

在开展“春天”主题活动时，幼儿熟悉了《小蝌蚪找妈妈》的故事，了解了小蝌蚪变青蛙的成长过程。一天，菲菲问我：“青蛙为什么是绿色的？青蛙的绿色有什么用啊？”多数幼儿对这个问题也产生了兴趣。于是我们便开展了此次活动。

活动目标

1. 理解故事内容，掌握词语“七彩斑斓”“血盆大口”

2. 了解绿色是青蛙赖以生存的保护色，阐述如何保护自己

活动准备

背景图一幅（绿青蛙、彩色青蛙、蝴蝶、大灰狼图片），青蛙，狼的头饰。

活动过程

1. 情景剧导入

青蛙：呱呱呱，救命啊！救命啊！

老狼：哎呀，今天运气真叫好，遇见这么一只怪异的小青蛙，要是小青蛙都穿得这么漂亮，我每天都能吃饱了！

“情景剧表演”环节的设置，目的是通过表演吸引幼儿的注意力，激发幼儿对故事的兴趣。

2. 完整讲述故事并进行讨论

（1）教师完整讲述故事。

情景剧结束后，提问：大灰狼为什么要吃掉青蛙呢？

围绕这个问题，幼儿开始讨论起来。

田丝雨说：“穿着漂亮衣服的青蛙，大灰狼就很容易看见它了，就想吃了它。”

王语瞳说：“青蛙把彩色衣服脱掉了，躲在草丛中，大灰狼看不见，就吃不到青蛙了。”……

（2）教师完整讲述故事一遍，提问："青蛙的七彩斑斓衣服为什么不好？绿衣服为什么好？"

幼儿1："青蛙穿了七彩斑斓的衣服。害虫就能看见它，就会躲得远远的。那样青蛙就吃不到害虫了。"

幼儿2："后来青蛙把七彩斑斓的衣服脱掉了，躲在草丛中，大灰狼就看不见它了，它也能吃到害虫了。还是绿衣服好。"……

（3）讨论总结。

①小青蛙身体的颜色和青草的颜色一样，那么它藏在草丛里捉害虫就会更容易，还可以保护自己不会被大灰狼发现，就会很安全。

②保护自己的方法：玩滑梯时不能推挤；上下楼梯时手扶栏杆；上厕所时不能乱跑；玩玩具时不能用玩具打小朋友等。

活动延伸

幼儿在愉快的氛围中，进行了简单的仿编歌曲活动。

活动反思

中班幼儿对生活中的事物和自然界的现象很感兴趣，有很强的探究欲望。针对本班幼儿的特点，我们将各领域的教育内容渗透在这次活动中。活动前，我们精心准备了活动材料——故事板。故事板打破了以往的平面图片的模式，采用了"半遮半掩"式立体图片，颜色鲜艳，形式新颖，再加上情景剧的开场，就很好地吸引了幼儿的注意力，激发了他们对故事的兴趣。

新颖的教学材料与经典的故事内容，既满足了幼儿的好奇心和求知欲，又充分发挥了幼儿的主动性。活动在激发起幼儿兴趣的同时，也培养了他们大胆想象、自由表达的能力。在了解青蛙的绿色是它赖以生存的保护色时，并以此为契机，与健康领域相结合，使幼儿学会了保护自己的方法。这次活动，既符合幼儿近期发展，又符合远期发展。

附

青蛙的新衣服

小蝌蚪一天一天地长大了，慢慢地长出了长腿。

有一只小青蛙，它每天看到花蝴蝶穿着那么漂亮的衣服飞来飞去，它也想穿一件漂亮的衣服了。于是小青蛙偷偷地在家里，为自己的身体涂上七彩斑斓的颜色，漂亮极了。它终于有了一件美丽的衣服了。

小青蛙来到池塘边，突然感觉到肚子很饿了。可不知道为什么，无论小青蛙怎么隐藏，周围的小飞虫个个都发现了它，很快地逃走了。小青蛙难过极了，只好饿着肚子在草丛里溜达。

突然，出现了一只大灰狼。大灰狼露出狰狞的面容说："哈哈！今天我的运气实在是太好了，这么容易就发现了一只长得这么怪异的小青蛙。要是小青蛙都穿得这么漂亮，我每天都能吃饱了呀！"说完，立即扑向小青蛙。小青蛙吓坏了，它拼命地跳啊跳啊，幸好跳到池塘里，才躲过了大灰狼的血盆大口。小青蛙身上的涂料慢慢地被水褪去了，小青蛙又变成了绿色。奇怪了，周围的小虫子好像都没有发现它，它轻而易举地就吃到了一顿丰盛的晚餐。

小青蛙心想：我再也不要穿什么漂亮衣服了，还是我的绿衣服好！

青蛙卖泥塘（语言教育活动）

刘雪佳

活动由来

语言活动的重点是让幼儿喜欢说、想说、有机会说，而传统的一问一答教学模式，不能调动每一名幼儿学习的积极性。看到这篇文学作品时，我觉得它给读者留下了很多的想象空间，适合幼儿的发散性思维，而且有很深的教育意义。于是我就尝试用组织一次辩论会来组织这次活动，鼓励每一名幼儿大胆地表达自己的想法。

活动目标

1. 能够理解故事内容，体验青蛙向往美好生活的情感

2. 能够大胆地从各个角度去设想青蛙卖与不卖泥塘的原因，并阐述自己的想法

活动准备

教学课件。

活动过程

活动之初，我演示课件的开始部分，目的是让幼儿生动形象地理解什么叫“烂泥塘”，随后我就通过一系列的提问，促使幼儿换位思考，借此来激发幼儿的爱心、同情心。如“青蛙住在烂泥塘里会怎样？它会高兴吗？”“它想把泥塘卖了到城里去住，你觉得这个想法好不好？”“如果青蛙就是想把泥塘卖掉，你猜猜有谁会来买，为什么？”……

这些问题没有统一、正确的答案，幼儿可以随意表达自己对这些问题的观点。根据大班幼儿的年龄特点，我采用了辩论的形式，让幼儿分成支持卖泥塘与反对卖泥塘两组，鼓励他们大胆地阐述自己观点。幼儿表现出前所未有的积极性，都争先恐后地发言。正月小朋友第一个站起来说：“我支持青蛙卖泥塘，因为泥塘实在是又臭

又脏，青蛙住在里面会生病的。”莽洹小朋友马上站起来反驳：“我反对青蛙卖泥塘，因为如果它离开泥塘搬到城里去住会死掉的，那里不适合它。”彭理钦说：“要是让你住在烂泥塘里，你会怎么样？里面那么多的细菌，肯定难受死了！”鹏鹏说：“就算搬到城里去住也会死的，因为城里没有蚊子吃！”涵涵说：“城里虽然蚊子少，但是有商场、麦当劳、游乐园，可农村什么都没有，又穷又脏！”高惠怡说：“农村不是那样的，我奶奶家就在农村，有山有水有喇叭花，可美了，空气特别清新！”诚诚说：“你奶奶家那美丽，可青蛙的烂泥塘一点都不美、不舒服，连荷叶都没有，青蛙怎么锻炼身体呀？”杨馨说：“那青蛙可以改造呀！把烂泥巴捞出来，种上美丽的花不就可以了吗！”陈公正说：“怎么捞呀？还不得累死呀？还不如直接换个新家呢！”杨霁华说：“可以找其它小动物帮忙呀，青蛙是益虫，大家肯定都愿意帮助它！”

说到这儿，幼儿已经萌发了帮助青蛙重建美好家园的愿望。于是我启发幼儿说：“如果给你一个烂泥塘，你会怎么办？我们也给小青蛙出出主意，怎样来改造烂泥塘。”

幼儿积极地动脑筋想办法。有的说请小动物帮忙把泥塘变成游泳池；有的说在周围种上许多的花草树木，变成美丽的池塘；还有的说铺上草坪，盖上房子，变成度假村……幼儿大胆地想象着，积极地发言着。从他们的表情和言谈中，我仿佛看到了青蛙的美丽新家园！

活动反思

“青蛙卖泥塘”是一个环保题材的故事。它告诉人们要保护环境，环境优美了，只有这样人们才能快乐地生活。我觉得这个故事是一个很好的教育资源，很有必要与幼儿分享。但我又考虑到环保是一个比较抽象的概念，内容相对来说显得比较枯燥，5 岁多的幼儿对这样的故事到底能理解多少呢？在经过反复思考之后，我觉得可以尝试让幼儿通过换位思考、辩论等形式，来体验故事的内涵，同时我也精心制作了生动形象的课件以帮助幼儿理解。

在活动一开始，幼儿就被课件的第一个画面吸引了。“一只苦恼的小青蛙”使幼儿的眼前一亮，很快激起了幼儿的兴趣。幼儿同情小青蛙，想要帮助它，于是绞尽脑汁想出了各种办法。同时，通过我换位思考式的提问，他们仿佛置身其中，把自己想象成了小青蛙，和小青蛙一起哭、一起笑。当我看到幼儿专注的眼神、凝重的表情时，我知道幼儿已经体验和感受到了青蛙向往美好生活的情感，他们萌发了自己创造和保护美好家园的积极情感！

仿编诗歌《春天》

王　芳

活动由来

随着春季的到来，幼儿经常会把自己对天气、事物变化的发现讲述给老师和同伴听。看到幼儿对春天的变化产生了兴趣，于是我将诗歌《春天》讲述给幼儿听。由于诗歌短小，所描绘的内容贴近幼儿的生活，并且句式、韵律特征都很强，因此幼儿很快地掌握了，并经常在过渡环节中与同伴进行比赛，看看谁记得最清楚，讲得最好听。针对幼儿的兴趣点，我准备引导幼儿对诗歌《春天》进行仿编。

活动目标

1. 能够在熟悉、理解诗歌的基础上，感受到诗歌句式、韵律的重复性特点

2. 能够通过自己的日常观察和发现，感受到春天的特征并对诗歌进行大胆地仿编

活动过程

大班幼儿随着年龄的增长自尊心逐渐地增强，所以我利用这一特点先将创作的诗歌念给幼儿听，以激起他们的创作欲望。我仿编的诗歌如下:“春天是一本会跳舞的书，春风吹过柳枝扭呀扭……”听了我的朗诵，幼儿流露出了羡慕的表情，并且也不甘示弱地表示自己也要编。很快赵荣杰编出了：“春天是一本会变的书，河里的冰都变成了水”，接着幼儿又编了“春天到了燕子飞来了；布谷鸟唱歌了；小河的水都化了……”编了一会儿，幼儿发现总是重复别人的，而且编得不押韵，于是渐渐地没有了刚开始时的热情。

关注幼儿在活动中的表现和反应，敏感地察觉他们的需要，及时以适当的方式应答，形成合作探究式的师生互动。面对幼儿的表现，教师应鼓励幼儿大胆地想象和表达，先不要过分引导幼儿

关注所编儿歌的押韵和内容，而是着重让幼儿体验整齐的句式、重复的结构而形成的韵律感，体验用比喻、形容所营造的诗的意境。于是我对幼儿说："你们想一想诗歌《春天》中讲到春天都是什么书呢?"幼儿立刻想到了春天是彩色的书、是会笑的书、是会唱歌的书。同时，我也用符号和简单的音符、图画将幼儿的回答予以展现。以此来强化幼儿的视觉感受，使他们感受并掌握诗歌中"春天是……书……"这种重复的句式。这样就为接下来的仿编拓宽了思路。

在进一步的引导中，我提问到："那你们想到春天是一本会飞的书可以联想到什么呢?""春天是一本会飞的书，布谷鸟飞来了。"左嘉文急忙地回答。接着张玉宇也说道："春天是一本会飞的书，燕子飞来了。"我又继续问道："春天是一本会变的书，可以怎样呢?"幼儿编出了"春天是一本会变的书，叶子变绿了，天气变暖了，衣服变少了……"就这样幼儿熟悉了"春天是一本……书……"这种重复句式结构特征，很快编出了一首完整的新诗歌，也体验到了诗中重复、回旋的诗歌韵律，享受着想象和创作的快乐。

活动反思

优美的诗歌可以激起幼儿对美的感受，引发他们对诗歌的喜爱。教师就是要善于捕捉幼儿的兴趣点，生成新的教育活动。所以这节活动我抓住了幼儿对诗歌《春天》的熟悉与喜爱，激发他们创作诗歌的欲望。同时也利用了幼儿现有的创作经验，鼓励他们在对美好事物的想象和比喻中创作诗歌。与此同时，我还着重地引导幼儿感受诗歌的重复句式结构特征，从而进行创作。在诗歌创作过程中，我也感受到幼儿知识经验的重要性，尤其是它在创作活动中所起到的铺垫作用。

附

我们仿编的诗歌

- 春天是一本会跳舞的书，柳枝扭呀扭，花儿摇啊摇。

●春天是一本会变的书，叶子变绿了，天气变暖了，衣服变少了。

●春天是一本会飞的书，燕子飞来了，布谷鸟飞来了，柳絮、杨絮飞来了。

●春天是一本讲知识的书，春天最美好，春雨很重要，春天快播种。

好玩的手偶

高书红

活动由来

为了欢庆“六一”儿童节，北京市木偶剧团来幼儿园演出了。那是幼儿第一次观看木偶表演，他们完全被叔叔阿姨们的灵活操作和活灵活现的木偶吸引住了。以至于过了好长时间，幼儿还在津津有味地讨论着木偶表演的话题。我想既然幼儿对木偶表演这么感兴趣，何不抓住他们的兴趣点，也让幼儿来尝试木偶表演呢？于是我们便组织了有趣的手偶活动。

活动目标

1. 鼓励幼儿在活动过程中能够发现问题、解决问题

2. 在活动中学习与人协商、分工、合作，体验与同伴合作的乐趣

活动过程

1. 收集准备手偶

木偶剧团使用的是牵线的木偶。这些木偶的制作非常复杂，需要一定的技巧和时间。我们既没有工具也没有材料。于是我问幼儿：“我们用什么来代替呢？”幼儿想起了自己家里的手偶玩具。于是我们一起收集了各种各样的手偶，把它们放在了表演区。还有幼儿从电视上学到用手套制作手偶。我们又用废旧的手套自己动手制作了部分手偶。之后，我们又把手偶的正确使用方法张贴在墙上。幼儿很感兴趣，经常拿着手偶去学习怎样操作。

2. 好玩的手偶

刚开始幼儿并没有表演的意识。他们只是拿着手偶互相来对话：“小兔子，你要去干什么呀？”“我要去草地上玩，咱俩一起去吧。”正好最近幼儿对《聪明的狐狸》很感兴趣。一天，我来到表演区，拿起一个小狐狸的手偶，又拿起一个大个的狐狸手偶，边操作边说：“妈妈，妈妈，我饿了。”“别着急，这就让爸爸去给你们找吃的东

西。”朱文文和赵一龙在旁边看到后说：“真好玩儿，我也要试一试。”他们两个拿起手偶开始了《聪明的狐狸》故事中的对话。他们的举动吸引了好几个小朋友来看。就这样，幼儿的兴趣被调动起来了。我对他们说：“你们演得真好，想不想也让其他班的小朋友看看呀?”“当然想了。”他们异口同声地说。赵一龙说：“咱们得演得特别好，别的班的小朋友才喜欢看。”苏航说：“对，咱们应该排练一下。”文文说：“可是咱们看木偶剧团表演的时候，他们是站在幕后边表演的，只露出小木偶，咱们现在这样表演，他们还可以看见拿着手偶的人，一点也不好。”“那咱们也像他们一样做个幕吧。”幼儿你一言我一语地讨论起来，最后决定在表演区开设剧场进行排练，然后请其他班的小朋友来看。

3. 布置手偶剧场

剧场的名字起好了，幼儿决定就叫“好玩的手偶剧场”。他们发现开设剧场并不如想象中那么简单。首先，他们要准备好多的东西，比如手偶、布置剧场、制作表演用的幕、画宣传海报和制作门票等。如何才能在短时间内完成这么多任务呢？在一阵短暂的沉默之后，成成说：“那咱们分组干不就行了。”他的提议得到了大家的赞同。幼儿根据自己的兴趣分成了若干个组，有的做演员排练节目，有的设计、制作海报，还有的和老师一起制作表演用的幕。幼儿们在分组的过程中也出现了一个小插曲。最初只有一个小朋友选择了制作门票，之后他觉得没有意思，就想去和老师做幕。但是这样就没有人来制作门票了。但是不做门票，如果来人太多，剧场秩序就会混乱，剧场就没法开了，活动会因此被中止。我对幼儿阐述了制作门票的重要性之后，绘画海报组的两个小朋友自告奋勇来制作门票。至此，活动才得以继续进行。在这个过程中，幼儿明白了合理的分工合作可以更好地完成任务。同时他们也学会了怎样与同伴互助合作。

4. 怎样表演

准备工作都做好了。在小剧场正式开放之前，我们一起看了小演员们排练的节目。当观众的小朋友看完以后，提出了很多宝贵意见，例如，在表演时，有的手偶没有立起来；有的手偶没有动起来；有的演员自己制造出噪声影响了表演等。后来，我们共同制订了表演的规则和观看表演的规则。绘画海报组用图画的方式将这些规则张贴在了小剧场的墙上。每当有人违反规则时，就会有小朋友指着墙上的规则提醒他。因为这些规则是大家一起制订的，所以幼儿也都很自觉地遵守。做好了一切的准备工作，我们的小剧场终于可以迎接它的小观众了。

5. 开始表演了

其他班的小朋友来看表演了。幼儿有条不紊地按照各自分工坚守岗位。有的卖门票，有的检票，有的检查秩序。他们的精彩表演赢得了其他班小朋友热烈的掌声。看着其他班小朋友羡慕的眼神，表演节目的幼儿无比欣喜。

活动反思

“好玩的手偶”活动是基于幼儿的兴趣开展起来的。所以自始至终幼儿都主动地参与。兴趣是幼儿最好的老师，因此，教师在组织活动时要抓住幼儿的兴趣点。大班幼儿已经开始注意向同伴学习，并且不再追随教师，而且还有自己的想法。所以教师在组织活动时要注意放手放权。幼儿能自己做的就给他们充分的时间和空间让他们自己去做。在他们遇到困难时，教师可以引导幼儿运用大家的力量与智慧共同解决问题，并使幼儿在解决问题的过程中自主地学习，尝试与同伴合作，体会其中的乐趣。

第四节 优秀课例

小鸭（小班语言活动）

阮金燕 梁风华 陈晓明

活动由来

在春暖花开的四月份，我们开展了以“美丽的春天”为主题的活动。当我们讲到春天的小动物时，双双小朋友带来了小鸭子。当时所有幼儿都被可爱的小鸭吸引住了。于是，我和幼儿一起跟在小鸭身后，一边学小鸭走，一边学小鸭叫。幼儿好开心。这样，幼儿对小鸭有了感性的认识和了解。小班幼儿正处于从直觉行动到具体形象的过渡时期，他们的认识很大程度上要依赖于行动。他们喜欢边说儿歌边做动作。教师要给他们用口头和肢体语言表达自己思想的机会。于是，我选择了儿歌《小鸭》教给幼儿，让幼儿边说儿歌边体会小鸭的可爱。

活动目标

1. 初步学会儿歌

2. 初步体验有节奏地说儿歌，体验语言的美

活动准备

1. 儿歌《小鸭》的图画，小鸭头饰每人一个

2. 活动前对小鸭进行初步地认识和了解

活动过程

1. 听歌曲《白胖鸭》伴奏带作律动，引出儿歌——《小鸭》的图画

要求幼儿能够安静地听音乐，然后学小鸭走、叫。

2. 出示小鸭的图画，向幼儿提出问题

（1）这幅图上画的是什么小动物？它的嘴巴是什么样的？

（2）小鸭子都爱吃什么呀？

（3）小鸭走起路来是什么样？

（4）唱起歌来是什么声音？

3. 教师完整地朗读儿歌《小鸭》

教师朗读完一遍之后，请幼儿和教师一起朗读（二至三遍）。

4. 教师示范为儿歌加上伴奏

5. 幼儿一边朗读儿歌一边拍节奏

鼓励幼儿自己为儿歌拍节奏，比如可以拍手，还可以拍腿、跺脚等。

附

小鸭

佚名

小小鸭，扁嘴巴，
爱吃鱼，爱吃虾。
走起路来摇摇摇，
唱起歌来嘎嘎嘎。

活动反思

儿歌词句简短，节奏性强，押韵上口，易于儿童记忆和吟诵，深受幼儿喜欢。所以我把儿歌《小鸭》教给幼儿，让幼儿更深入地了解小鸭，并且感受儿歌的节奏和语言的美。

1. 活动从选材到每一个活动环节的进行，都适合小班幼儿

活动开始，每个幼儿都戴着可爱的小鸭头饰听着歌曲《白胖鸭》的伴奏带走进教室。这样可以让幼儿一下子进入到小鸭的角色中。

接着，出示大幅小鸭图画。这时幼儿对小鸭的感知由刚才的听觉感受变为视觉感受。加上前面一系列的铺垫，幼儿进一步加深了对小鸭的印象。在此基础上，教师生动地朗诵儿歌，激发了幼儿强烈的学习欲望。

最后，幼儿为儿歌加上伴奏，一方面是初步体验了儿歌的节奏美。另一方面调动了幼儿全身心地参与，使整个活动进入高潮。

2. 语言活动和音乐的有机融合促进了幼儿的发展

《幼儿教育指导纲要（试行）》在语言领域的指导要点中提出："发展幼儿语言的重要途径是通过相互渗透的各领域的教育，在丰富多彩的活动中去扩展幼儿的经验，提供促进语言发展的条件。"

选择适宜的音乐能帮助幼儿打开心灵的窗户，让幼儿走进作品。它是提高幼儿感受能力的有效通道。活动开始时歌曲《白胖鸭》伴奏带的播放恰到好处，为后面的儿歌教学活动创造了良好的条件。

点评

活动计划清楚、明白。目标制定符合小班幼儿发展水平。整个活动符合小班幼儿年龄特点。活动环节紧凑，过渡自然。教师的动作和表情都非常适合小班幼儿。活动的不足之处是图画中的小鸭子不应使用卡通的图片。作为教具，应是真实的。幼儿园可以拍一些资料片，留作教师备用。

小花籽儿找快乐（中班教育活动）

刘雨东

设计意图

中班幼儿喜欢听故事。好故事能够使幼儿体会到乐趣，能激发幼儿与他人进行交流的愿望。《小花籽儿找快乐》是一个神奇而优美的童话故事。它以小花籽儿寻找快乐为线索，描写了小花籽儿在寻找快乐的过程中发现为别人带来快乐的同时并得到大家的喜欢，自己才能感到快乐。故事语言质朴、贴近生活、充满了童趣，深受幼儿的喜欢。所以我设计了“小花籽儿找快乐”这个活动。

活动目标

1. 在欣赏和表演中引导幼儿体会“给大家做事，得到大家喜欢，自己快乐”的道理

2. 鼓励幼儿运用重复句“我给大家……大家喜欢我……”进行表述，并能大胆地与人相互交流，体会交流的快乐

活动准备

和大班幼儿排练《小花籽儿找快乐》，故事中的角色头饰。

活动过程

1. 欣赏情景剧《小花籽儿找快乐》（由大班姐姐、哥哥表演）

（1）教师请幼儿边看边思考问题：刚才小花籽儿遇到了谁？它们都说了什么？（太阳、小鸟、蜜蜂、青蛙）小花籽儿遇到了太阳公公，问了太阳公公什么问题？太阳公公是怎么回答的？（引导幼儿依次说出它们之间的对话）小花籽儿找到自己的快乐了吗？为什么？

（2）请幼儿欣赏故事表演《小花籽儿找快乐》。

引导幼儿回答：刚才小花籽儿遇到了谁？（太阳、小鸟、蜜蜂、青蛙）小花籽儿看见太阳公公，问了太阳公公什么呢？太阳公公怎么回答的呢？（引导幼儿依次说出它们之间的对话）

2. 老师把“小花籽儿找快乐”编成了一个小故事，讲给小朋友听

请幼儿完整地欣赏一遍故事。欣赏后交流问题："为什么太阳、小鸟、蜜蜂和青蛙都感到快乐呢?"

小结：只有为大家做好事，大家才会喜欢你，自己才会得到快乐。

3. 第二次欣赏《小花籽儿找快乐》

教师作旁白，引导幼儿学说故事中的对话。

4. 请幼儿说说自己觉得快乐的事情

学习句式："我给大家……大家喜欢我……"

5. 教师鼓励幼儿大方地与他人交往

幼儿之间说一说自己快乐的事，去询问听课的教师是否快乐。

活动反思

活动中，通过引发幼儿利用多种感官欣赏、理解故事内容，观看大班幼儿表演的童话剧，来激发幼儿的活动兴趣，在欣赏中体验快乐的感受。同时，教师请幼儿边看边思考问题："刚才小花籽儿遇到了谁？它们都说了什么?"观看后，引导幼儿回答，这样能够帮助幼儿理解小花籽儿找快乐的经过。

教师有感情地完整讲述，能帮助幼儿全面、完整地理解故事的内涵。欣赏后交流问题："为什么太阳、小鸟、蜜蜂和青蛙都感到快乐呢?"这一问题需要幼儿的认真思考，发展了幼儿的思维能力和语言表达能力。如果将"为什么太阳、小鸟、蜜蜂和青蛙都感到快乐呢?"换成是"它们之间说了什么?"答案可能是一致的，但这两个问题是截然不同的，第二个是低层次的提问。幼儿只需说出它们之间的对话，这是对故事的一种简单重现。第二个提问："小花籽儿看到太阳、小鸟、蜜蜂和青蛙都很快乐，它也想寻找自己的快乐，小朋友帮助它想一想，它怎样才能找到快乐呢?"最后，教师又引导幼儿讨论：自己为什么快乐？这些具有启发性和开放性的问题，对幼儿理解作品起到了引导作用。

在引导幼儿和大班哥哥姐姐表演中，能够满足幼儿表现和体验的需要，体会到"给大家做事，得到大家喜欢，自己快乐"的道理。最后互相交流这个环节，让幼儿能够用故事中的句式进行交流，也就是为幼儿创设了一个想说，敢说、喜欢说、有机会说的语言环境，体会到大胆和别人交流的快乐。

点评

文学作品《小花籽儿找快乐》的选材非常适合中班幼儿的年龄特点，教师在具体的教学过程中，每个环节的时间安排比较合理。幼儿和大班哥哥姐姐的表演不是很到位，因此应把这个环节放到下一个活动。教师应该在幼儿完全熟悉故事之后，再让幼儿表演。这样使活动有一个连续性，从而使幼儿表演起来会更加精彩，语言会得到进一步的升华。

仿编儿歌《小雨点》

张　伟

活动由来

淅淅沥沥的春雨中，我和幼儿打着雨伞，在雨中观察、玩耍。幼儿用小手接着时大时小的雨滴；听着雨滴落在雨伞上、落在滑梯上的声音，欢笑着，奔跑着，感受着小雨带来的丝丝凉意。我们大声地朗诵着儿歌《小雨点》。有的幼儿触景生情，根据儿歌说出了雨点落在不同地方的景象。那何不抓住生活中的随机教育，让幼儿在充分感知的基础上来仿编儿歌呢？于是就有了仿编儿歌《小雨点》的活动。

活动目标

1. 引导幼儿感受诗歌中蕴涵着的活泼、欢快的情绪，激发幼儿仿编的兴趣

2. 在理解事物之间关系的基础上，学习运用一定的句式仿编儿歌，并体验集体创作的乐趣

活动准备

1. 知识经验

带领幼儿来到室外，通过各种感官来感知春雨到来之前和之后所发生的变化。

2. 活动教具

池塘、麦苗、花坛等粘贴教具，课件，多媒体，轻音乐。

活动过程

1. 讲述我们的画（画的内容都是小朋友在雨中、雨后亲身体验过的情境）

导语：我们都曾在雨中，用眼睛、手、耳朵看到、摸到和听到了春雨，而且还用画笔画了出来，那谁来讲一讲这幅画中说了什么？

重点：让幼儿清楚连贯地讲述画中要表达的意思。

2. 仿编儿歌

(1) 复习儿歌《小雨点》。

导语：这首儿歌的作者用三段话告诉了我们，我们的生活在雨中变得非常的有趣、快乐。比如说，儿歌中说："小雨点，沙沙沙，落在花园里，花儿乐得张嘴巴。"可是花园里除了花还有谁也喜欢小雨的到来？那它们是怎么开心地迎接小雨点的呢？

重点：引导幼儿大胆地用儿歌中的固定句式说出自己的想法。

(2) 分组仿编儿歌。

重点：有针对性地帮助幼儿提升语言的精练，语言的优美，语言的押韵。

(3) 教师配乐诗朗诵。

重点：教师在背景音乐的伴奏下朗诵幼儿仿编出来的儿歌，让幼儿感受集体创作的成功乐趣。

3. 全体小朋友诗朗诵

重点：培养幼儿的自信心，体验集体创作的乐趣。

活动反思

在此活动前，幼儿曾经亲身用眼睛、手、耳朵等感知了雨，并自发地绘画出了很多的"雨中趣事"图画。为了唤起他们的已有经验，我们把幼儿的绘画作品制作成了演示文稿利用多媒体手段投放到墙面上。幼儿们生动有趣的绘画作品伴随着优美的音乐而切换，帮助幼儿回忆自己和同伴在雨中快乐嬉戏的场景。这就扩展了幼儿创编的思路，使幼儿的创编充满了童趣。

这节活动的教学难点就是使幼儿能够根据儿歌固定句式进行大胆地仿编。为了引导幼儿更好地仿编，我就从跟原创儿歌相近的地方入手，比如原儿歌中说："小雨点，沙沙沙，落在花园里，花儿乐得张嘴巴。"那么我就出示花坛教具并提示幼儿："花坛中只有花儿喜欢小雨点的到来吗？"幼儿就自然地想到了草、树、种子等。教师继续引导说："花儿乐得张嘴巴，那草儿、大树乐成什么样子了？"幼儿就会说出："小雨点，沙沙沙，落在花坛里，草儿乐得弯弯腰。"就是这种循序渐进的提问方式，引导着幼儿进行大胆的仿编。

在最后的欣赏环节中，当教师在美妙的背景音乐伴奏下，唱着幼儿仿编的儿歌时，这就把儿歌中特有的优美意境表现出来了。幼儿听着音乐，感受着自己仿编的儿歌的快乐情景。这不正是教育中的“美梦成真”的神话吗？也正好证明了“语言能力是在运用的过程中发展起来的”话语中的关键所在。

这个活动给我的启示是：只要教师的提问难度适宜，介入时间适宜就能够有效地提高幼儿参与活动的积极性和主动性。同时这样也会让幼儿越来越喜欢语言活动，为幼儿主动学习、创造性地学习提供了机会，为幼儿的快速发展起到了很好的推动作用。

点评

活动的形式比较新颖，教师能给幼儿充分表现的空间，使得幼儿参与活动的积极性大大提高。教师抓住幼儿自己绘画作品的亮点，在欣赏中帮助幼儿理解儿歌表现的意境。如果能在活动中让幼儿动起来，加上肢体语言就更好了。

附

小雨点

佚名

小雨点，沙沙沙，落在花园里，花儿乐得张嘴巴；
小雨点，沙沙沙，落在池塘里，鱼儿乐得摇尾巴；
小雨点，沙沙沙，落在田野里，苗儿乐得向上爬。

金色的房子（中班教育活动）

刘雨东

活动由来

中班幼儿喜欢听故事。好故事能够使幼儿体会到乐趣，能激发幼儿与他人进行交流的愿望。《金色的房子》是一个充满童趣的童话故事。它以金色的房子为线索，描写了一个姑娘因为自私而失去了朋友变得孤独，当她与小动物们共享她的漂亮的金色房子时，她又得到了朋友。故事内容好像就是发生在幼儿身边的事情，幼儿们十分喜欢。所以我设计了“金色的房子”这个活动。

活动目标

1. 理解故事内容，引导幼儿体会一个人玩很孤单，大家一起玩才快乐的道理

2. 鼓励幼儿大胆、连贯地讲述故事中的对话

活动准备

和大班幼儿排练《金色的房子》；故事中的角色头饰。

活动过程

1. 欣赏情景剧《金色的房子》(由大班姐姐、哥哥表演)

(1) 教师请幼儿边看边思考问题：小姑娘有一座什么样的房子？小姑娘采花时遇到了谁？他们都说了什么？(小羊、小鸟、小狗、小猴) 小羊和小姑娘说了什么？小姑娘是怎么回答的？(引导幼儿依次说出他们之间的对话) 后来小姑娘让小动物进她的房子了吗？为什么？

(2) 请幼儿欣赏故事表演《金色的房子》。

引导幼儿回答问题，鼓励幼儿大胆地表达自己的想法。

2. 教师把《金色的房子》编成一个小故事，讲给小朋友听

请幼儿完整地欣赏一遍故事。欣赏后交流问题：

小姑娘为什么不让小动物进她的房子呢？

如果你是小姑娘你怎么做呢？

后来为什么小姑娘又让小动物进她的家了？

小结：小动物没有因为小姑娘不让进她的房子而生气，而小姑娘以她宽容的心接纳了朋友的缺点，所以他们玩得非常的高兴。可以看出有朋友就有快乐。

3. 第二次欣赏情景剧《金色的房子》

教师做旁白，引导幼儿学说故事中的对话。

4. 幼儿说一说

如果你有好看的好玩的东西怎么办呢？

附

金色的房子

佚　名

田野里有一座金色的房子，红的墙，绿的窗，金色的屋顶亮堂堂，大阳一出来，照得一闪一闪的，漂亮极了。有一个小姑娘，她就住在这金色的房子里。每天早晨，她提着一只花篮，到草地上去采花。

一天，小姑娘又去采花了，一只小羊跑来对她说："小姑娘你早！你那金色的房子真好，红的墙，绿的窗，金色的屋顶亮堂堂！"一只小鸟飞来对她说："小姑娘你早！你那金色的房子真好，红的墙，绿的窗，金色的屋顶亮堂堂！"一只小狗跑来对她说："小姑娘你早！你那金色的房子真好，红的墙，绿的窗，金色的屋顶亮堂堂！"一只小猴跑来对她说："小姑娘你早！你那金色的房子真好，红的墙，绿的窗，金色的屋顶亮堂堂！"

小姑娘听到大家都说她的房子好，心里真高兴，就带了小羊、小鸟、小狗、小猴一起唱歌、一起跳舞。

快到中午了，小姑娘要回家了，小羊、小鸟、小狗、小猴给她采了许多花，一直送她到金色的房子跟前。

小鸟说："小姑娘，让我进去玩玩吧！"

小姑娘说："不行，你扑棱扑棱乱飞，会把我的房子弄脏的。"

小狗说："小姑娘，让我进去玩玩吧！"

小姑娘说："不行，你汪汪乱叫，会闹得我睡不着觉的。"

小猴和小羊说："小姑娘，让我们进去玩玩吧！"

小姑娘说："那更不行，你们啪嗒啪嗒地乱跑，会把我家的地板踩坏的。"

小姑娘说完了话，就自个走进房子里去，"嘭"的一声，关上了大门。

小姑娘在家里唱了一会儿歌，可是没人听她的；跳了一会儿舞，可是没人看她的。她觉得闷极了。

她打开窗子一瞧，小羊、小鸟、小狗、小猴在草地上玩得正热闹呢，小鸟飞着叫着，小狗跳着唱着，小猴骑在小羊的背上，像个猎人，真神气。

小姑娘悄悄地打开门，悄悄地走出去，悄悄地走近草地。

小羊看见她，说："小姑娘，快来，快来，跟我们一起玩吧！"

小鸟看见她，说："小姑娘，快来，快来，跟我们一起玩吧！"

小狗和小猴也都欢迎她。

小姑娘说："请你们到我家里去玩吧！"

小鸟问："你不怕我弄脏你的房子？"

小姑娘摇摇头。

小狗问她："你不怕我闹得你睡不着觉吗？"

小姑娘摇摇头。

小羊和小猴问她："你不怕我们踩坏你家的地板吗？"

小姑娘又摇摇头。

大伙儿都高兴极了，一起跟着小姑娘到金色的房子里去。他们一起唱歌："红的墙，绿的窗，金色的屋顶亮堂堂！"